U0051303

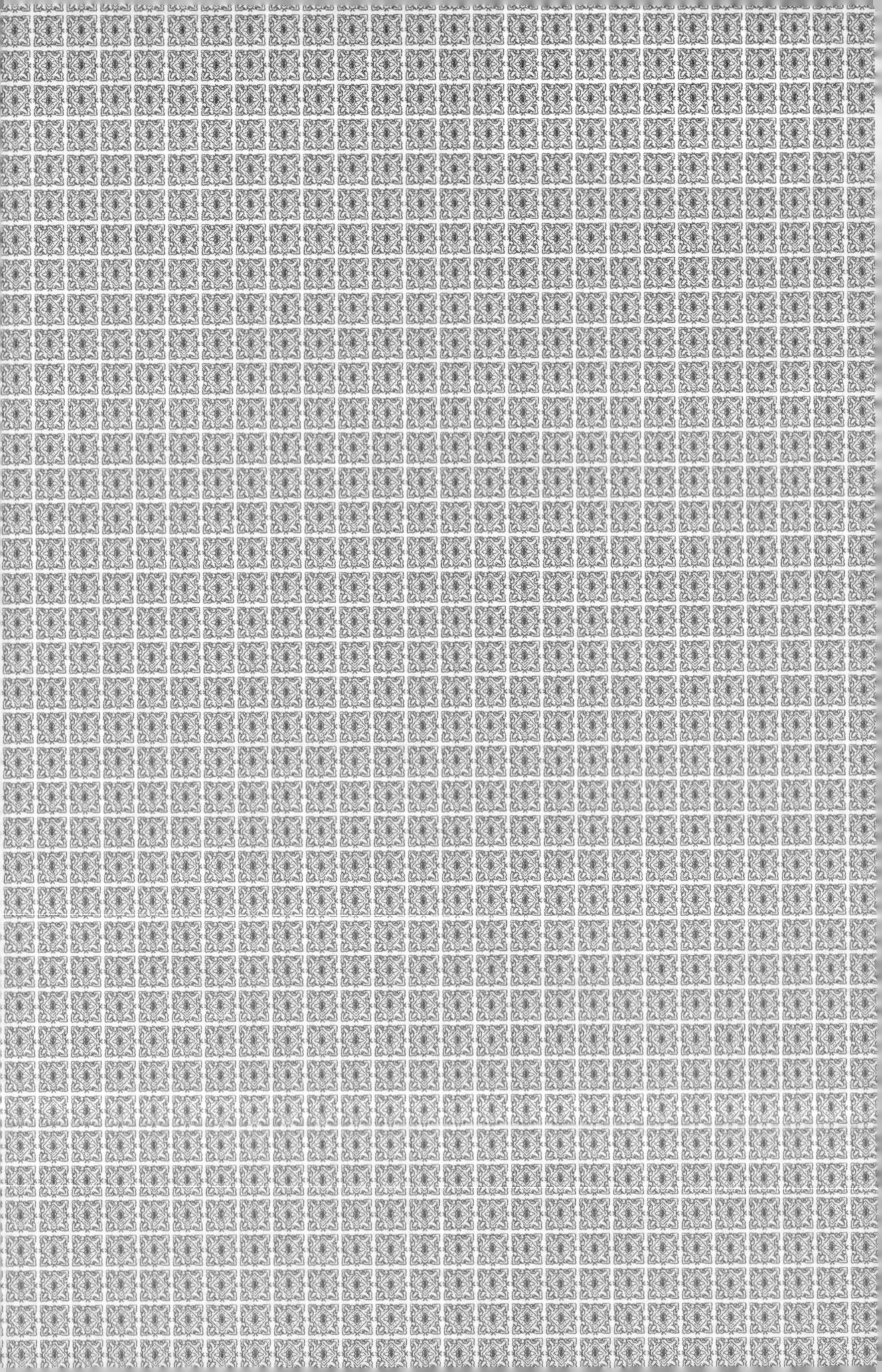

優婆塞戒經講記

——第七輯

——平實導師　述著

ISBN-13:978-986-82992-6-9

目錄

自序

宣講菩薩戒的經典，有《梵網經、地持經、菩薩瓔珞本業經、優婆塞戒經》以及《瑜伽師地論》，此書所宣講之經典是其中一部經典，全名爲《菩薩優婆塞戒經》。

此經專爲在家菩薩宣示菩薩戒的精神，詳細的說明：在家菩薩修學佛法以布施爲第一要務。佛陀如是開示之目的，實因佛菩提道之修證，必須先修集見道、修道、入地、成佛所必須具備之福德；若福德不具足者，即無可能進入大乘見道位中；欲求修道實證及成佛者，即無可能；是故菩薩以修施爲首，次及持戒、安忍、精進、禪定，然後始能證悟而發起般若智慧，進入大乘見道位中。

非唯見道必須有福德爲助，乃至見道後修學相見道位觀行所得之智慧，亦須具備福德作爲進修之資糧；如是次第進修諸地，莫不如是；乃至即將成佛之前的等覺位中，尚須百劫專修布施，頭、目、腦、髓、舍宅、妻、子，無一不可布施，都無貪著；以如是百劫難施能施所得福德，方能成就佛地三十二大人相及無量隨形好，具足如是廣大福德之後始能成佛。由是緣故，佛說菩薩六度乃至諸地所修十度波羅蜜，都以行施爲首要。

然而布施與成就佛道之因果與關聯，屬於因果之了知，其中原理並非等覺菩薩所能全部了知，故說因果之深細廣大，唯佛與佛方能究竟了知。而菩薩盡未來際之修行，恆以施爲上首，若不先行了知施因與未來受果之關聯者，即不能了知布施與異熟果報間之關係；若不知者，欲求諸菩薩盡未來際行施而成就佛果，殆無可能；由是緣故，佛爲菩薩弟子四眾宣演此經，令得知悉行施與果報間之因果關係。於此部戒經中，佛爲菩薩四眾細說「布施與菩薩世世不斷之可愛異熟果間之因果關係」，解說極爲深入；若能了知其義者，即可不退於菩薩六度，是故選取此經而爲菩薩四眾詳解之，欲助當代、後代菩薩四眾。

復次，此經亦詳說第一義諦之眞義，故於業行之說明中，宣示異作異受即是自作自受之眞義；如是正義，於一般經典中難得一見。若能確實了知其義，則於行施之際，既可不執著於未來世必將獲得之菩薩可愛異熟果報，亦可繼續行施，修集廣大福德，亦不致因此而壞世間法，導致家屬及世人之側目，令菩薩修施易得成功，道業因此而得助益；緣是，故選此經而爲眾人宣講，冀能助益菩薩四眾，同得見道而證菩提。

此外，初機學人樂種福田，然而大多不知福田與毒田差別所在；往往正當種福田時，所種卻是破壞正法之毒田。如是求福反成助惡之因由，端在不知三乘菩提差異所致，是故聞說深不可測之如來藏妙法時，即因名師誤導之故，即等視如來藏妙法同於外道神我，由是而極力護持否定如來藏之邪師，產生了力助破法者之愚行，以冀如來藏妙法消失不傳。由是緣故，欲藉此經中 佛所宣演三乘菩提異同所在之正法智慧力，令諸學人悉得了知眞實福田與假名福田——毒田——之差異所在，由是而令修學菩薩行者所作布施，悉皆正得廣大福德。今此戒經之中，對於三乘菩提之差異所在，有極爲詳盡之剖析；學人讀已，即能深入了知同異所在，以後修學佛道之時，庶幾有眼能判、功不唐捐。

又：戒爲修行之基本，未有不持清淨戒而能證得見道、修道功德者。此經中對於菩薩戒戒相施設之精神，以及戒之犯重與犯輕、性罪與戒罪，都有極爲詳盡之開示；了知戒相及佛設戒之精神者，即可把握持戒之精神，以戒法之智慧來持戒，不被戒相所繫縛而得身心自在、自不犯戒；如是生起戒體而自然不犯，庶能進道，是故選取此經而說之。

又如十善業道與十惡業道，其中之因緣果報正理，亦有詳細說明。並且特別說明：有人行於少施而得解脫分，有人行於大施而不得解脫分，悉皆各有其原因。若人能細讀此經，並且深解其義趣者，則求二乘解脫之道，輕易可得；然後進求大乘菩提，易得入道，未來成佛之道歷然於心，終無疑惑。如是眾理，於此戒經悉有開示。今將講記發行於世，願我佛門四眾弟子證解佛旨，悉蒙法益。即以爲序。

菩薩戒子 平實 敬識

於公元二〇〇五年中秋

《菩薩優婆塞戒經》卷六

〈五戒品〉第二十二

【善生言：「世尊！何等之人得三歸依？何等之人不得三歸？」「善男子！若人信因、信果、信諦、信有得道，如是之人則得三歸。若人至心信不可敗，親近三寶、受善友教，如是之人則得三歸，優婆塞戒亦復如是，若能觀是優婆塞戒，多有無量功德果報，能壞無量弊惡之法；眾生無邊受苦亦爾，難得人身；雖得人身難具諸根，雖具諸根難得信心，雖得信心難遇善友，雖遇善友難得自在，雖得自在，諸法無常：『我今若造惡業，因是惡業獲得二世身心惡報；以是因緣，身口意惡即是我怨。設三業惡不得惡報，現在之惡亦不應作。是三惡業，現在能生弊惡色等，死時生悔；以是因緣，我受三歸及八齋法，遠離一切惡不善業。』」】

詳解　八關戒齋中的前五法就是五戒，想要讓大家受八戒齋時，一定要先讓大家明白八戒齋的內容，所以就先說五戒。善生菩薩問：「什麼樣的人能得到三歸依？什麼樣的人無法得到三歸依？」佛說：「想要得到三歸依，必須具足四法：第一信因，第二信果，第三信聖諦，第四信有得道。」信因，譬如相信一切法必有其因，不論任何法，只要造了就必定成因而有後果，乃至心中起了善念惡念，未來也有果，所以現在所起的念就是因，雖然只有意動了，身口沒有動，但是意造了貪業，就無法把善法欲增長，未來無法使惡心念的記持種子消滅，心就無法清淨了！這就是在自己身上得果，不關別人的事。因爲會在道業、種子上得善惡心行的果報，所以念動了就是因。動了念都可能是因，更何況口行與身行？身行配合完成了，當然更有因啦！對一切事皆必有因若能眞實信受，三歸依的清淨，第一步就完成了。再來要信果，信一切法莫非是果，信一切法皆有果，就不會讓自己去造惡，當然就會努力修善了。信因信果就會相信二乘的四聖諦、大乘法的第一義諦必定眞實有，當然就會努力清淨自心，三歸依就會更清淨了。

最後要相信世間必定有得道之人，也必定有讓人證道的法門；有人絕不相信，特別是土城老人走了以後，而我們剛剛出來弘法時；當年我想要把法送給別人，他們還不相信啊！他們認爲這個年代已經沒有人能得道了，不管是解脫道、佛菩提道，都沒有人能得。我太直爽，心想：「我信了，別人應該如我一樣相信。」可是大家都不信，所以我當年送上門去，想要把正法送給人家，人家還不要呢！那些不信的人，有居士也有大師啊！這些人應該是信無得道，不是信有得道了。如果能信有得道如同諸位一樣，相信末法時代仍然有人能獲得解脫道、佛菩提道的修證，才能清淨三歸。你們正因爲相信，所以才會來學法而獲得大乘見道；既然信有得道而且自身也得道了，就可以檢查看看：自己來正覺開悟之前是否信因？是否信果？是否信諦？是否信有得道？如果四個條件具足，你可以說：「我有清淨三歸了！」回家以後就以茶代酒、浮三大白，自我慶賀一下！因爲這已表示你們眞的清淨三歸依了。

　若有人具備至誠心，具足這四個不可破壞的信心，就能親近佛、法、僧三寶，並且能接受善友的教導，就能眞正得到三歸依了！換句話說，不親近三寶就不得三歸依，或者親近了三寶卻同時接受惡友教導，那也不得三歸。由此來看，那些宣講南傳佛法而否定如來藏的人們，他們究竟有沒有得三歸呢？（大眾答：沒有！）沒有啊！因爲他們已經「受惡友教」了！當然他們可以說：「阿含中沒有講七、八識，所以沒有如來藏可證。」但我也可以破斥他們：「阿含中明明有講七、八識。」並且舉例證明：是他們讀不懂阿含。那他們顯然是接受惡友之教，所以就沒有具備清淨的三歸條件了！沒有清淨的三歸，就表示他們不是眞正的佛弟子！只是表相而非眞正的佛弟子，卻要否定眞正佛弟子的正法，有什麼資格呢？你們以後可以把這一句話上網站論壇去對他們講。這說明他們的信心是尚未建立的，因爲他們仍不相信「否定如來藏會有未來無量世的惡果報」。所以親近三寶後卻受惡友教，就不得三歸了！就不是眞正佛弟子了！這話當然很重，但不是我講的，而是佛講的。

同理，如果能正確的觀察優婆塞戒，他將會獲得無量的功德果報，因此就能壞滅無量弊惡之法。爲什麼正確的觀察優婆塞戒就能有無量功德果報？想想看：正確的三歸及一日夜的八戒齋，就有無量功德果報了，假使盡形壽受持優婆塞戒，不是一日一夜受持，也不是每月只受六天的八戒齋，當然更有無量功德果報啊！所以若能正確觀察優婆塞戒，就知道這個戒法絕對有無量功德果報，所以就能壞滅無量弊惡之法，使種種惡法不會在自己身上出現。

眾生無量無邊，所以受苦也是無量無邊；眾生眞的無邊嗎？用比量就知道了：從地球的現量來比量就可以曉得。小小的地球有六十億人，想想看畜生會有多少？如果加上畜生還覺得不夠多，可以想想螞蟻有多少？如果這還不夠，再想想看細菌有多少？已經無法計算了，那麼十方虛空無有窮盡，世界國土不可限量，想想看有多少眾生？所以眾生眞的無邊啊！眾生無邊，當然眾生所受的苦痛也是無邊，特別是旁生有情所受的苦更是無邊啊！所以「受苦亦爾」；無邊的眾生，人類只是極少數，很多眾生想要獲得人身而不可得，所以說難得人身。光是地球，有多少眾生想要得到人身呢？但是都得不到！想要得人身的眾生無邊，也將會愈來愈難得人身！鬼道眾生想要生到台灣來還眞的難！因爲新出生的人比死人少，所以沒有多少名額留給鬼道眾生來投胎的；台灣如此，世界各國也大多如此，所以人身不容易得。

縱使已經得到人身了，想要五根具足也不容易；所以有很多人生來五根有缺陷，所以難具諸根。但縱使五根具足，也難得對佛法生起信心；你若對某些人說：「學佛眞好啊！你要趕快來學佛啊！」他說：「對不起啦！你們學佛要吃齋，這第一關我就受不了了！」然後又說：「學佛要修行啊！那太累了，我做不到。」沒有辦法接受！你告訴他：「學佛可以開悟欸！」「哎呀！我算老幾？我哪有可能開悟？」不說一般人，單說佛教界就好了，這種人不是有很多嗎？十幾年來，我們見道報告一篇一篇的印出來，他們就是沒有信心啊！有些人根本就不相信可以開悟，對於開悟法、對自己、對我，都沒有信心，總是說：「那可能是假的。」這就叫作難具信心啊！信心是很難得的，諸位來到正覺，雖然對自己的信心還不很具足，但至少已經對我有信心；兩年半下來，看話頭的功夫有了，知道現在就等一念相應而悟入了。但何時會突然間一念出現而找到如來藏，可就不敢說了！但這時至少已對自己有些信心了！所以信心的建立還眞不容易呢！

對一般人而言，有信心就是：「一定有開悟這個法！人一定是可以開悟的。」但是雖然有了信心，還有遮障等著你：就是難遇善友。想要遇到一個眞善知識，很不容易，好的道友很難得！所以善友難得就是學佛最大的遮障。在禪宗道場中修行求悟的人不是很多嗎？那些常常打坐、打禪七的人，目的不是都在求悟嗎？那就表示他們對開悟這個法有信心：信世間確實有人可以開悟。但問題是無法得遇善友。

有的人雖然遇見了善知識了，但是難得自在。往往有人說：「我遇到了蕭平實這個法門，想要去學。」結果就出現了一個惡友說：「那是邪魔外道啦！你不要去學啦！」信心又被打掉了。後來把蕭平實的書拿來不停的研讀：「應該正確！」信心漸漸又有了，又遇到一個惡知識說：「那是邪魔外道啦！別去學啦！」又打掉信心了。這例子很多啊！我們現在美國的親教師善藏法師，以前就是這樣，整整八次的因緣被打掉了，後來他很沉痛的寫出見道報告，A4的紙、十二號字，寫了二十八頁，你說他的感觸有多深！所以我們未來將會印一本書叫作《我的菩提路》（編案：已出版），他的可能是第一篇，他把自己沉痛的經驗向佛教界說明；你們在座有很多人的見道報告已被收錄進去了，將來出版了就會知道。所以說，遇到了善友而不能得自在，繼續被惡知識影響的，也是大有其人啊！所以往往有人進來同修會晃一晃，不久又走了！空入寶山啊！

有人過去世誹謗我，所以這一世遇見我的時候都很緊張；不在我面前時講話講得很好，到了我面前時講話就結結巴巴，平常就這樣啊！他自己也知道過去世曾誹謗我弘法，導致今生這樣啊！但是今生又重蹈覆轍，這種子沒有消掉就會繼續現行，所以在我面前始終不得自在。縱使能得自在，偏偏諸法無常，世間的遮障因緣非常之多，所以想要跟隨我卻跟不下來，兩年半的課程都無法完成，禪淨班學了半年、一年就停課了，有人則是剩下半年終究無法繼續。所以縱使能得自在，又因為諸法無常，所以於法很難修證。這就是說，無量無邊的眾生，從不具足菩薩性、不具足習種性開始，連熏習正法的種性都無法發起來，這也是難以具足諸根，或說難得信心。所以從一般眾生到「雖得自在」又遇「諸法無常」而無法眞實學佛的佛弟子，人數是相當多的。因此說，佛菩提道具足修證的首要就是三歸依，然後是受戒。

能得三歸都很不容易的，像諸位這樣眞正得三歸，很不容易，往往歸依到謗法之師，根本就不得三歸啊！所以三歸的親得眞的不容易。得了眞正的三歸以後，要再得善知識而親證正法更不容易。你們去禪三精進共修的第一天，我就先幫你們斷除三縛結，這就是遇善知識、得善友教。可是斷三縛結，依據《楞嚴經》的講法，那眞是很困難！衡量現在的佛教界，又有哪個道場敢保證能幫你斷三縛結？都做不到！眞的很困難。但是佛菩提的親證又更困難許多倍，所以三歸如何眞實得？三歸又如何能清淨？都是很值得探討的重要課題，一切佛弟子對這個部分都必須要很用心的去加以探討。

佛說，受三歸後應當觀察思惟：「**我如今若造了惡業，由於惡業的緣故就會獲得這一世和未來世的身心惡報。**」造惡業如果被抓到了，這一世馬上就受惡報了！但受了現世報以後，還有下一世的惡報要受。譬如殺害野生動物，殺得愈多，下輩子身體愈糟：長年病痛。這就是來世的身惡報。由於身惡報，心也會常常怨天尤人，說到佛法的修證就更沒興趣了！樂殺的人怎麼會對佛法有興趣？這就是心的惡報，每天難過受苦。由此緣故而證明：這一世造惡業，在這一世與未來世都會有身心惡報，應當就可以確定一件事實：「**身惡、口惡、意惡，就是我最怨恨的**

法。」所以，如果自己有身惡、口惡、意惡出現時，要把這三惡當作怨家來看待，盡力設法滅除它們。佛說：「假設以往造作身口意業的惡事都不會得到惡報，現在也不應當造惡。」何謂身口意的三惡一定有惡報？這三種惡業，現在能產生弊惡色等，也就是在世間法上會有不好的回報；到了死亡、捨報時，心中一定會產生後悔之心：自以為神不知、鬼不覺的惡業，沒想到死時會像幻燈片一樣，一片一片刷給你看！這如同刷信用卡一樣顯示數目給你看，刷了卡，死時就表示要付賬了！（大家笑…）就會顯現惡道中陰身出來！所以一切惡人死時沒有不後悔的：在進入正死位之前，一生的惡業、善業影像都會現前；應該這樣想：「由於這個因緣，我受三歸及八戒齋法，藉這因緣遠離一切惡業、不善業。」

【「智者當觀戒有二種：一者、世戒，二、第一義戒。若不依於三寶受戒，是名世戒；是戒不堅，如彩色無膠，是故我先歸依三寶，然後受戒。若終身受，若一日一夜，所謂優婆塞戒、八戒齋法。夫世戒者不能破壞先諸惡業，受三歸戒則能壞之；雖作大罪，亦不失戒，何以故？

戒力勢故。俱有二人同共作罪：一者受戒、二不受戒；已受戒者犯則罪重，不受戒者犯則罪輕，何以故？毀佛語故。」】

講記 世戒和第一義戒不同，有智慧者應當觀察戒有兩種：一種是世間法的戒，另外一種是第一義法的戒。如果不是依三寶而受戒，那種戒就叫作世間戒。我們可以舉例說明：譬如在藏密法中受了三昧耶戒，這叫作世間戒；因爲那不是 佛施設的戒法，是藏密祖師自己施設的：他們自己發明另一個行雙身法而享受淫樂的大日如來，又把凡夫的蓮花生建立爲密教主，然後自己施設三昧耶戒，號稱是金剛戒。但其實不是金剛，因爲比爛泥灘裡的泥巴還要軟，死後就爛光了，根本稱不上金剛；他們的三昧耶戒，我在《狂密與眞密》中詳細的破斥了！他們的三昧戒並不是眞的三昧耶，與禪定的修證完全無關！縱使眞的依禪定而施設三昧耶戒，也仍是世間戒，與佛戒無關。假使有人眞的證得四禪四空定具足了，他說：「你想要隨我修四禪八定，得要持某某戒！」他施設了一些戒法讓你受持，你得發誓：如果不能持好就得下地獄。但這種戒法仍是世間戒，因爲四禪八定是有壞之法，依據會壞的法來施設的戒，當然不是金剛戒！更何況藏密所施設的金剛戒是男女交合中的樂空雙運境界，是欲界中層次最低而且會壞的法，哪能稱爲金剛戒？更不能稱爲三昧耶戒，因爲樂空雙運的交合受樂境界根本不是三昧，與三昧無關，所以藏密的金剛戒具足世間戒的體性，全無出世間戒的體性。

又譬如外道施設：「你如果想生天，必須每天持水戒，每天至少要泡水三個小時，若有一日不泡足三小時，就得下地獄！每天泡足三小時就可以死後生天。」這叫作外道世間戒。這些戒法都不堅固，就如有人畫佛像時的彩色顏料中沒有加上膠質，只是把顏料粉末加水拌勻就畫上去，當然不久以後顏色都掉下來了！彩色無膠，不能久住；加了膠以後來畫，就黏住而不會掉，外道戒猶如彩色無膠，都不堅固。我既然自認爲有智慧，就應當先歸依三寶，於三寶邊受戒，不於外道邊受戒。因此「我應當先歸依三寶，然後於三寶邊受戒。」如果有人願意受戒：或者終生受，或者一日一夜受。終生受，譬如菩薩優婆塞五戒；一日一夜受，譬如八關戒齋。

世間法所施設的戒，無法破壞過往所造的種種惡業；但是受三歸依後加持五戒或八關戒齋，就能毀壞以往所造的惡業；除五逆罪以外，一切惡業都可以毀壞。縱使作了大罪（如果你受的戒不是梵網菩薩戒、地持菩薩戒、瑜伽菩薩戒，而是優婆塞菩薩戒），也不會失掉優婆塞菩薩戒的戒體；雖然只是一生受，不是盡未來際受。爲什麼不會失去戒體呢？因爲 佛施設的這個戒法有勢力、作用，能使受優婆塞戒的人犯了戒罪以後不會失去戒體。

這個優婆塞戒受了之後，即使有所違犯，戒體仍然不會失去，乃至未來世還能得到這一世受戒的功德受用。這一部戒和一般的菩薩戒有所不同，主要在三個地方：第一、這部戒是爲以後受出家戒和菩薩戒做基礎的，所以和一般的出家戒、菩薩戒不太相同。第二個差別是這個戒是盡形壽受持，捨壽之後就不存在；而一般的菩薩戒是盡未來際受的，所以和一般的菩薩戒不一樣。第三、這個戒是犯戒以後戒法的功德不失，仍然可以護持此世乃至未來世得到無作戒。但是一般的菩薩戒，譬如《梵網經、地持經、瑜伽師地論》的菩薩戒，是違犯了十重戒以後，戒體就失去了，戒罪存在，也失去菩薩身分；但可以重新受戒，重新保有菩薩身分。在戒體上，聲聞出家戒也一樣，違犯了重戒以後戒體就失去了，就不再是僧寶了！但是殷重懺悔而見好相以後可以重新受戒，再重新獲得一世的戒體。但是這個優婆塞菩薩戒，犯戒之後不會失掉戒體，只有捨壽才會失掉戒體；所以這戒和一般的菩薩戒不同。因此，受持菩薩優婆塞戒以後，雖作大罪亦不失戒，因爲這個戒的力量及受戒後產生的順勢作用正是如此，所以它跟聲聞戒和菩薩戒不太一樣。

接下來說：如果有兩個人一起共同造作一件惡業而犯了戒：第一人有受持菩薩優婆塞戒，第二人沒有受持這個戒法，他們共同造作一件惡業以後，已經受戒者的罪就比較重，也就是說：他除了所造作的惡業必有的性罪以外，還要再加上戒罪；不受戒者就單單只有惡業自身的性罪，沒有戒罪。性罪，譬如傷害眾生，心性受到了染污，都是性罪。譬如殺害眾生則是有殺心、是有染污，邪淫也是一種染污，都屬於性罪。又如欺騙眾生、竊盜眾生財物，都是有關心性的染污或清淨，所以侵害了眾生就有性罪。戒罪則是於性罪之上再增加的罪：因爲受持戒法而違犯了，犯戒以後就在性罪之上再加一條戒罪。沒有受戒的人，當然就沒有戒罪；但是雖然沒有戒罪，性罪仍然還是在的，仍然要在未來世受報的。但是受戒者卻毀戒，違背了佛語所宣的戒法，也有欺世盜名的過失，所以受戒者犯了罪，必須加上戒罪，當然就比較重。同樣一個性罪，受戒者造了這個性罪以後，他的性罪也會加重；因爲明知道這是傷害眾生，而且本身又有受戒，還故意去違犯。譬如菩薩戒的十個重罪一旦犯了，不但有戒罪，性罪還會再加重，所以說已受戒者犯者罪重；不受戒者因爲不懂這個道理，所以犯了同一個罪時，他的罪比較輕。已受戒者的性罪會加重，是因爲在受戒時的戒師都已經先行說明過了。這就好比世間法律一樣，執法人員是最懂法律的，如果故意違犯，就會加重其刑三分之一乃至二分之一。所以已受戒者犯戒，罪就重了！因爲毀佛語故。因爲這個戒是諸佛所施設的，天上天下無如佛，諸天天上施設的戒法都無法與諸佛所施設的戒法相提並論，所以毀佛語時罪會加重。

【「罪有二種：一者性重、二者遮重。是二種罪，復有輕重。或有人能重罪作輕，輕罪作重；如鴦掘魔受於世戒，伊羅缽龍受於義戒。鴦

掘魔羅破於性重，不得重罪；伊羅鉢龍壞於遮制，而得重罪。是故有人重罪作輕，輕罪作重；是故不應以戒同故，得果亦同。世戒亦有不殺不盜，義戒亦有不殺不盜至不飲酒，亦復如是。如是世戒，根本不淨，受已不淨，莊嚴不淨，覺觀不淨，念心不淨，果報不淨，故不得名第一義戒，唯名世戒。是故我當受於義戒。」

講記　罪有二種：一者戒罪，二者性罪。但是戒罪的性質又分成兩種：一者性重，二者遮重。性重是說這一個罪如果犯了，是牽涉到心性上的嚴重瑕疵、缺陷，所以叫作性重。第二種是佛所遮止，無關乎心性好壞，然而是佛特別指定的、外道都不施設的重戒，不是輕垢罪，所以叫作遮重。這個遮重的罪，在十重戒或五戒中只有一個，就是酒戒：賣酒、釀酒、開設酒廠、酒廊、酒店，都是遮重（悟後不肯善護密意，違背佛在定中或夢中的指示或告誡，也屬於遮重）。這個遮重雖然無關心性缺陷與否，但不利於眾生，也會對修行產生重大的遮障，所以佛特別指定這個不賣酒戒、不酗酒戒：不可貪杯、爛醉如泥，也不許製酒賣酒，否則就是犯了遮戒中的重罪。這個飲酒本身與一個人的心性有沒有缺陷無關，所以它無關性罪，而是屬於額外遮止的罪，故名遮罪；但因爲它會嚴重遮障修行人，所以 佛特別指定爲重戒中的一種，所以這個遮止罪也是重罪。

性重與遮重大罪中都仍有輕重差別的不同。譬如說，現在 佛說這性重的罪和遮重的罪都會產生重罪作輕、輕罪作重的情況。同一個性罪上的重戒，佛教的不殺人戒內涵與表相，與外道意義是一樣的，但其中仍有差別不同；譬如外道遮止他的徒弟們殺人，所以施設不殺人戒；佛也施設不殺人的重戒，可是與外道的施設不一樣。舉例來說，在《三乘唯識—如來藏系經律彙編》中有收錄阿含部的《央掘魔羅經》：央掘魔羅生來英俊斯文，他的師父也很喜歡他，因爲他的智慧非常好，他師父如果出去，就由他來說法。有一次，他的師父出遠門，師母看上他，就勾引他；但因爲這是亂倫，所以他絕對不從，因爲他的師父也施設了不邪淫戒，他得要受持；而且依他來看，師母就是母親一般，怎麼可以苟且？所以他拒絕了！可是他那個師母覺得很羞愧，因爲被他拒絕了就惱羞成怒，因此就把自己身上亂抓一場，衣服也故意扯破，再用繩子把自己綁在樑上，腳站在地上。等央掘魔羅的師父回來，她就誣告說：「央掘魔羅強暴我，我抵死不從，被他綁在這裡。」他的師父很生氣就要害他，故意叫他去殺人。央掘魔羅說：「師父！您教我不可以殺人，我受持不殺戒，不許殺人。」他師父說：「不！你如果要生天堂，就得殺一千個人。殺了一千個人，把他們的大拇指剁下來串成指鬘，好像花鬘一樣串成一串，戴在身上，捨壽就可以生天。」他掙扎了很久，終於接受；因爲師父所說必須信受，就只好接受就去殺人；他殺了九百九十九人，只差最後一人，但都沒有人肯再從那條路過去，殺不到人了。最後他的母親因爲兒子都沒回家吃飯，就送了飯去給他吃，他想：母親被殺了也可以生天，自己也可以完成了指鬘。就抓了母親準備要殺，當時連國王也不敢去殺他，因爲他非常勇猛。這時 佛特地示現才度了他成爲阿羅漢。但是他殺了九百九十九人，那是極惡重罪，可是仍然只得輕罪，並且在往復對答之後， 佛以一句「善來比丘」而使他成爲大阿羅漢。

他成爲阿羅漢以後，波斯匿王仍不曉得，最後決定要去討伐他，因因爲聽說這個人是大惡人，不討伐他不行，否則國境不寧。所以率了軍隊，因爲害怕就先去請問 佛。 佛說：「如果這個人已經在我座下出家了，你還殺不殺？」他說：「如果在世尊您的座下出家了，我就不殺了，並且我還要供養他、禮拜他。」 佛就把央掘魔羅叫出來。波斯匿王看見央掘魔羅，心中恐懼，不知不覺近依佛座，希望 佛保護他。人已經出家了，他還怕，你說央掘魔羅威德大不大？太大了！但他殺了九百九十九人，這是何等重罪？該說是窮凶極惡了！當然那九百九十九人也有該殺的因緣，因爲他們往世都是破法者，都是該殺的。央掘魔羅因爲那些人是有大非的，也因爲外道的戒施設是不如法的，所以他是重罪作輕；又因爲外道依凡夫知見及惡心而施設的戒並無威德，和 佛設的不殺戒有大威德、大功德，大不相同，所以他能重罪作輕。

但也有人輕罪作重，譬如伊羅缽龍往世受的是第一義戒，但卻違犯佛語，所以輕罪作重。伊羅缽龍王往世是出家比丘，佛說比丘不應踐踏生草，又特地指示不可以亂砍伊羅缽草。但他想：「草又不是什麼貴重的物品，何必爲草而施設禁戒？」心中不相信這個戒法，就摘下一棵伊羅草，故意拿到 迦葉佛面前詢問：「假使有比丘像我這樣拔斫這草，未來世會得到什麼果報？」當時 迦葉佛開示說：「如果有人故意斫砍伊羅缽草，將來會下墮牢固地獄。」那比丘當時對迦葉佛的開示不信受，心想：「我故意摘掉了整棵伊羅缽草，如今也沒怎麼樣。」雖然當時沒怎麼樣，捨報時卻有怎麼樣了！捨報後受生去畜生道當天龍，成爲很長壽的龍王；雖然因爲出家的功德沒下地獄，生在忉利天成爲龍王，畢竟還是畜生，大家都稱牠爲伊羅缽龍王。牠成爲龍王以後變成人身回來迦葉佛身邊請示說：「世尊！我要到什麼時候才能回復人身？」迦葉佛開示說：「將來釋迦牟尼佛成佛時，你去請示，如來將會爲你授記脫離龍身的時間。」後來牠看到釋迦如來出現於人間，就化現爲人身前來聞法；又看見外道聽聞 釋迦如來說法以後證果了，牠卻辦不到，只好上前請問 釋迦如來：「世尊！我要等到什麼時候才能脫離這個惡龍身形？什麼時候可以回復人身？」釋迦世尊授記牠說：「將來人壽八萬四千歲時，彌勒佛於人間成佛，你將會被彌勒佛度化證果，然後被授記下一世捨掉龍身。」這就是伊羅缽龍王毀 佛禁戒後所受的痛苦。

佛說那棵樹不可毀壞，他卻把它壞了！這本來不是什麼重戒，與戒法無關，但是他毀犯了 佛語；如果違犯了他父母親不重要的話，算是小事一樁，違犯了 佛說的話，那就不得了了，因此輕罪作重，得要重報受生到畜生道去。本來他的修行很好，般若的證量也很好，就因爲覺得 佛說的這件事情不很重要，不當一回事，所以受生到畜生道去，而且頭上還要頂著大樹，這就是壞於 佛的遮制而受重報。佛所制止的，都不可違犯，當 世尊交代：「眾生需要這棵樹，不要毀壞它。」就是已經制定了。佛語不虛妄，大家千萬不要兒戲。伊羅鉢龍王正因爲壞了 佛的遮制而得到重罪，大家都應該引爲殷鑑；不但是 佛所遮制，諸大菩薩對我們的遮制，也都應該信奉受持，以免遮障自己。

同樣是不殺人戒，外道所施設的不殺戒，受持者功德很小；若是違犯了，戒罪也小。如果是依 佛而受持不殺戒，受持者的功德就無量無邊；相對的，一旦犯了戒，罪也是無量無邊。功德的大小與戒罪大小是相對稱的：功德大戒罪就大，功德小戒罪也小。所以，在第一義法中同時受持了聲聞戒及菩薩戒，功德無量廣大，但是犯了戒，罪也是無量的廣大；所以會有重罪作輕、輕罪作重的不同。同樣的不殺戒，在佛法中受了戒，就要好好受持，不要因為一時的瞋心，忍不住就殺了人；因為這不但牽涉到性罪，而且還牽涉到第一義諦法中的嚴重戒罪；所以於第一義法中受持十重戒以後，千萬不要毀犯。若是有好因緣遇到佛或諸大菩薩示現時，不管是定中或夢中的示現開示，祂所交代的，我們千萬千萬不要違犯，不要認為佛只是事相上的指示，與戒罪無關，就違背而不遵從，這會產生輕罪作重的結果，不可兒戲。佛語不可違犯，連諸大菩薩都不敢違犯佛語，何況我們？要記住：這會成為輕罪作重。

「是故不應以戒同故，得果亦同」：因此，不應認為相同的戒法一定會得到相同的果報，同一個不殺戒，在外道邊受戒和在佛法中受戒，功德與犯戒的果報是完全不同的。譬如世間法的戒，也就是外道戒（因為他們所說的法全都是世間法，都和出世間道無關，所以稱為世間戒。雖然他們公開宣稱，他們的法能出世間，但其實都只是世間法，所以外道所說的全部戒法，當然都是世間戒），外道的世間戒，雖然同樣也施設不殺、不盜戒；在佛法的第一義戒中，同樣也有不殺、不盜、不邪淫、不妄語、不飲酒；但是外道們施設的世間戒，有許多的不淨：根本不淨、受已不淨、莊嚴不淨、覺觀不淨、念心不淨、果報不淨，所以只能說是世間戒，不能說是第一義戒。

「**根本**」，是指這一個戒法施設的原理；若施設的原理是清淨的，就叫作根本清淨；施設的原理不清淨，就是根本不清淨。譬如不殺戒，外道施設的不殺戒，認為殺害眾生而犯殺罪，會使人墮落地獄，所以不應該殺。只是為了自己有好的未來世果報，不想落到惡道中，是為了遠離受苦，是從自我的利益著眼的，是貪著世間法的，所以根本不淨。以外道的立場來講，認為是清淨的；但從佛法第一義戒的解脫而無所著的立場來講，說外道是不清淨的。也因為在佛法上來講，自己和眾生一樣都有法界實相理體存在，所以是平等平等的；所以不該殺害眾生，這叫作第一義戒。以理體的平等、實相的平等來施設不殺戒，合於第一義諦，所以佛門的不殺戒是根本清淨的；不是為了免除世間苦，不是為了執著自我及不淨心而施設的，所以佛門的不殺害眾生戒是根本清淨，不同於外道落在我與我所當中，所以說外道是根本不淨。

「**受已不淨**」，外道受持不殺戒，是以貪愛自我的立場來施設的，所以他們受持了不殺戒，仍然是不清淨的。在佛法中受持不殺戒，是依於現觀眾生的平等，或聽聞開示而信受「眾生平等平等」，以這個「離我、我所」的心態來受持不殺戒，所以受已清淨。

「**莊嚴不淨**」，外道爲了自己的利益而受持不殺戒，心態就會有所不同，所以莊嚴就不清淨了！他們是用表相來受持的，因此心中很想殺害眾生來吃，很想殺人報仇，可是因爲戒條的關係而不得不壓抑自己，所以外道無法莊嚴不殺戒，只能勉強守得住而已。但是佛弟子不同，佛弟子是從實相來說，或者從二乘的聲聞戒來講，是從出三界的立場來看待戒法的，因此所表現出來的，就是從心中直接把怨恨、仇恨捨棄了，因此而不殺人，所以心地能以清淨心來莊嚴，不是用壓抑的方法去受持不殺人戒，而是以捨棄瞋恨之後的無我心來受持不殺人戒，所以佛弟子能清淨莊嚴不殺戒；但是外道們對不殺戒的莊嚴，是以恐懼後世果報來莊嚴的，所以是不清淨的。

同樣的，外道的戒法也是「**覺觀不淨**」的，外道遇到仇家時，心心念念想的是要殺害，只是被戒條所拘束，所以身體沒有去實行而已，所以他們持戒時的覺觀是不清淨的：身受不殺戒，心中卻總是想到仇人很可惡、應該要殺掉，所以覺觀不淨。佛弟子是把仇恨捨棄掉的，所以他持不殺戒時的覺觀是清淨的。

「念心不淨」：外道受持了不殺人戒，可是對仇家還是心心念念記恨著的。但佛弟子是捨棄仇恨的，所以念心不同；佛弟子把仇恨捨掉，心心念念都在斷除我見、我執，都在修證解脫或佛菩提上；而解脫道與佛菩提的修證都是在無我、無我所上用心觀行的，所以都會捨棄仇恨心，這是完全不同的，所以佛弟子持戒時念心清淨。

「果報不淨」：外道受持的不殺人戒屬於世間戒，他們的果報就是生到欲界天，因爲他們受持不殺戒時仇恨心還在、瞋恨心還在，所以沒辦法修證禪定；只能因爲身行不殺而生到欲界天去，但是貪著五欲的心還在，瞋恨心也仍在，所以果報只是欲界天的不清淨境界。但佛弟子根本清淨、受已清淨、莊嚴清淨、覺觀清淨、念心清淨，結果就是斷除我與我所的執著，乃至大乘菩提中證得法界的實相，沒有我與我所而又不妨害我與我所同時存在，從心中徹底滅除了不淨的心念，獲得出世間的解脫及實相境界，不受染污，叫作果報清淨。所以外道們的不殺戒乃至不邪淫戒，是根本就已經不淨了，接著是受已不淨……乃至果報不淨，所以他們不能稱爲第一義戒，只能稱爲世間戒，當然所得到的果報也就只有世間法上的可愛異熟果報而已，不能得到出世間法的果報，由於這個緣故，我們應當要受第一義戒。

【「善男子！後世衆生身長八丈，壽命滿足八萬四千歲；是時受戒，復有於今惡世受戒，是二所得果報正等。何以故？三善根平等故。或有說言：可斷命處，乃得戒者。是義不然，何以故？夫禁戒者，悉於一切可殺不可殺中得；一切可殺、不可殺者無量無邊，戒之果報亦復如是無量無邊。善男子！一切施中，施無怖畏最爲第一。是故我說五大施者，即是五戒。如是五戒，能令衆生離五怖畏。是五種施易可修行，自在無礙，不失財物，然得無量無邊福德。離是五施，不能獲得須陀洹果，乃至得阿耨多羅三藐三菩提。善男子！若受戒已，當知是人，爲諸天人恭敬守護，得大名稱。雖遭惡對，心無愁惱；衆生親附，樂來依止。阿那

邠坻長者之子，雖爲八千金錢受戒，亦得無量功德果報；善男子！爲財受戒尚得利益，況有至心爲於解脫而當不得？」】

講記 佛繼續說明戒和布施之間的關係。諸位知道持五戒一定可以保住後世再得人身，因爲持五戒的人有大福德。爲什麼持五戒會有福德呢？佛在這裡說明這個道理：持戒也是一種布施，持戒就叫做無畏布施。佛說未來世娑婆世界南閻浮提洲的人們，壽命可以活到八萬四千歲，身長可以高大到八丈。爲什麼眾生可以身長八丈？當然得要有許多福德才能身長八丈，並且壽命滿足八萬四千歲。現在如果有人活到一百多歲，就說是人瑞了；彭祖活了七百、八百歲，大家欣羡的不得了！可是人壽八萬四千歲，比彭祖活更久的神仙，還是不足道哉！不值得一提。這表示那時的人們心性都很善良，大家都修行十善，都不侵犯他人，所以都能長壽。有人在那時受持佛戒一世不犯，另外一人在此時受持佛戒一世不犯；就是說，此時受戒一百年不犯，那時受戒八萬四千年不犯，兩人的功德果報並沒有差別。

這裡面當然有道理，是因爲三善根（無貪、無瞋、無癡）平等的緣故；也就是說身、口、意這三善根是平等的，同樣是不殺。他們持八萬四千歲的不殺生，我們持五十年、六十年或一百年的不殺生，同樣是三善根，是平等無異的，所以捨報後的未來世果報是相同而沒有差別的。因爲那時的人都是善人，沒有惡人，大家沒有恐懼心，所以持戒的功德小；我們現在眾生惡劣，大家心中都有恐懼，所以持戒的功德大，所以持戒不犯的果報比那時持戒的果報大，所以百年中不犯戒，可以等同那時的八萬四千歲持戒不犯。這就好像淨土三經說的：我們在這裡持齋戒一日一夜，勝過在極樂世界持齋戒一劫；因爲那裡都是善人，所以持戒功德小。又譬如現在持戒一日一夜，勝過 彌勒菩薩成佛時在 彌勒佛座下受戒百年。所以我們受戒後還眞不是開玩笑的，要正眼看待戒律。

另有人說：不殺戒，要在可斷命之處才得戒。他的意思是說，有人落在你手裡，你可以殺他而不殺他，這樣持不殺戒才算成就。這個道理不對，佛解釋說：所謂禁戒，是於一切可殺和不可殺的境界中都可以得戒的。換句話說，有能力、有權力把某一個有情殺害，而你不殺他，就有持戒的功德；但是對其他的人，即使你沒有權力也沒有能力殺他，當時你也沒辦法殺他，但是你持不殺戒，心中立定主意決不殺害他，也同樣得到不殺的功德。所以不殺的禁戒一旦受持了，就從一切可殺和不可殺的眾生身上，都同樣得到不殺戒的功德及福德，又因爲一切可殺和不可殺的眾生，他們的數量無量無邊，所以不殺戒的功德果報同樣也是無量無邊的。所以，不是因爲你能殺他而不殺他，才有不殺戒的功德，而是持戒後面對一切眾生時都可以得到不殺戒的功德。既然可殺和不可殺的眾生無量無邊，當然我們堅持不殺戒時的功德、福德也無量無邊。

佛又說：在一切世間法的布施中，能布施給眾生沒有恐懼、沒有怖畏，是第一布施，因爲眾生最重視的是生命，其次才是財物。假使有眾生或怨家仇人落到你手裡，你有權或有機會可以殺他，但是你說：「**我不殺你，以後也不會殺你；我布施給你無恐懼、無怖畏，你可以回家了。**」那麼雙方的所有怨仇就一筆勾銷了，他還會感恩戴德一輩子啊！所以施無怖畏是世間布施中最爲第一。施無怖畏，最主要的是救護眾生性命，如果要廣義來說，比如保護眾生財物，讓他沒有失財的怖畏；保護眾生的眷屬、名譽，讓他們沒有恐懼，這也是施無畏。譬如有人喜歡到處張揚別人的過失，如果有人得罪了他，心中一定會恐怖畏懼，害怕被他四處張揚、編造是非！其餘沒有得罪他的人也會恐怖畏懼：「我對這個人還是少得罪為妙，最好遠離他，不與他往來；萬一不小心一句話得罪他，以後可就倒楣了。」大家對他都有恐怖畏懼。

如果另外一人一向不在背後講是非，善於保護一切朋友、親戚、眷屬的名譽，大家對他就不會有恐懼心，所以都喜歡親近他，他就成就施無畏的功德了。所以菩薩應該嘴巴緊一點，少講是非，這也是成就自己施無畏的功德與福德。這就是說，施無畏有廣義、狹義的不同，那你要怎麼去做呢？可以思惟一下：如果大家都知道你善於保護他們的名譽、眷屬、財物……等，大家就會認定你是施無畏者；不殺、不盜、不邪淫、不妄語四戒，都正好是無畏的布施，功德、福德果報都無量無邊。

不飲酒戒也一樣，如果能受持不殺盜淫妄四種戒，而又不酗酒，永遠都不會爛醉如泥而導致誤犯戒律，眾生對他會更放心，因為他一定不會喝酒亂性以後破了戒，因此使眾生對他安心。所以說五種最大的無畏布施就是持五戒，所以不飲酒也是對眾生的無畏布施。往往一個好好的人，大家公認的大善人，喝醉了酒以後卻侵犯別人乃至妄殺了別人，這是世間常常看見的事，所以不飲酒也是施無畏。由於這五戒能讓眾生遠離五種的恐懼怖畏，又不必施捨錢財，沒有錢財也可以布施給眾生無畏，所以 佛說這五種布施**「易可修行，自在無礙，不失財物」**，而且是隨時都在布施無畏，乃至你在睡覺時也在布施，因爲你睡覺時仍然有五戒的戒體在，大眾不必恐懼說：**「把他吵醒了就沒命了！」**所以睡眠時也是在布施無畏。所以說這五種無畏布施是隨時隨地都在布施的，所以叫做自在無礙，而且也不必失掉財物，但是卻一樣可以得到無量無邊的福德。如果佛弟子離開了這五種無畏布施，就不可能獲得須陀洹果，當然更不可能獲得斯陀含、阿那含、阿羅漢果，更不可能獲得佛菩提果。

所以，若能受持這五個重戒，我們就知道這個人一定是被諸天天人所恭敬守護的人。爲什麼諸天天人要來恭敬守護呢？因爲諸天都希望人類個個都受持五戒。他們不是爲你，是爲他們自己；諸天天人守護你，讓你容易持戒，不會因爲持戒而產生許多遮障，希望你來世生到天界去。因爲諸天天人常常與阿修羅征戰，人眾勢力小，就會被打敗，就很悽慘，所以他們希望天人越來越多、勢力越來越壯大。那就要人類多多的持戒不犯，所以希望大家都持戒，所以就會來擁護持善戒者。假使人類有很多人持戒而做五種無畏布施，將來生天，天眾就越來越多了！所以他們也是爲自己想，另一半才是爲了護持佛法。人同此心，天也如此。

比如說台海情勢緊張了，美國就派第七艦隊來，他們是爲了台灣的利益嗎？不完全是！其實也是爲了自己的利益。同樣的，天法界與人間也是一樣的，所以你發願心堅持五戒不犯，諸天天人當然就來守護你，不讓你被惡魔干擾、引誘而犯戒。所以一個人受持五戒時，每一戒都有五位護法善神來護持；他們希望你將來能生往欲界天，天眾越來越多就可以對抗阿修羅，他們就不必受苦。阿修羅希望大家都不要持五戒，魔波旬也希望大家不要持五戒，讓修羅道有情越來越多，他們就可以打贏諸天天人。所以天與魔都各有各的盤算，所以你持五戒時諸天天人當然恭敬守護，因爲你將會是他們天人的眷屬。所以你持了五戒名聲遠揚，不但人間有好名聲，也傳到天上去，因爲天上早就準備好迎接你了！

持戒者在人間雖然遭受惡人相對，以種種惡事來面對你，可是你受持五戒後心想：「算了！我持了戒又不能回罵他，又不能殺他，我幹嘛與他賭氣？什麼都不能做，倒不如就把惡事都丟了，忘了就沒事。」所以如果有人受了戒還在那邊氣、恨、惱啊！那叫作愚癡！你既然不能報復，就不要去記掛他，忘掉就好了嘛！所以想通道理的人，雖遭惡對，心無愁惱；這個道理是遲早都會想通的，也就沒有愁惱了。因爲心無愁惱，所以和顏悅色，既不記恨，也不傷害人，所以眾生親附，樂來依止。眾生樂來依止，你不就更有勢力了嗎？這就是戒德的勢力：可幫你建立勢力，讓你在人間好過，未來生天享福，何樂不爲？有這麼多好處，爲什麼不受戒呢？不要看一時間的表相好像很不利，什麼都不能做；要能從深遠、廣面來考量，就會發覺持戒者才是聰明人。

又譬如阿那邠坻長者（就是給孤獨長者），他爲了讓兒子持戒，也是費盡了心思：「佛法這麼好，持戒的果報這麼好，我兒子卻不樂於受戒。」所以給孤獨長者就用金錢來誘惑他，作爲交換條件。古時有鐵錢、銅錢、銀錢、金錢，銅錢就已經算是很有價值了，如果是銀錢就更有價值，可是比起金錢來，銀錢可又差多了。古時金與銀的兌換比例是差很多倍的，不像現在，現在金與銀的比例已經拉很近了。古時金與銀的比例是相差很多倍的，那時金錢是很有價值的。阿那邠坻長者就用八千個金錢做條件，才能換取他的兒子去受戒；這兒子眞是有福報，爲自己有好處而去受戒，還有八千個金幣可以得。他也是爲了八千個金幣而去受戒的，雖然不是自己主動，是受引誘而受戒，即使如此，仍然得到了無量的功德果報。所以 佛交代說：「善男子啊！爲錢財而去受戒尚且可以得到利益，何況佛弟子以至誠心爲了求取解脫而受戒，怎麼可能得不到解脫呢？」所以爲了解脫而至心受戒，一定可以得到解脫的。

諸位現在心中生起一個問號：「可是明明現在有很多人受了戒卻無法得解脫，連我見都斷不了。」現在全球佛教不都是這樣嗎？從北傳佛法到南傳佛法，從東半球到西半球，五大洲都一樣，那是因爲他們受戒時不是正受佛戒，因爲傳戒者本身並沒有戒體。別看許多人大紅祖衣披著，高高在座傳起戒法來，你怎麼曉得他沒有毀破重戒呢？特別是修了雙身法以後還在傳聲聞比丘戒呢！那你去受他的戒，你有得到戒體嗎？沒有啊！因爲他自己的戒體都失去了，哪有能力傳你的戒呢？所以那種受戒只是在演練戒儀而已！只是互相安慰，上面傳戒的人欺矇眾生說：「你們已經正受戒法，已經得戒了。」下面受戒者歡喜的想：「我已經得戒了。」其實都沒有得戒。

《楞嚴經》中 佛早就講過了：傳戒者本身若沒有戒體，或是持戒不清淨，如此受戒者是無法得須陀洹果的，因爲是不得戒體的無效傳戒，那麼修過雙身法的大法師們還能爲人傳什麼戒呢？但若傳戒者清淨自守，也都沒有犯過戒律，你就能從他那邊得戒；如果眞的有得戒，未來一定可以得解脫的。如果有眞的得戒，他所傳的法絕不會妄傳，最多只是依文解義，絕對不會未悟謂悟而誤導你：「離念靈知就是眞如。」否則他本身已經犯了大妄語業，還會有聲聞戒體、菩薩戒體存在嗎？當然沒有啊！那他再傳你戒法，不是傳著好玩的嗎？當然我這段話免不了得罪人，不過實際上確實是這樣的。所以你若求戒時，眞的要有得到戒體的確認以後再求戒才好，並且要以至誠心來持戒，未來一定可以得解脫。爲財受戒尚得戒法的利益，若至誠心來受戒，也是爲了求取解脫而受戒，怎麼可能不得解脫？所以你們來到正覺同修會，我們已經對會員們傳過兩次菩薩戒了，以後還會再繼續傳戒。

由於往世清淨持戒的緣故，所以你們今天可以斷我見，乃至不入涅槃就已經證涅槃，這都是由於往世清淨持戒的功德而得到的清淨果報。凡是至誠心持戒，沒有不得解脫的；所以還沒有悟的人，應當發願盡未來際受持菩薩戒；已經悟了更應當持菩薩戒，因為菩薩戒可以幫助我們過度四魔，不被煩惱魔、生死魔、鬼神魔、五陰魔所拘繫，並且可以提前三劫成佛。一劫是幾百億年？我也不會算；據說地球存在到現在已經有一百多億年或五、六十億年了，但現在還只是在成劫後的住劫中。你想：受戒可以提前三劫，三劫是提前幾億年呢？你們就自己算算看。有這麼好的果報，為什麼不持？所以應當要發願受持菩薩戒。而且長遠來看，戒是對我們有廣大利益的；從這一世來看，好像處處不便，但是正因為這樣把自己約束的好好的，到後來變成習慣了，心性自然清淨了，怎麼可能不得解脫呢？怎麼可能不證佛菩提呢？所以應當要受戒。可是受戒以後，到底它有什麼立即可得的利益呢？佛接著開示說：

【「善男子！有五善法圍遶是戒，常得增長，如恆河水。何等爲五？一者慈、二者悲、三者喜、四者忍、五者信。若人能破毀重邪見，心無疑網，則具正念；莊嚴清淨，根本清淨，離惡覺觀。善男子！若人能遠五惡事者，是名受戒，遠離一切身口意惡。若有說言『離五戒已，度生死』者，無有是處。善男子！若人欲度生死大海，應當至心受持五戒。是五戒中，四於後世成無作戒。唯愛難斷故不得成，以是因緣婬欲纏綿；應當至心，慎無放逸。若有說言：『更有無量極重之法，過去諸佛何緣不制，而制於酒？』善男子！因於飲酒，慚愧心壞，於三惡道不生怖畏，以是因緣則不能受其餘四戒；是故過去諸佛如來，制不聽飲。若有說言：『如來已說酒多過失，何故不在五戒初說？』是義不然；何以故？如是酒戒，名爲遮重，不爲性重。如來先制性重之戒，後制遮重。善男子！如來先說白、黑月中各有三齋，隨外道故；諸外道輩，常以此日供養諸天，是故如來說有三齋。善男子！如因帳窗、帳勒故不墮；三齋之法，亦復如是，衆生若有發心受持，終不墮於三惡道中。」】

講記　受戒後現世可得利益。佛說有五個善法圍繞著五戒，能讓善法常得增長，而且猶如恆河水一樣恆流不斷：第一、有慈心，第二、有悲心，第三、有喜心，第四、有忍心，第五、有信心。怎麼說有慈心呢？持不殺戒，就是給眾生安樂，就是慈心；不竊盜眾生的財物，就是悲心；眾生在世間會有痛苦，就是因爲財物遺失。這兩天電視新聞報導：有個婦人，葡萄園被水沖走了，痛苦的在地上打滾痛哭。也有人被竊盜了幾十萬，一樣趴在地上痛哭；如果人人都有悲心而不竊盜，就是有悲心的人；又如有人準備下手竊盜時，有人把他遮止，那就是有悲心的人。第三、有喜心，以歡喜心來看待：當我們看見眾生眷屬都不被侵害，我們就有歡喜心，這就是不邪淫戒能善護眾生的眷屬。

第四是忍：能安忍己心而住於不妄語中。講話隨便講或欺瞞眾生已經習慣了的人，你叫他不打誑語是很困難的，他已經習慣性的變成自然會打妄語了；他覺得誇大一件事情是沒什麼的，因爲不傷害人，所以每一件事情到他嘴裡都被誇大了。譬如對人家做一件好事，他會特別誇大；這種人，在電視新聞上常常可以看見，太多了！你教他不要妄語是很困難的，他已經成爲習慣了。如果有一天，大大小小的事，他講出來時都不妄語，都是如實說，那你就說他已經有了忍法：能安忍於如實語。妄語確實不容易忍，必須要費很大的功夫長久約束自己以後才能生忍的。且不說妄語，單說一個簡單的、很小的綺語好了：比如鄉下有些人，開口就先三字經罵人，但他不是惡意的；如果那三個字沒有先出口，他就講不出話來，後來人家說：「你這習慣不好，要改掉。」所以兩、三個好朋友就約定：「我們從今天開始改，不講那三個鄙俗字了。如果誰講了那三個字，講一次就罰五百塊。」接下來是連續好幾週都不會講話了：不許他先講出那三個字，講話就結結巴巴的了！這就是習慣性，很難改。猶如習慣於講文言文的人，他開口就是「夫善法者」，他先要講一個「夫」，那個「夫」字沒有先講出來就不太會講話了。又如有人開口講話前先要「阿」長聲，然後才能講一樣，所以單是改掉三字經，就改好久，也被罰了好幾千塊錢，痛苦了好幾週才算改過來。單是一個小小的綺語就這麼難改了，何況平常就隨意妄語的人，你要他改，眞的很難。如果有一天他改掉了，就表示他已經成功不綺語、不妄語的忍法了。所以說，如果能眞實的不妄語，「忍」這個善法就圍繞著他了。

能遵循佛所說的不飲酒戒，當然不飲酒戒也有重、輕差別，重就是開酒廠釀酒，開酒坊、酒廊、酒店賣酒，都是重罪；輕罪是自己每天要喝一大杯，貪著酒味，這就是輕垢罪。如果喝得爛醉，就是犯重戒，所以其中也有輕重差別。如果能眞的不飲酒，一定不會爛醉如泥，就不會因爲飲酒而犯了其餘四個重戒；這表示你對佛所說的話都有具足信心，連無關佛法的遮戒都能具足信心而受持，表示你對三寶已具足了信心，所以就有「信」這個善法圍繞著你，你就有慈悲喜忍信五法圍繞著。

如果有人能破除極爲嚴重的邪見，對三寶、對五戒的因果都沒有懷疑。疑網，是說主要的疑以外，又另外引生許許多多的疑，好像一張網子一樣纏繞著。假使心中都無疑網了，就是大疑小疑都消失了，他就具備正念了；有了如理作意的思維，就是正念。有了正念就會如理作意，他對戒法的莊嚴也一定是清淨的，對於戒的原理也一定是正確的，所以也有根本清淨，也可以離開惡覺觀了。殺戒沒有持好的人，就會產生不好的覺觀；譬如他去爬山，路途中也許看見了一隻野生動物，就會想像說：「這隻野生動物，如果殺了、烤了以後味道一定很鮮美！一定很香。」

惡覺觀已經出來了！凡是喜歡吃眾生肉的人，當他見到眾生時，最先想到的是殺了、煮了、烤了以後會變成什麼味道？這不就是惡覺觀嗎？同樣的，殺戒如此，不淫、妄、盜、飲酒等戒都是一樣的。

就如藏密喇嘛們看見了婦女時，一定會依他熏習的明妃知識，先對所見婦女觀察能不能作他的明妃，接著就會了知當面的女人與他合修雙身法時將會產生的覺受，這是密宗喇嘛們都無法消除的惡覺觀；都是由於根本不淨、莊嚴不淨而產生的，所以他們都很難離開惡覺觀，因爲他們受金剛戒時是根本不淨的，絕對無法離開這種惡覺觀的。如果能依正念而持好五戒，當然可以離開惡覺觀。如果有人能遠離殺盜淫妄酒等五件事，他就叫作受戒了，就能因此遠離一切身、口、意行的惡業。

佛說：「如果有人這麼說：『離五戒之後照樣可以度過生死大海。』這樣的說法沒有一點正確的地方。善男子！如果有人想要度過生死大海，他就應該以至誠心來受持五戒。這五戒中的前四戒，會在後世成爲無作戒。」酒戒不會成爲無作戒，因爲它是遮戒；不殺盜淫妄等四個戒會成爲無作戒，因爲它們是性戒。所謂無作戒，是說後世不必特地生起不犯的作意而起心勒戒自己，自然不會違犯這四戒，有這四個戒法的作用繼續存在，就稱爲無作戒。這就是說：這一世受了不殺盜淫妄四戒以後都不違犯，使自己的心態變清淨了！轉變清淨了以後就變成習慣了！習慣了以後，下輩子就自然不會違犯不殺盜淫妄四個戒律。所以有人生來就是手軟，不會殺害眾生。有人生來嚴守禮法而不犯邪淫戒，絕不會去勾搭人家的眷屬；若有人主動勾搭，他反而拔腿就跑；他這一世又沒有受戒，自然就會這樣，這就是無作戒；是由上一世受五戒而守持不犯，使他這一世自然會這樣持戒，這就稱爲無作戒。換句話說，這一世雖然沒有受戒，照樣不犯四種惡行；不犯惡破戒即是成就善法戒，所以說前世的善法戒會在未來世成就無作戒。雖然不犯邪淫罪，有了無作戒，但是會隨俗去討老婆、嫁丈夫，因爲「唯愛難斷故不得成」。戒只是遮止不犯，但是合乎世間禮法的事情還是會去做；所以窈窕淑女，當然就會君子好逑，「以是因緣婬欲纏綿」，難證解脫與實相，不得般若智慧；所以應當至誠心來受持戒法，還要謹慎的不要放逸自己的心。

「如果有人這麼說：『還有很多種非常嚴重的不正當事情，是應該都要制止的；是什麼緣故過去諸佛乃至現在佛不制止，卻反而要制止喝酒、賣酒小事呢？』」喝酒又不傷害他人，賣酒也不傷害他人，可是有許多會傷害眾生的事情，爲何諸佛都不制止，反而去制止賣酒、飲酒呢？佛開示說：「善男子啊！因爲飲酒的關係，會壞掉一個人的慚愧心。」這是顯而易見的：一個好好的人，你平常教他說：「你把上衣脫掉，打赤膊吧！」他打死也不敢做。可是當他喝到大醉時，不但主動把上衣脫掉，連長褲內褲都脫光了在路上跑，警察來了他還發酒瘋，這正是慚愧心壞。電視新聞上不是也常常報導出來了嗎？可是平常時要他在大庭廣眾脫掉上衣，他是打死也不從的，卻因爲酒的緣故而沒有慚愧心了。愛飲酒的人，也會對三惡道不生怖畏；當他喝了酒，俗話說喝酒壯膽；酒喝到半醉時，惡向膽邊生，所有惡事都敢做了！這時你對他說：「你做這個事情會墮落三惡道的。」他根本不聽，也不畏懼墮落三惡道；要等他酒退了以後才會恐懼。「由於酒的緣故就無法受持不殺等四重戒，所以過去諸佛因爲這個緣故而制止弟子們飲酒。」

如果有人說：「如來既然已經說了很多喝酒的過失，爲什麼這個酒戒不放在五戒的最前面來說呢？爲什麼要擺在第五戒，而不是擺在第一戒呢？」但是佛說：「他的說法不對，因爲酒戒是遮重而不是性重、罪重。因爲是遮止的戒，而不是心性上應該制止的重戒，所以要放在性重後面；如來都是先制定性重的戒，後面才制定遮重的酒戒。又譬如持菩薩戒的人，要於六齋日持八戒齋，所以如來說白月、黑月中各有三齋應該受持」，也就是白月、黑月中的第八天和最後兩天都要受持八戒齋，「這也是方便隨著外道的說法來講的，無關性重；因爲外道們常以六齋日來供養諸天，既然世間有這樣的法，如來就隨順外道法而施設三齋。」雖然施設白月、黑月各有三齋，一個月中總共有六個齋日，但佛法中卻不依外道所說的禮拜上下等六個方位的觀念來施設六齋，而是以六度及八種戒法來施設六齋。「就好像一個蚊帳，因爲有帳窗和帳勒的關係，才不會散落到床面上來，才能成就蚊帳的作用。」蚊帳收起來時不是有一個掛起來的地方嗎？那個掛起來的地方就叫做帳勒，從帳勒綁住房頂，蚊帳就不會掉下來了；但這樣還是不好用，要再於帳頂弄個框框，好像平放的窗框一樣，從蚊帳裡面的上方撐開，蚊帳才能方便使用，那個框框就叫做帳窗，蚊帳就因爲帳勒與帳窗，所以不會掉落，也不會礙手礙腳的。「每一個白月和黑月都各設有三齋，也是同樣的道理，常常提醒佛弟子記得自己是受持戒法的人；如果有眾生發心受持八關戒齋於六齋日，就不會墮落於三惡道中。」

【「善男子！有人若欲施時，供養三寶時，若坐禪時，若修善時，若讀經時，供養父母時，當先立制：『我若不作，要自剋罰。』是人福德日夜增長，如恒河流。如是五戒有五種果：一者無作果、二者報果、三者餘果、四者作果、五者解脫果。若有具足受持五戒，當知是人得是五果。若優婆塞常能出至寺廟僧坊，到已親近諸比丘等；既親近已，諮問法味；既問法已，當至心聽；聽已受持憶念不忘，能分別義；分別義已，轉化眾生，是名優婆塞自利利他。若優婆塞不能習學如是所說，輕慢比丘，爲求過失而往聽法，無信敬心；奉事外道，見其功德，深信日月、五星、諸宿，是優婆塞不名堅固如法住也。若優婆塞雖不自作五惡之業，教人作者，是優婆塞非如法住也。」】

講記 佛又說：受戒之後應當如法而住，怎麼樣才是受戒者如法而住？佛說：「如果有人想要布施時，或者在供養三寶時，或者坐禪時、修行種種善法時、讀經時、供養父母時，都應該先對自己建立一個要約：『這一些戒法上的善事，如果我不遵守實行，就一定要處罰自己。』」處罰自己的事情，諸位從小到現在都做過，往往有人說：「我如果沒有好好做某件事，就處罰自己一頓飯不可以吃。」或者處罰打自己幾個巴掌，或者說狠狠的罵自己幾句話。這個諸位都做過，同樣的，「**如果受持戒律的事沒有做好，就要處罰自己**。」這個要約，要在布施時、供養三寶……等時節之前先立定下來。如果有人這樣對自己約定：「我如果沒有定期的供養三寶，忘記了，就要處罰自己在事後補作加倍的供養。」這樣約定以後，自己就依照約定去做，就會謹記在心，因爲如果沒有好好的做，將會損失一倍。這樣想一想就不會忘記了！同樣的道理：「我如果違戒了，就得要加倍供養父母財物，就這麼處罰自己。」這樣處罰下來，算一算眞是划不來，我還是好好的受持戒律、正常的供養父母。這樣就一定會好好受持戒律，善法就可以積聚成就。因此佛說：「這個人如果能這樣約定自己，他的福德將會日夜增長。」白天也增長，晚上也增長，「就好像恆河的流水一樣源源不斷的增長。」

就像這個道理，五戒有五種果報：第一是無作果；前面講過無作戒，未來世沒有受戒也照樣可以不犯性罪，不墮惡道，這就是無作果。第二、報果，報果就是正報；持五戒者未來世一定可以保住人身，這就是報果；不持五戒而殺盜淫妄，一天到晚醉醺醺的，捨壽後就會墮落惡道；但是受持五戒不犯，一定可以保住人身。第三是餘果，餘果是說，持五戒的人保住人身，未來世在人間不會有橫逆之災，這就是餘報；日子可以過得很平安，心安理得。第四、作果，作果是說，持五戒以後，大家知道他是持五戒的人，不會害人；因爲戒的行爲，使身口意的清淨造作，導致作果的成就。所以大眾都會相信他，知道他不會騙人，因爲他已經持五戒了，這就是作果，是由身口意行造作出來的果報。第五、未來世乃至這一世得解脫果；五戒若能好好的受持，就表示對於自我得失根本不在意，他在意的是：眾生有沒有因爲我持五戒而得到利益？這樣無我無私的人，怎麼可能不得到解脫果呢？因爲我與我所都不存在了，心心念念想的都是眾生，因為持五戒而施予眾生無畏，因此有這五果。如果有人能具足受持五戒不犯，我們就知道他一定會快速的得到這五果。

如果在家居士們能常常外出而去到寺廟或者僧寶所居住的處所，親近諸比丘等，並且諮問法味：「如何是解脫之道？如何是佛菩提道？如何是菩提、涅槃？」要這樣諮問法味。問法以後，僧寶開示了，就得要以至誠心聽受；聽受以後要記持住，不可忘掉；並且還要自己能加以分別，也就是加以思惟、整理。思惟、整理好了以後，還要轉過來度化眾生同樣的供養三寶、護持正法、學習正法，這樣的優婆塞就是能自利利他的佛弟子。如果優婆塞不能這樣熏習修學，並且還輕慢於比丘眾，甚至有人心態更不好，是為了尋求某某比丘的過失而去聽法，然後到處去宣揚那位比丘的過失，他就是對三寶沒有信敬心的人。我們到任何道場去，都是為了聽法學法，雖然今天你們有正知見了，去到別的道場聽法時，不會故意起一個心念：「我故意去聽大法師說法，若是正巧聽到講錯法了，回來以後就寫文章破斥他。」所以不是為了求過失而往聽法，這就是對三寶有信敬心的人。

在我們會中要找一個人是故意去聽某法師講經，然後回來寫文章破斥，我們會裡不會有這種人，都是被人家強拉了去的，無非是希望你離開正覺同修會。不便拒絕而被強拉過去，心想就去聽個一、兩次，以後就不再去了。可是聽過以後回來，當然難免要與同修們敘述對方講了什麼法義錯了，但不是爲了求對方的過失而前往聽法，都被人強拉而不得不去捧個人場。我們不要存著找碴的心態去聽法，也不必爲了破斥人家道場而去聽法。

優婆塞如果奉事外道：以外道爲他所皈依的對象，是奉事而不只是供養。供養與奉事不一樣，這兩者要分清楚。供養是對家中父母、親屬乃至不相識的人都可以供養，但奉事則是以其爲我們皈依的對象，也就是奉以爲師而侍奉之。如果是奉事外道，又因爲看見外道在世間法上的有爲功德，就深信外道所奉事的日月天子、五星、諸宿（諸宿就是二十八宿），以這些天神、災星作爲皈依的對象，這位優婆塞就不能稱爲堅固的如法住，就是說他的三皈依戒沒有具足，心仍然猶豫不定，不能堅固的如法安住於佛法中。如果優婆塞自己不去做五惡之業（就是自己不毀破不殺盜淫妄酗酒等五戒），但是卻教別人去做，那麼這位優婆塞雖然沒有破戒，但已經不是如法住了。換句話說，受了三皈依及五戒而成爲優婆塞了，就必須要有菩薩的威儀；自己不能做、不願做的事情，就不應該教別人去做。如果教別人去做，就不是如法而住。

【「若優婆塞先取他物，許爲了事，是優婆塞非如法住。若優婆塞典知官津、稅賣估物，是優婆塞非如法住。若優婆塞計價治病、治已賣物，是優婆塞非如法住。若優婆塞違官、私制，非如法住。若優婆塞自不作惡，不教他作，心不念惡，名如法住。若優婆塞因客煩惱所起之罪，作已不生慚愧悔心，非如法住。若優婆塞爲身命故作諸惡事，非如法住。若優婆塞雖得人身，行於非法，不名爲人。若得信心，能作福德，善修正念；觀一切法皆是無常、無我我所；於一切法心無取著，見一切法不得自在，生滅苦空無有寂靜；人身難得，雖得人身難具諸根，雖具諸根難得正見，雖具正見難得信心，雖得信心難遇善友，雖遇善友難聞正法，雖聞正法難得受持；能如是觀，是名人身。若人能觀欲界無常，乃至非想非非想處皆悉無常，以是因緣，不求三惡乃至非想非非想處，如是觀已，見三不堅；以不堅身易於堅身，禮拜供養，來迎去送，自手施與，親執福事，是名以不堅身易於堅身；以不堅財易於堅財，能自食用亦以布施，供給病瘦行路之人，供養沙門、婆羅門等貧窮下賤，是名以不堅財易於堅財；以不堅命易於堅命，修於六念、慈悲喜捨，證四眞諦；善能觀察生老病死，明信善惡業之果報；定知恩愛當有別離，一切衆生不得自在；未得聖道，生死力大；一切世樂，常與苦俱，雖復受之心不染著，猶如寒月求火自煖，雖復爲之終不作惡；修忍二施以潤衆生，深觀苦樂其性平等；凡所發言，言則柔軟，善化衆生令如法住，遠離惡友心無放逸；飲酒博弈射獵之事，悉不爲之；是名以不堅之命，易於堅命。】

講記　這一段經文是講：我們受菩薩戒以後，身爲菩薩應該有的基本行儀，不要讓人看了指指點點說：「學佛的人怎麼這個樣子？」事實上，我們常常看見有人背後對佛弟子們指指點點，但最嚴重的一句指控是：「學了佛反而不如世俗人。」譬如以前曾有比丘尼跟著世俗人去立法院前靜坐抗議，把佛教出家人的形象嚴重的傷害了！人家輕輕地講這麼一句話，就把整個佛教徒的好形象推翻了，所以我們學佛以後得要時時檢點自己的身口意行。佛在這裡交待大家一些細節，希望大家都能檢點，心地就會更清淨，在菩提道上就可以往前再推進一大步。這些看起來好像很囉唆，也許有人會這樣說：「佛世尊說法，幹嘛講得這麼囉唆唆的？」但是既然講戒律，而這些微細相也很重要，所以世尊不厭其煩的為我們細說了這些戒相，其實都是我們想要迅速超越一大無量數劫時應該用心的地方，要讓自己習慣於佛所交代的清淨境界相。

佛說：「如果有優婆塞先從別人那裡取了財物，然後才允許為別人完成某一件事，他就是不如法住。」還沒有完工就先收款，這叫作不如法住。所以不可以「先取他物，許為了事」，許就是允許，先取錢財而允諾為別人把一件事情完成。應該照規矩：事情辦好了再收錢。當然可以先收取部分訂金。如果優婆塞「典知官津」，就是在官府中任職而主辦錢財稅務等事，有些事情應該注意到。以前課稅的官吏常有一種現象：你應該繳二十萬的稅，他卻先把你灌水，說你要繳一百萬，然後讓你來談條件，說你要送他二十萬元，他就讓你只繳二十萬稅款。這十幾年來可能比較少了，在三十年前是很平常的事，這就是違官、私制。

有時因爲當事人沒有錢繳稅，稅官就從當事人家中拿一樣較有價值的物品去拍賣抵稅，這個叫作稅賣估物；古時這樣的做法是不好的，因爲古時人們很窮，把他家裡的物品拿來賣了，他可能就沒辦法生活了！因爲那都是基本生活的用物，情況與現在不一樣。現在一方面法律有規定，而且有法律的程序，必須取得執行名義才可以拍賣，那是依法執行的，情況又不一樣了。以前往往是魚肉鄉民，也是很常見的事；身爲菩薩優婆塞，還這樣做，叫作非如法住；換句話說，他已失掉了慈悲心。

如果菩薩優婆塞「計價治病、治已賣物」，也是不如法住。在古時，菩薩幫人治病都是義務的，現在爲人治病必須先有醫師執照，否則就是違法的密醫；現在縱使沒有收診斷金，國稅局照樣要跟你扣稅的。古時的醫師治病，是診斷處方之後奉上診斷金，因此沒有先計價再治病的；往往因爲病患是窮人而免費診治的。除非很有名的醫師，才會公開聲明：「我出門診病至少要一錠銀，否則不出門。」除非是那種名醫，所以一般都沒有計價治病的，現在仍有這種人。也常常有人舉辦義診，可是義診後就賣貴藥或物品，診斷處方完了就推薦：「我這裡有某某藥，很有效。」這叫治已賣物，菩薩這樣做，也叫作非如法住。

如果菩薩優婆塞違官和私制，那也是不如法住。違官就是違背官府規定、法律規定。譬如現代爲人治病得要有醫師執照，否則可別開藥方，不然就違反了醫師法，這叫作違官。私制，譬如官家規定掛號費一百五十元，他卻私下規定：「我這裡掛號就是要一千元。」額外超收費用，就是私制。別的行業也一樣，若是違官及私制，都是不如法住。也就是說，你要合乎社會上的規矩，不能自己亂制定。

如果菩薩優婆塞自己不做惡事，也不教他人做惡事，並且心中不想惡事，想的都是如何利益別人，這就是如法住。優婆塞如果是因爲客煩惱所產生的罪，做了以後不生慚愧之心，也不懺悔，這就是非如法住。什麼是客煩惱？爲什麼煩惱還要加個客字？因爲在佛法中，煩惱主要有三大類：第一類是解脫道中的兩個煩惱，就是見惑和思惑，就是我見與我執，這是兩個煩惱。第二類煩惱叫作上煩惱，也叫作無始無明；但這個無始無明雖然只有一個，它很深細、很廣泛，所以又稱爲塵沙煩惱。

除了這三個煩惱以外的煩惱，都叫作客煩惱，因爲都是在我們自身煩惱以外的來來去去猶如客人一樣的煩惱，所以叫作客煩惱。常住不離的煩惱就是剛剛講的見惑、思惑、無始無明的上煩惱——塵沙惑；其餘的貪財物、貪名聲、貪權力……等，這些都是主要煩惱（見、思惑）以外的、屬於自我所有的身外法，是在我們心中來來去去而不是常住不斷的煩惱，所以叫做客煩惱。換句話說，追求世間的財物、名利和享受，因此而生起了煩惱，去做不利別人的事，就叫做客煩惱；因爲客煩惱而引起的罪，往往是不利別人的。如果是因客煩惱而利益眾生，那不叫煩惱，所以只有貪著五欲而生的煩惱才是客煩惱。由於客煩惱所引起的罪，做了以後不生起慚愧心，就是不如法住。

如果優婆塞爲了身命的緣故，譬如受威脅：「你如果不去誹謗某一個人，我就要把你殺掉。」在身命受威脅的情況下，去做了惡事，也叫作非如法住。換句話說，如果是不如法的事情，有人以性命來要脅，我們也不應該接受。假使有人來要求我誹謗廣欽老和尚，我不會接受，如果他威脅說：「你若不把他寫成沒有悟的人，我就殺掉你。」我會當場答應他，但事後寫出來時反而讚歎他無師自悟。我們要有智慧，思索一下、衡量一下：誹謗賢聖，不是只有一世的果報，那是未來很多世在地獄受苦的，以後再回到人間是要等很多劫的。再想想看：地獄的一天，我們是這裡多久？不說阿鼻地獄，光是第一層地獄，時間就夠長了。然後，經過很久的痛苦而離開了地獄，還要到餓鬼道去，餓鬼道的時間也比我們人間長。餓鬼道的苦受完了，還要當畜生，任人宰殺或支配，然後回到人間時，前五百世盲聾瘖瘂，成爲殘障者，根本與佛法無緣。如果不接受無理要求而被對方殺害了，不過這一世頭落地，就沒事了！若是誹謗賢聖，下墮以後可就不得了。所以，要命一條，要我故意誹謗賢聖，門兒都沒有！菩薩一定要這樣做，不應該爲身命去造作惡事。

如果菩薩優婆塞已經得到了人身，可是行於非法，那就不叫作人，因爲他失去了人的格了。一個人如果沒有人的格，那就是畜生、餓鬼、地獄。行於非法是指行非梵行，換句話說，與畜生女（畜生男）行淫，或與尊親屬、卑親屬、長上，非法行淫，都已失去了人應有的格，所以不名爲人。前些時不是有一位教授在網站貼了人獸交的圖片而被檢察官起訴嗎？後來法官判無罪，說這是言論自由。雖然她在法律上無罪，可是在法界中有大罪；因爲在法界中，這會導致誘惑部分眾生行於非法；自身雖然不做，但是會誘惑眾生去做，讓部分眾生失去保護人格的觀念，這就是失於人的格。當一個人沒有人格時，就不能稱之爲人。就好像神一樣，正神都很重視神格，所以在神法界中，祂們的層次高低分得很清楚，階級分得很清楚，亂不得的。人也是一樣，不能失掉人的格，否則就不叫作人，只能有三個格：不是畜生，就是餓鬼，或是地獄。所以「行於非法不名爲人」，雖然表相上看仍有人身，來世已經不是人了。

如果從三寶得到信心了，因此能做種種福德的事情，並且善修正念。善修正念的意思是觀察一切法都是無常，觀察一切法無我、無我所。「我」是指我見與我執所說的「我」，就是五陰自我。我所是指：我所有的身體、名聲、財產、眷屬、權力，這些都是我所，凡是五陰之外所擁有的財物或享受、領受都叫作我所。如果要比較嚴格的界定，從識陰及受想行陰來看色陰，色陰也是我所；但這是修行人的看法，一般人大多不這麼看；因爲色陰若不存在了，人間的受想行識四陰也無法現前，所以通常我所是說五陰我所有的身外之物：名聲、財產、眷屬、名譽……等，這都叫作我所。一切法中沒有我，一切法中沒有我所；因爲一切法無常，乃至我、我所全部無常，能如此現前觀察，就是善修正念。

由於這樣觀察的緣故，所以心中於一切法都沒有取受和執著。沒有取受執著的意思要弄清楚，因爲我們與二乘法不同；二乘法的聖人是托了缽、用過齋，回到安止的地方，洗了缽、腳洗過，他就入滅盡定去了。你特地送一件天衣給他穿，他也不要；你若是在他入了滅盡定時，幫他披在身上而供養他，他一出定看到了，會猶如被毒蛇所咬一樣，馬上丟出去，他出定後的下意識動作就是丟掉，沒有經過思惟就丟了，二乘人就是這樣。但是菩薩不然，菩薩是：我如果是正當賺來的，如法取財，去買了來穿也可以。你們看看　觀世音菩薩戴的瓔珞，價值百千萬兩金，你如果拿下來給阿羅漢掛在身上，他們渾身不自在，俱解脫及三明六通的大阿羅漢們都會渾身不自在。可是菩薩都沒關係：送給我，我戴！戴過幾天：「這串瓔珞價值百千萬兩金，你們誰若有錢，就買了！」甚至於打折賣給你，又拿去利益眾生，菩薩是這樣接受供養的，所以他們對別人的供養都沒有負擔二字可說。

《維摩詰經》不是這樣講嗎？天女散花供養，菩薩都無所謂：花飄下來留在頭頂或身上其他地方都無所謂，正因爲無所謂，所以就不會粘著，就掉下去了。但阿羅漢很怕：「**這些天花飄下來，萬一停在我身上粘住了，那可怎麼辦？**」他們心中動了念，身體也搖動，希望天花掉下去，可是越怕就越會粘住。所以菩薩與二乘聖人是不一樣的，所以天魔波旬故意送來一萬二千位天女給阿羅漢，趕也趕不走，阿羅漢很煩惱。不料 維摩詰居士來了說：「**來！來！來！你這一萬二千天女都送給我，我是居士，應該領受。**」天魔也拿他無可奈何，菩薩就度這些天女都成爲菩薩，再回魔宮度人入菩薩道，天魔是偷雞不著蝕了好多把米！這就留到這一部經講完，開講《維摩詰經》時再來講，這裡面都是有深意的。

從這裡，我們要懂得：別被語言文字所拘束，拘泥於它的表相，而要探究它的眞實義。菩薩與聲聞不一樣，聲聞是一切法無取著，他們要離開一切法；菩薩不是，菩薩是於一切法都無所取著，又何妨擁有一切法！所以菩薩無妨有無生法忍諸法伴隨著來利益眾生。阿羅漢是要把一切法都捨掉，二者是大不相同的，三乘菩提有此很大的差異。所以不要因為說：「既然於一切法心無取著，那我就把職業辭掉，不要再賺錢了，我什麼都不要了。」那你就變成聲聞種性了。所以應該是示現菩薩的廣大福德，錢仍然大賺特賺，只要合情合法合理就可以，但都可以拿來利益眾生、護持正法，用來作修學正法的資糧，沒有任何的障礙；所以有錢也很好啊！有錢就能用，可以多利益一些眾生。若是沒有錢，心中也沒有煩惱；因為賺錢不是為自己，所以菩薩於一切法心無取著。

又為什麼而心無取著呢？因為看見一切法本身都不自在：所有的法，一一法都不能自在，沒有一法可以自在的。你們不要誤會這一句話的意思——自在——有很多語言文字都被引申來用，後來都變成引申出來的意思，原意都失掉了！「自在」被引申出來用的意思是說：「可以無所恐懼的安住叫做自在。」其實這已是被引申後的意思了，已不是經文中原來所說自在的意思了。經文中的自在二字，八九成講的都是「自己可以獨自存在，不必依靠他法而存在」，也就是「自己本來已在」，這才是自在的眞正意思。自己可以獨自存在而不必依靠他法，所以這個法就對他法的失去或存在，都無牽掛，所以成為自在法。

於一切法心中無取，也沒有執著，因為看見一切法都沒有自在性，因為一切法都要依他法才能生起，所有法都一樣的無常，都是依他起的體性，非常就不必執著了！因為所有的法都不離意識，而意識本身就先要依於意根、法塵為緣才能從如來藏中生起及存在，所以意識就已經是依他起的無常法、不自在法了！而一切法又是從意識輾轉而生的，所以一切法不得自在。

一切法也是生滅、苦、空，無有寂靜：一切法全部都是有生之法，沒有一法是本來自己就存在的，從意識以下都是所生之法。意根是意識的所依，但意根都還要從如來藏中出生，何況依意根而生起存在的意識輾轉所生的一切法，當然都是有生之法。有生則有滅，只有本來不生的才可能是無滅的，所以有生的一切法當然一定是有滅的。有滅的就是無常，無常所以是空，無常所以是苦。而這一切法的出現，都只能在三界的六塵當中出現，不可能離於六塵而存在。諸位想想看：這一切法有哪一個法可以離開六塵而存在？不可能有！不曉得諸位有沒有做過這個觀行？觀行過了，知道一切法都不能離開六塵而存在。眞能離開六塵而存在的，只有一個法就是如來藏。既然一切法都不能離六塵而存在，與六塵同在一處，當然是吵鬧的，不是寂靜的，所以一切法除了不得自在以外，並且還是生滅、苦、空、無有寂靜的。

人身是很難得的，縱使得到人身了，也不一定就能具足五根：意根是一定有的，但是五根就不一定能具足。縱使有時能具足六根，也很難得有正見。以前一般人讀到這一句，大概不太會接受，但是現在大家都接受了，因爲正見確實很難得；不說佛菩提的正見，光是一個解脫道的正見都已經非常難得了，所以說諸根縱使具足，要得到正見也是很困難的。縱使有人有因緣親近善知識，已經得到正見了，但是要具足信心，也很困難；所以讀過我的書的人已經很多了，但是他們有具足信心了嗎？大部分人是還沒有信心的。若眞的具足信心了，就一定會擠進正覺講堂裡面來，好像諸位一樣。但是具備了正知見以後，想要具足信心還眞的不容易；縱使對三寶有信心，想要遇到一位善友來接引進入正覺講堂也不容易，因爲我們會員也不過一千多人（編案：這是 2004 年夏天所說），加上學員也只不過兩千多人，所以善友難遇。縱使遇到善友，善友也不見得就會爲他說正法，因爲有時善友會觀察他的因緣可能還不很具足，所以還會再等一段時間才會爲他說法，所以想要聞受正法也不容易。

縱使聽到正法以後，就能信受嗎？那也不見得！爲什麼不能信受呢？都因爲我見斷不了。當善友告訴他：「覺知心就是意識，離念靈知就是意識，而意識是無常的，是依他起性的。」可是他們不信：「我們宗喀巴大師講：『意識是常住的，不生滅的。意識是一切法的主體。』」你向他說：「不對啦！」他不信，他偏要把《菩提道次第廣論》翻給你看，還要把他的《辨了不了義善說藏論》翻給你看，證明宗喀巴確實說意識是常住的。所以你爲他說了正法，他也不見得信；到最後，你不得不把阿含中 佛所開示的告訴他：「這個覺知心是意識心，與五種別境心所法相應。佛在四阿含中說：『意根、法塵爲緣而出生了意識』，所以意識是虛妄法，所以離念靈知是意識心，是生滅法。」他不信，又說：「我們宗喀巴大師說『意識不生滅』，你講的阿含諸經中是怎麼講的，我才不管。」所以眞的拿他們沒辦法。所以有許多人上了〈成佛之道〉網站，看過了我們許多本的書，但還是堅持離念靈知是眞如心，這種人就是「雖聞正法，難得受持」。一百個人聽聞正法以後，大概就只有一、兩個人能接受、奉持，其他人還是繼續執著靈知心的自我爲眞正不壞的心；我見總是斷不了，所以難得受持。

菩薩優婆塞就要像這樣觀察：觀察一切法有生有滅，不得自在；乃至最後觀察：縱得人身雖聞正法，難得受持。但前面有一句話作爲前提：若得信心能作福德，才能善修這些正念。所以福德還是要擺在最前面作爲基礎，如果福德夠了，這些自然會有因緣能修；福德若不夠，這些都無法修。能像這樣來觀察，這個人才是眞正的人。眞正的人叫作什麼？叫眞人。（大眾笑…）所以我們現在有很多人可以稱爲眞人了，也許哪一天我出一本書時，作者名號就叫做平實眞人；但不是道家那個眞人，因爲道家的眞人其實還是假人，因爲都是假合而成的五陰身，怎麼能叫作眞人呢？不管是張三豐，或是老子、《抱朴子》的作者等人都一樣，都是假名爲人，因爲都是五陰所成；然而五陰無我、無人、苦、空、無常，都是緣起之法，怎能叫作眞人呢？所以眞人只有在我們正覺才有：「能

如是觀，是名人身。」換句話說，不能這樣觀行的人都不是人身；換句話說，都是假人，只有證悟後的諸位才是眞人。

如果有人能觀察欲界無常，乃至欲界六天再上去的初禪、二禪，一直到非想非非想處天，這些境界及境界中的有情也全部是無常之法。由於這樣觀察的關係，所以不會去追求導致淪墮三惡道的事業，也不會起心作意想要追求欲界天乃至非想非非想天的境界。若有人不信，硬說天堂是永恆的，所以要天堂掛號，要地獄除名。那麼問題來了：地獄的死者名籍是誰在掌管啊？天堂是誰在掌管掛號的事啊？其實天堂沒有人在管你掛號不掛號啦！地獄也沒有人在管你什麼生死簿的名字啦！都是誰在管呢？都是我們自己在管。造作了十善業而不造惡事，如來藏都把你記下來，不必別人幫你去欲界天堂掛號，你自己已經自動掛號完畢了。不造惡業、不破重戒，地獄中本來就沒有你的名字，你要去除什麼名？所以正法之理絕對不同於外道所說。

也許有人講：「**這句話，佛說的好像不太正確吧！天上是永恆的。**」請問有哪一個天是永恆的？沒有啊！即使生到非想非非想天，最多也不過八萬大劫的壽命，中夭的可能只有一萬大劫、兩萬大劫壽命就死了、下墮了！如果生到四王天，它的一天等於我們這裡的五十年，照樣是三十天爲一個月，十二個月是一年，祂們天壽五百歲，那還是會死啊！這是四王天中不中夭的天人，還是要死啊！死了下來呢？福報享盡而剩下小惡業，那就去畜生道受報了！因爲大善業先報，福德都享盡了，剩下的小惡業就去當畜生給人家當寵物了，這樣生天堂有什麼好處？都是無常，而且苦惱正在下下世等著呢！所以天堂掛號的事情，大家就免了，我們絕不去天堂掛號；我們有很多福德，但是到了一個程度，覺得夠用了就不再賺錢了，把其餘的福德留到後世去，一世一世累積起來，將來作爲地地增上的資糧，這才是聰明人：福不要享盡。但這不是世俗法講的「福不要享盡」，我們講的是菩薩所修的種種福果要留到未來世去，一直累積到未來可以讓我們成佛。既然從欲界天到非非想天全部都是無常，那又何必去求三惡道的果報呢？等而上之，也就不必去追求天堂二十八天的果報了。

這樣觀察以後，就可以親眼看見有三法是不堅固的：色身不堅固，性命不堅固，財物也不堅固。世間人還沒有接觸到佛法時，他們最難捨的就是財；但是，就算整個世界都讓你賺到手了，捨報時還能帶到未來世去嗎？一物都帶不走啊！所以財物是不堅固的。那麼性命呢？性命在我們現在人間是以百歲爲期，通常百歲算是最長壽的，可是百歲到時還是沒命啊！所以性命也是不堅固的啊！性命在人間要依什麼而有呢？得要依色身，色身壞了，性命也不在了。可是色身比機器好用，因爲機器會一直磨損，但是色身雖然不怎麼磨損，不論再怎麼好用，也不過百歲啦！所以色身、性命、財物這三法都不堅固；既然不堅固，我們應當以不堅身易於堅身，把這個不堅固的色身來轉變交換（「易」就是交換），交換一個堅固之身。堅固之身是指法身。法身有兩個意思：一個是講第八識，另一個是說你修到佛地時，成就自性法身，也就是諸佛都有的自受用身，因爲這個自受用身永遠不壞，並且以五法爲身，所以稱爲法身。諸佛的自受用法身永無壞滅時，這叫作堅固身。還有第八識法身，也是沒有毀壞時，所以也是堅固身。

我們的色身是不堅之身，要怎麼樣用這個不堅固之身，拿來做個工具去換取未來三大無量數劫後的堅固法身？乃至在這一世就要先換得第八識法身，那要怎麼換呢？佛告訴我們一個方法：應該要禮拜供養，來迎去送，自手施與，以及親執福事。禮拜供養，就是對三寶、對尊長，應當要禮拜、供養。禮拜供養時總得要用色身來做，總不能只出一張嘴，那要如何禮拜、如何供養呢？當然要透過色身來做。若有僧寶來了，要趕快站起來迎接，尊師、長輩來了，要趕快起來迎接；他們要離開了，就站起身來送行：「來迎去送」。對眾生行施時，應當要自手施與。我們前面有講過布施的五個要領，對自己未來世最好的行施五個要領，不可以忘掉；其中一個就是自手施與，自手施與就表示你有至誠心。有的人布施時總是有一副大老闆的架式：「張三！拿個什麼東西送給他！」口氣還帶點輕蔑。菩薩都不這樣做，自己親手去拿，再以至誠心送給他；他從你手上接過來，也很歡喜啊：「這是某某人親手送我的。」這與叫人送他的不一樣，這是自手施與。

修福德時要自己親自去執行：福德事業要自己親自做，別像某些人，專門出一張嘴打發人去做；旁人做了他若不滿意，還要說幾句閒話，使得做事的人心裡老大不高興，一般人大多是這樣反應的：「你會做！你來做！」他一轉身就走了！這在各大道場中做義工時常常會看見的。我們這裡比較少，其實還是有的；這是因爲我們一直在講布施的福德與要領，以及性障的修除，大家謹記在心，所以我們這裡比較少，只是偶然會出現一、兩次。我們若能以上面講的這幾個方法去做，就是用不堅固身來換取未來世的堅固身，這四件大家可要記住。

以不堅固的財物來換取堅固的財物，叫作換取法財。不堅固的財物，譬如我們在人間所擁有的：自己手上的食物、錢財、珠寶、黃金、田產等等，這些都是自己的財物；但是這些財物都不是堅固的財物，特別是指食物。食物最容易壞，縱使是罐頭，放個半年還可以啦！超過了大概也就不容易用了。如果不是做成罐頭，炒好的菜，你連筷子都沒動它，放上三天、五天，照樣長霉壞掉了！所以都是不堅之財。不堅之財，我們可以自己食用，但是也可以拿來布施：供給生病的人。因爲他自己無法準備食物，我們可以供給；或者對很瘦弱的人，可以供養他；乃至半路上行路之人，他沒有食物時，我們可以布施給他。古時常常有人在路上施粥，就是給過路人不方便時食用。我們小時常常看見鄉間道路上，乃至現在中南部的小市鎮中仍然有人弄個木架子，放個很大的水壺，裡面泡了茶葉等人來喝。在那個年代，有很多挑夫，自己出產的食物、農產品，都得用擔子挑去賣的，不像現在車子一開，一溜煙就走了。所以現在鄉下奉茶時沒什麼人在喝了，因爲車子一開就過去了，在自己車上也都會準備水。但以前大部分是走路的，那時連自行車都很稀奇，如果看見有一輛自行車，就會注意觀察：「啊！這輛是五順牌的。」就認爲好得不得了了。但現在已經不稀奇了，現在陽春級的法拉利也要三、四百萬元台幣，配備齊全的可就不只此數了！但也是開著滿街跑。但是古時物資缺乏，所以古時食物的布施是非常重要的，飲水奉茶也是非常重要的。所以古時常用這些來供給病瘦行路之人，以及供養沙門、婆羅門等，也包括前面所說的病瘦行路等貧窮下賤之人，這就叫作以不堅固的財物來換取堅固的法財，這叫作七聖財的修集。

當我們捨報到未來世去，七聖財就跟著我們去；就好像這一世的般若智慧一樣，雖然來世換了個五陰，出世時都忘了，但是出世以後就是會想要找個東西，找什麼呢？自己也不知道。所以找到一個不久又丟掉，找到另一個也是丟掉，一直丟到後來遇到明心見性時：「啊！這才是我要找的。」然後就一頭栽進去了！從此以後打死不願走了！這就表示過去所熏習的淨業種子生長了！所以一遇到了正法就馬上開花結果，捨報前會比過去世的花更大、更漂亮，果實更甜美，這就是以不堅財易於堅財。如果過去世不肯供養三寶、奉事善知識，這一世別想開悟；甚至於親自遇見善知識時都不會信受，轉頭就走了。所以來了而能夠安住下來，悟了能不退轉，這都是過去世以不堅財轉易了法財，這一世才能得到這個極勝妙的果報。所以有智慧的人觀察食物、錢財都不堅固，因此自己一生所要用的足夠了，剩餘的就用來換取未來世所要的堅固法財；因爲這個堅固財能帶到未來世去，還會伴隨著不堅固的世間財在後世讓我們享用：具足行道資糧。

還有，要以不堅之命來轉易堅固的慧命。慧命是生生世世永遠不斷的，會隨著菩薩一直到未來成佛時，而且成佛之後更沒有斷的時候，所以慧命叫做堅固命。那應該要怎麼修呢？要修於六念，就是念佛、念法、念僧、念施、念戒、念天。並且還要修慈悲喜捨四無量心，還要依大乘法的般若來證四聖諦，不是以緣起性空來證四聖諦；是以般若、以如來藏的實相來證四聖諦；由於這個緣故，所以善能觀察生老病死。二乘人不善於觀察生老病死，因爲人之所以出生，是怎麼出生的？那個因緣與過程都不善於觀察，他們只知道因爲無明、因爲業種，所以不斷的出生，但是無明和業如何導致在人間受生成長以及出生？這些道理他們都不懂。但是菩薩能善於觀察如何生？從如何投胎到入胎以後是如何出生的？爲何入胎後就能生長？菩薩都善於觀察。不但善於觀察，菩薩還要善於爲人解說，所以這個生與死，我們在《瑜伽師地論》課程中講得很詳細，但是阿羅漢不知道這裡面的詳細過程。「老」他們可以觀察，但是爲什麼會老？他們又不懂了；「病」他們可以觀察，但是病的眞正原因，他們又不懂了。所以只有菩薩才能善於觀察生老病死，並且很深入的明瞭而且信受：善業有善業果報，惡業有惡業果報。並且確實的了知：一切眷屬的恩愛終究都會有別離時，就因爲這些緣故，所以一切眾生都無法得到自在——這裡的自在才是講「無所恐懼的自在」。

還沒有證得聖道之前，生死的力量是非常大的。沒有證悟之前，每天惶惶然不可終日，一天到晚想：學佛就是要了脫生死，可是生要怎麼了？死要怎麼脫？都不知道。連證個須陀洹果都完全沒有把握，都不信自己能證須陀洹果。不信的話，諸位出去外面，隨便找個佛弟子說：「**你這一世有沒有把握證初果？**」他一定向你說：「**你別跟我開玩笑！**」他連初果都沒有把握的！換句話說，他沒有把握能斷我見、三縛結。光是最基本的初果聖道都很難得，所以生死對他們的影響力量是非常大的。那你說：「**明心了就沒有生死了。**」我說：「**不！於沒有生死中無妨有生死。**」可是打開天窗說亮話，明心之後更惶然：「**我明心了以後，到底生要怎麼了？死要怎麼脫？**」所以許多人想要知道生是怎麼生？死是怎麼死？那我們以前在《瑜伽師地論》中都已經講過了，雖然有一些深細的地方受到警告而不能講，但畢竟也講了很多了！悟後如何了生脫死，也講了三、四個鐘頭。所以證得如來藏之後，生死就了了嗎？也不盡然！理上是了了，事上還沒有了！所以未得聖道，生死力大；但是證得聖道以後，生死力是降低了，沒那麼大了，因為知道說生死與我了不相干，可是了生脫死畢竟是中國學佛人千餘年來最重要也最看重的事。但是其實說句老實話：生也不必了，死也不必脫；何須你去了生？不必你去脫死！其實學佛最大的盲點就是想要了生脫死，你們破參後就懂了！但對一般未悟的人來說，了生脫死是學佛者最大的盲點，因爲他們的學佛其實是學羅漢，不是眞的學佛；但你證得如來藏以後，我這麼輕輕一點，你就懂了：不需要了生脫死。

幾年前有人悟錯了，所以後來公開懺悔。他公開懺悔的起因是什麼？是因爲所悟的離念靈知心無法抵抗生老病死。但是我們說句老實話：正是想要抵抗生死，所以他走錯路了。眞正的佛法是不與生死抵抗的：生一任生，死一任死，全無所謂。這才是眞的了生脫死。死時到了，輕輕鬆鬆的走了，心無牽掛的走了；到了中陰階段時再找個有緣的父母，再投胎去，生死的痛苦都不在意。但這個不在意，不是因爲意識的常存而不在意，而是由於有法界實相智慧的關係，所以導致不在意。有哪一個人可以用意識心來抵抗生死？沒有！因爲意識永遠是緣起生滅法，意識永遠只是一世，永遠不是從前世來，也永遠不能去到後世，是只能存在一世的斷滅法；想要用這個一定會斷滅的意識來抵抗生死，那不是愚癡嗎？意根和如來藏可以三界六道隨意去來，想要去地獄也很簡單，只要每天辱罵 佛菩薩、誹謗正法就夠了，死後一定可以去，這個最簡單。生天堂就比較難一點，因爲要持五戒並且修十善；想要去地獄就很簡單，拿著刀子街道上亂砍一通，只要有人死就一定可以去。所以不管去哪裡都容易，但是永遠都是意識心的作意，而意識心永遠都是只有一世；所以想要靠著證悟，想用證悟的功德而在大病痛來時不會生病，那是愚癡人。去年初離開同修會的領導者說：「**我若眞的開悟了，刀子割了也不會痛。**（大眾笑…）**叫它不流血就不流血。**」那叫作愚癡人。如果那個說法可以通，那麼 佛的腳趾頭被提婆達多推了巨石下來砸到流血了，那是不是謗 釋迦牟尼佛還沒有成佛？所以佛法不是這樣修的！所以《楞伽經》中說應化身佛得要有威力極大的金剛護法來護持著。

眞正了生脫死的人絕對不跟生死對抗，而是超脫於生死之外，生生世世何妨死死生生？但祂如來藏於生死之中從來沒有生死，這樣才是眞正的了生脫死啦！不必每天全部時間都在那邊打坐，腿熬到快斷了，希望可以生死來時跟它對抗，可以不死，那叫做愚癡人。所以如果悟的是要跟生死對抗的法，那是一定會與生死相面對的，不是常在生死之外的，那一定是錯悟；所以，如果是悟得離念靈知，那就完了！因爲離念靈知是一定要面對生死的，是一定常住於生死之中的心。可是意根和如來藏不必面對生死，意根帶著如來藏又投胎去：生是你意識有生，我意根和如來藏沒有生；將來成佛了，還是這個意根，還是這個如來藏，但是無妨世世行菩薩道時生了又死、死了又生；於世世無量的生死當中，何妨沒有生死？這樣就不必跟生死對抗了！這才是眞正的佛法。

諸位應當建立這個觀念，應當如是學、如是修、如是證，這樣一來，生死就與你無關了！就不必了生死了嘛！悟後轉依如來藏了，意識知道自己這一世死了就永遠斷了，最多不過去到中陰身，在中陰身階段投胎後就永遠斷滅了，已經自己認命了，那時願意先把自己殺了，認命了就沒有痛苦。人在死亡的階段會有痛苦，就是因爲恐懼：未來不知道怎麼樣。不知道意識自己還能不能存在，也不知道意識去到未來世會怎麼樣？但他們根本就不知道意識去不了未來世。可是當你證實意識只有一世——這個覺知心去不了未來世——你一旦證實了，只好認命。不認命，還能怎麼樣？事實就是這樣，只好認命了。認命了，到捨報時間到了，該走了，就認命走了，那就走得沒有罣礙：又不是斷滅，還有意根的我帶著如來藏自內我到未來世去，何必在那邊哭哭啼啼掉眼淚，兩隻腳邁不開？都是因爲意識覺知心不肯認命，所以意根就不肯捨壽。

有很多人彌留的時間拖很長，以前桃園縣某佛寺中有一位比丘，人家幫他助唸了三天三夜佛號，他就是不願走；大家輪班助唸三天三夜，本來人很多，助念到後來變成兩、三個人，各輪兩、三個小時，這樣拖上三天還是沒走成。第三天晚上看看是走不了了，大家就各自回家，不助唸了。可是大眾剛到家就接到電話說他走了，又趕去助唸。這就是心有罣礙走不開，就是不肯認命，就是想要跟生死對抗；所以未得聖道的人，生死事大。即使二乘證得聖道者，生死對他來講已沒有那麼大；即使是初果人，我執雖然還在，但他至少知道意識的我是假的，就認命了！所以得聖道的人，生死力就降低了；沒有得聖道者，生死力當就很大。

但是如果是生死力大的人，我們從另一個方向來對他講，說一切世間法的快樂常常都是和痛苦同在一起的。他剛開始想不通，你就告訴他：你爲了想要聽一套好的音響，要很辛苦去賺錢；想想看，買來五十萬一套的音響，你要辛苦多久才能賺到那個音響？如果你不是用已經賺到的錢，而是現在準備要賺五十萬去買一套音響，你在賺這五十萬的過程中，觀察看看：是不是很痛苦啊？縱使痛苦已經過去了，賺到五十萬去買了，買時也是苦：「這一套五十萬，還眞貴！我賺了好幾年呢！」買回來在聽時，有時候也會想起來：這一套音響要五十萬元，眞貴！所以說「一切世樂常與苦俱」，不都是這樣嗎？因此菩薩雖然在世間不離人身、不離眾生，所以一定不離五欲色聲香味觸。雖然知道五欲中有苦，但卻照樣與眾生一樣接受這五欲，可是接受時心無染著。也就是說他不會貪著：萬一五欲失去了，他不會痛苦。不會像世間人一樣，色聲香味觸法中若有一法失去時，就心中惶惶然不可終日，每天用眼淚來洗臉；所以說菩薩「雖復受之，心不染著」，只是像寒冷的冬天求火來溫暖保身一樣；即使是爲了活命而不得不求一個溫暖，但是在求火溫暖時也不會造惡業：爲了保命，也不造惡業，不會爲了自己要活命就把別人殺害。

並且修忍辱及布施：忍就是無畏施，布施就是財施與法施，用忍和財法二施，來潤澤眾生，讓眾生心靈得以依止，並且離開不需要有的痛苦。還要深入的觀察苦與樂的體性其實平等。苦與樂的體性怎麼平等？你說：「明明就不平等，你亂講！」但是我告訴你眞的平等，看你從哪個方向來看嘛！苦與樂二法都是相分，相分都是如來藏所生，所以它是平等的。苦與樂，從世間法來說也是平等，因爲受苦與受樂都是唯人自招；所以別人受樂時不必欣羨，自己受苦時也不必怨天尤人，因爲都是個人自己所造的業果。如果下一輩子不希望受苦，這一輩子就要造善業、修福德。所以三界中的眾生是很平等的：生爲天人受樂，是因爲他往世曾修善業；生爲地獄眾生受苦，是因爲他往世曾造大惡業；所以苦與樂其性平等，都是唯人自招。從一個破參的人來看，如來藏出生了苦、樂相分，生出來以後都由意識覺知心去領受，如來藏從不受苦樂，所以從祂來講平等。換句話說，從實相來看，苦與樂平等，沒有差別。

這樣深觀完了以後，再來深觀自己開口說話得體不得體、如法不如法，能否利益眾生？這些都是以不堅之命來交換堅固法身慧命的方法，所以都不能忽略；因此「凡所發言」開口說話應當柔軟。還要善於度化眾生，換句話說，度眾生不可以用強拉的。但我做的事都是死拖硬拉的，因為我的目的不是要勸他們來這裡開悟，我的目的是要把邪見趕出佛門。所以我都用強勢的手段：我不先去找他們，不先與他們談。你既然謗法，我就直接破斥了！他們毀謗正法，並且抵制，是希望我去向他們巴結，去與他們對話。門兒都沒有！我的目的不是要他們來學法證悟，但他們若願意放下身段來學，我一樣會幫他們證悟；可是，我只是要把邪見趕出佛門，我的目的在這裡，不想去巴結他們。可是諸位不要跟我一樣，你們要用柔軟的方法去度眾生，除非筆戰。筆戰打起來一定是很慘烈的，但是接引別人學法，當然都是要用柔軟的口吻和身段。

可是我在破斥邪見時，在身段很強硬的姿態下，其實我所寫的東西確實是很柔軟的：因為古時禪師把你破斥時，他們絕對不會向你說明理由與內容的。但是我把那一些理由與內容，很詳細、很細膩的一一說明；自古以來像我們這樣做的悟者，找不到一打。所以我的作略是金剛性的，但心態與作法卻是很細膩、很柔軟的，這也叫做善化眾生，令眾生如法住於佛法之中。所以現在外面離念靈知已經沒什麼賣點了，現在大家都知道離念靈知就是意識我。只要他已經開始學禪，讀過我兩、三本書就懂了，這也叫做善化眾生，令如法住。

身爲佛弟子還要注意的就是遠離惡友，若不能遠離惡友，就會被惡友拖著離開正法。惡友常常會找你做什麼事，你們知道嗎？會找你泡茶：泡老人茶。如果是偶然來泡一趟，我們應該要很歡迎，不可拒絕；然而惡友是三天兩頭就來泡茶，泡茶時當然專講是非，並且還是編造的是非，那就是惡友了！這些茶泡下來一定是心放逸了！大家要記得遠離惡友，心才不會放逸。至於世間人飲酒、博弈、射獵，那就要趕快遠離。飲酒就是一天到晚找了你，隨便找個小吃攤，一瓶米酒就喝起來了；常常喝酒，是妨礙佛弟子威儀的，所以不應該喝酒。如果生爲學佛人，卻讓人每天看到臉都是紅通通的，都有酒味，那就壞了正法了。至於博弈，博就是賭博，弈就是下棋，一天到晚賭博或下棋，心思都會在賭博與棋法上面，會把佛法忘了；因爲下棋要輸贏的，雖然不一定有彩金，但是一定有輸贏；爲了贏棋，有時晚上睡覺都在想下一著棋該怎麼走，那就放逸了。射獵就更不可以做，學佛人還拿著獵槍去打獵，人家說：「這麼沒有慈悲心，還說他心好！」講不通了嘛！這些事情都犯了律儀戒，是學佛人所不該做的事，所以「悉不爲之」。能像前面所講的去修行，就叫作「以不堅之命來轉換爲堅固的法身慧命」。

【「善男子！若得人身，多饒財物，兼得自在，先應供養父母、師長、和上、耆舊、持法之人，供給遠至、初行之人疾病所須；言則柔軟多有慚愧，不偏信敬有德一人；見有賢聖持戒多聞，能以舍宅、飲食、臥具、衣服、病藥而供養之；深言僧中多有功德：修集向道、得須陀洹果，乃至能修向阿羅漢、得阿羅漢果，修金剛三昧，電光三昧。觀如是已，平等奉施，如是施已得無量福。是故我於鹿子經中，告鹿子母曰：『雖復請佛，及五百阿羅漢，猶故不得名請僧福；若能僧中施一似像極惡比丘，猶得無量福德果報。』何以故？如是比丘，雖是惡人，無戒多聞，不修善法，亦能演說三種菩提，有因有果，亦不誹謗佛法僧寶，執持如來無上勝幡，正見無謬；若供養僧，即是供養佛僧二寶；若觀佛法功德微妙，即是具足供養三寶。若人施時不求果報，即是供養無上菩提，具足成就檀波羅蜜、修菩提道，能得未來無量功德，亦能自利及利益他。能修慈悲，爲破他苦自捨己樂，未得菩提、心無憂悔。雖聞菩提久遠難得，而其內心初無退轉，爲諸衆生、無量世中受大苦惱，亦不疲厭。樂如法行，不求世樂；樂處寂靜，出家修道；未得出家，雖在家居，如解脫人不作衆惡，得三種戒：戒戒、定戒、無漏戒。善男子！菩薩二種：一者在家、二者出家。出家菩薩如法修行，是不爲難；在家菩薩如法修行，是乃爲難。何以故？在家之人多惡因緣所纏繞故。」】

講記　佛接著又開示說：「如果已經獲得人身，並且財物富饒，還能在世間法上得自在，不受制於人；這樣的人應該先供養父母、師長、和上、耆舊和持法之人。」父母還擺在師長之前，如果爲了先供養師長，卻是剋扣了父母的供養來做，那就叫作其心顚倒，堂上二老等同兩尊活佛，家中兩尊活佛不供養，卻先來供養師長，師長若知道是剋扣了堂上兩尊活佛來供養的，受得也不痛快；所以先應供養父母，然後供養師長。供養師長是說：從你初學佛，他就一直教導你正知見，縱使他沒辦法幫你開悟，至少接引你入了佛門，至少給你正確的觀念，也沒有害你大妄語，也沒有害你破壞正法，這樣的師長很難得，難道不應該供養他們嗎？如果不是有這些師長，你能遇到幫你證悟的和上嗎？正因爲有這樣的師長告訴你：「離念靈知是不對的，意識境界是錯誤的，應當離開意識境界。但是你想要開悟，我幫不上忙，你現在有了基本的知見了，再去找一位眞善知識求悟，就有機會開悟了！」像這樣的師長是很難得的，不會讓你墮於大妄語業中，也不會讓你落到謗法惡業中，這種師長非常難得，當然應該先於和上而供養；除非他已害你大妄語，除非他誤導你學佛的方向，害你走錯路，否則應該先供養他。

縱使後來你找到大善知識幫你開悟了，但原來的師長還是應當先供養，然後才來供養幫你證悟的和上。和上在密教中稱爲根本上師，也就是幫你證得實相的那位上師，他是你修學正法的根本，所以叫作根本上師——和上。耆舊則是跟你熟識的老人或故舊，他們有世間法上的道德，所以稱爲耆舊。持法之人就是除了你的和上以外，他們常以正法在弘揚度眾，就是持法之人。

除此而外還要供給遠至及初行之人疾病所需，這是說，從遠方來拜訪的人，或者從很遠的地方來到此地，只是經過此地要去到另一個地方的遠行者；或者有人即將去遠方，但是身上有疾病，所需的醫藥也應該供給。對這些人，我們在應對時，說話應當柔軟，而且要常常懷著慚愧心，總是想自己不能回報父母……等人。於對待這些人時，不要偏於自己所信敬的某一位有道德者，而是應該普同供養。我們在做法事時不也常常這樣嗎？從三寶到餓鬼都是普同供養，並沒有供養三寶時而不供養餓鬼的；同理，供養父母、師長、和上，乃至初行之人疾病所需，不該偏於其中自己所信敬的有道德者，所以對僧寶、父母、師長的供養，應當平等普供，對於堂上二老也要平等供養。如果沒有什麼特別的因緣，絕對不會專門供養母親而不供養父親的，所以對於有德之人也是不偏心供養自己所信敬的某一人。如果看見有賢聖、持戒和多聞的人（賢聖是說有證道的人，持戒是說他受戒不犯，以及多聞佛法者，雖然還沒有悟，但是多聞佛法），遇到這些人能以房舍、田宅、飲食、病藥而供養之。

並且還要常常為別人詳細的說明：僧寶之中多有功德。因為僧中確實多有功德，但是佛特別交代要「深言」；不要只說到表相的僧寶，否則就成爲淺言了。僧寶有勝義僧、有菩薩僧，不是只有聲聞僧一種，所以應當深言僧中多有功德。有很多人只看表面，可是實際上的情況都忽略了！所以有很多人一天到晚禮拜，求佛菩薩指引明師；可是指引他遇到明師了，他卻因爲明師示現居士相而不肯學；在家菩薩好意要把證悟的妙法傳給他，他卻推辭：「你不是僧寶，我不要跟你學。」可是回到家，又繼續禮拜觀世音菩薩，求觀世音菩薩幫他找到善知識，卻不知道他跪求的觀世音菩薩還是有頭髮、戴天冠、穿天衣的。當他翻開根本論研讀而想要理解，可是根本論《瑜伽師地論》是誰造的？（大眾答：彌勒菩薩！）彌勒菩薩如今在天上有沒有留頭髮？（大眾答：有！）還是有啊！等到後來有一天被人點醒了，才知道原來大乘勝義僧寶的實質是這樣的。所以勝義僧的範圍是很廣的，想要深知還眞的不太容易呢！華嚴中的善財童子，五十三參以後變成等覺大士，他參訪了一位八地菩薩的婆須蜜多，你看她的表相只是一個高級妓女，她的莊園其實就是紅燈戶；但是善財童子去禮拜她、學法，後來成了等覺大士還是懷念她的功德，因為她把無生法忍傳給他，她也是大乘法中的菩薩僧。所以說僧中多有功德，這個「僧」還得要深言，不能淺言，所以佛說「深言僧中多有功德」，不可以淺言。

除此而外，還要說什麼呢？說僧中有修集、有向道、有得道的不同。修集什麼？修集須陀洹果、修集二果、三果、四果，是還在修集的。除了修集以外還有向，譬如向須陀洹：我見斷了，煖法生起；可是他還沒有完全轉依自己的觀察所得，還不肯認定自我虛妄，所以成為向須陀洹，就是向初果，還沒有眞入初果；因為他對自己觀察五陰我虛妄，還沒有完全認定，還在猶豫，這就是向須陀洹；後來確定不移了，就成為初果人；所以有向、有道，得初果就是得道。我見斷了，還沒有如實轉依他的觀察，那就是向初果，向須陀洹。聲聞解脫道中有四向四果的不同，所以有向二果、二果，乃至向四果、四果的差別，但都是有功德的。可是「僧中多有功德」，不是只有聲聞道的僧寶而已，還有修金剛三昧、電光三昧的勝義僧寶。如何是金剛三昧？從事於如來藏的修證，證得而不退轉時就是證得金剛三昧；這是最淺的金剛三昧，金剛三昧是在實相上說的；從如來藏的轉依而往上進修，修證「相見道」位的種種別相智慧，也是金剛三昧；再往上進修，修一切種智，也是金剛三昧。

金剛三昧的範圍很廣，但金剛三昧都是在實相上修的。從實相上面修，還得要在虛相上面修；什麼叫虛相？就是修電光三昧。也有人解釋電光三昧，說是電光見道，也可以通啦！但不是眞正的電光三昧。什麼叫電光見道？譬如說，暗夜之中烏雲籠罩，又加上正是黑月的二十八、二十九日，若再加上烏雲籠罩，眞是純暗而無明的；可是突然間雷電一閃，在那一閃當中，眼前的道路不就很清楚顯現出來了嗎？此時就這麼一閃，你就知道原來路是通到那邊去，一閃就看清楚了。同樣的，大乘的見道就只是一剎那間，突然間一念了知：「啊！原來如此，如來藏就是祂。」接下來成佛之道，你就能漸漸的懂了，所以這也叫電光三昧。

但是電光三昧，主要是在說明：蘊處界猶如電光，因爲從如來藏的不可說、不可說的無量阿僧祇劫永不壞滅的常住性來看，五蘊、十二處、十八界、六入都猶如電光一樣，一閃就過去了。諸位沒悟之前，說今天來聽法聽得很歡喜，時間晚了該回家了，下一次要再聽法還得再等一週：「七天好長喔！」但這個長是因爲你還沒有見道。你如果從如來藏來看，不說這七天，連一世都很短；不說一世，好幾個大劫過去了，都算很短。因爲從如來藏的常恆而不生滅來看，以及從眼見佛性時的佛性眞實來看，這一生就像只是一剎那一樣；如來藏、佛性恆不生滅，過去無量世、未來也是無量世，這樣相待於這一世，就像電光一般一剎那就過去了。如果你再有更好的證量，有了如夢觀，你來看往世過去的某一世，就像是南柯一夢，都是很短就過去了！一世又一世這樣過去，猶如電光，這就是電光三昧。有了電光三昧，你會對這一世的得失看得很清淡，只有一件事情你會看得很嚴重：就是道業，就是佛教正法的永續流傳。其他都會看得很清淡，因爲都只像電光一樣，一下子就過去了，這就是電光三昧。

所以菩薩不但要修集向道、須陀洹，乃至阿羅漢果，而且還要修實相金剛三昧，虛相電光三昧，因爲虛相法也很重要。如果不是虛相法的現觀，對世間法的執著就很難修除，所以修了聲聞道，還得要修菩薩道的金剛三昧及電光三昧；這樣現觀了以後，就能平等奉施。能平等奉施的人，奉施以後就可以得到無量無邊的福德。

「由於這個緣故，我釋迦牟尼佛在《鹿子母經》中向鹿子母說明：『雖然奉請了佛及五百阿羅漢，還不能稱爲請僧之大福德。假使心中完全平等，在僧團之中，布施給一位看來似乎是極惡的比丘，一樣可以獲得無量的福德果報。』」「似像極惡比丘」，是說有一位比丘說話粗魯、貪財無厭，叫作似像極惡比丘。爲什麼供養這樣的似像極惡比丘，仍然可以獲得無量的福德果報？因爲這種比丘雖然戒律守持的不怎麼好，看來似乎是僧中的惡人，他這個人雖然無戒可是卻能多聞，多聞之後雖然不修善法，所以有時惡口、有時貪財，但他也能爲人演說三種菩提，並且演說三乘菩提時不離因果：有因有果。他也不曾誹謗佛寶、法寶、僧寶，並且能執持如來的無上勝妙正法之幡，他的正見沒有絲毫的錯謬。所以供養這樣的似像極惡比丘，看來似乎很惡劣的比丘，還是一樣得到無量的福德；正因爲他護持正法，爲人演說三種菩提而無錯謬。從這段佛陀的開示中，大家要注意：供養而有大福德的對象，是演說三種菩提，而不是單只演說一種菩提的人。

說只有一種菩提，是指什麼人呢？有人猜到了！當然就是印順法師他們嘛！也是台南大願法師等一類人，他們總是說成佛之道就是解脫道，沒有什麼明心、見性、一切種智，他們說解脫道就是般若、就是實相。但是，如果照他們這樣講的話，那就應該沒有三乘菩提，只有一乘菩提；而他們的一乘菩提卻又不是 佛說的唯一佛乘；因爲 佛說的唯一佛乘是具足三乘菩提之法，而三乘菩提之法講的就是聲聞道、緣覺道、佛菩提道。可是他們說解脫道就是成佛之道，那就是主張只有一乘菩提：只有解脫道的聲聞菩提。可是這個說法，問題非常多，簡單的說兩點就好，如果解脫道就是成佛之道，請問：「**阿羅漢解脫了沒有？**」請問：「**辟支佛解脫了沒有？**」當然必須要答「解脫了」，不然就成爲謗法、謗僧了。既然阿羅漢、辟支佛都解脫了，爲什麼 釋迦牟尼佛入滅以後，那些阿羅漢們沒有一個人能成佛？所以顯然成佛之道不是由於證得解脫而成佛的，而是另外還有別的法，那就是說：除了聲聞法以外還要具足因緣法及一切種智。一切種智就是諸地無生法忍具足圓滿，若一切種智沒有具足圓滿，就稱爲道種智，就是諸地菩薩的無生法忍。

可是一切種智的智慧要從哪裡來？要從親證如來藏所含藏的一切種子，就是從如來藏的一切功能差別的具足親證而有。這一切種子都含藏在如來藏中而流注出來，既然是從如來藏來，顯然一切種智的修證必須要廣證一切種子，而一切種子修證的前提當然是要先證如來藏，這就是佛菩提道的見道；否定了如來藏而不肯親證，就是否定佛菩提道的正法。所以印順法師雖然看來慈悲、慈祥、戒律清淨、年高德劭，似像極善比丘；可是似像極善比丘說出來的法卻是在破壞佛教根本大法的，他的追隨者星雲、證嚴、昭慧法師也都同樣否定如來藏。這些否定如來藏的人，你要不要去供養他？（大眾答：不要！）你供養他就是幫助他破法，你護持他就是幫助他破法，那倒不如來供養這位似像極惡比丘：又是惡口、又是貪財、又沒有好威儀的凡夫比丘。不如供養這種極惡的年少比丘，因爲至少他還能演說三乘菩提，不謗法寶。可是年高德劭、慈悲、慈祥的似像極善比丘卻是謗法者，你究竟應該如何選擇？這得要有智慧。這個智慧不必很好，用膝蓋來想就懂了。所以寧可供養年少的粗言惡語而又貪財的年少比丘、極惡比丘，也不要去供養印順、證嚴、星雲法師那些否定如來藏者，應當如是。

你供養越多，他越有能力謗法、抵制如來藏，這樣的年長、慈悲、慈祥，看來似乎戒律清淨的極善比丘，我們去供養以後卻以善因而得來世惡果。所以大家要注意 佛這一句話：「亦能演說三種菩提。」不是只有演說一個解脫道。而且說法時有因有果，若是否定如來藏就成爲無因無果，三世因果就不能成立了！所以他們才不得不再發明一個意識細心來連接三世因果，所以昭慧法師不得不再發明一個「業果報系統」來聯繫三世因果。但是業果報系統是什麼？這是她自創的「佛法」嘛！能成立業果報系統的就只有一個心，就是阿賴耶識、如來藏嘛！ 佛已經講過了，不必她再去另外發明新佛法。她捨棄可證的如來藏，去發明另一個玄想的、玄學的、妄想出來的業果報系統，那不是愚癡到極點了嗎？所以否定了如來藏以後就變成無因無果了，無因無果就是謗法。

如來藏也是三乘菩提的根源，沒有如來藏就不可能有三乘菩提，所以他們否定了如來藏，就是謗法嘛！所以我們寧可去供養惡人年少似像極惡比丘，也不要去供養星雲、證嚴法師……那些抵制如來藏的人。因此我們所供養的人應該是能執持如來無上勝幡的比丘，而不是去供養那些否定如來藏正法的人；因爲當他們把如來藏否定了以後，佛的正法就變成一無是處了，連外道都可以來破你。但是有如來藏正法時，不但一切外道不能破，乃至任何已經知道如來藏密意的人也無法破，這樣才是護持 佛的正法。所以應當供養貪財惡口粗言惡語的似像極惡比丘，別供養錯了，因爲他能執持如來的無上勝幡，而且他有正見而無任何錯誤，如果能這樣供養僧，那就是供養佛與僧二寶。

如何是供養法寶？這裡沒說到，我們來補充一下。供養法寶有兩個部分：第一、修學及親證：如實履踐，如實親證。第二、護持及爲人解說，這就是供養法寶。不是像有些寺院請來《大藏經》放在經櫥中，然後在經典前面供上香與茶；那不叫作供養法寶，那白紙黑字沒有用，要有人研讀它而證悟，要有人證悟後拿它來用，才是眞實供養法。所以供養法寶在於護持正法、如實親證、爲人解說、加以宣揚，這才是供養法寶。 佛降生人間的目的是在利樂有情，我們若能親證而爲人演說，就是供養法寶。以正法幫助修學大乘的凡夫僧寶悟入，就是供養僧寶、供養法寶，就等同於供養佛寶了，這就是對 世尊而作的法供養。

佛接著說明：如果能觀察佛法的功德微妙，就是具足供養三寶了！因爲你能觀察佛法的功德微妙，就表示已有能力如法修行了，就是供養法寶了。怎麼樣觀察佛法的功德微妙呢？你必須要先親證嘛！如果沒有親證，如何知道佛法的功德微妙呢？特別是要親證大乘菩提！親證了以後，你會發覺原始佛法的四阿含經典也能懂，第二轉法輪的般若經典、第三轉法輪的唯識系種智經典也一樣可以通達；從大乘的明心證悟而可以通達三乘菩提，就會知道：「**佛法還是眞的微妙，功德眞實廣大。**」既然如實的觀察到佛法的功德微妙廣大，當然要護持，當然要爲人宣說，那就是具足供養法寶了。這樣供養了法寶、供養了僧寶，也就是供養了佛寶，就是具足供養三寶了。

如果有人布施時，心中不求未來世的世間法果報，那就是供養無上菩提，這樣的人就具足成就了布施波羅蜜，也能眞實修學佛菩提道。因爲這個布施到彼岸，不是未悟的人所能做得到的。還沒有悟的人在布施時，明明看見有自己在布施，有別人在受施，還有布施這回事，三輪都在；可是菩薩證悟之後布施，不妨同時有施者、有受施者、有布施，但是同時也觀見正在布施的同時，這三件事都無實法，無妨三輪具足而又三輪體空，互不相礙。這就是「不壞世間法而證菩提」，不壞世間法而證空性，這樣在布施當中而又同時能到涅槃彼岸（因爲三輪體空就是涅槃），所以說他這樣的布施是成就布施波羅蜜的——布施到彼岸——也是眞正的修證佛菩提道。這樣的菩薩、這樣的佛子，能獲得未來世的無量功德，當然也能利益自己和利益他人。

並且能修慈悲心：不但能拔除眾生的苦惱，也能給與眾生到彼岸的安樂，也能破除自己和眾生的種種痛苦，並且寧可捨棄自己在世間法上的快樂，來破除眾生的痛苦。像這樣有正知見的菩薩，縱使他還沒有開悟，在還沒有證得菩提之前，也能生生世世行之不輟、心無憂悔。這就表示他已經很多劫以來在修學菩薩道了，已經成爲久學菩薩了！即使後來證悟了，而菩薩善知識指示他：「雖然悟了，但是想要成就佛菩提，還有將近三大無量數劫的修行，所以佛菩提久遠難得。」但是他聽聞之後，內心從來都不曾退轉過；爲了一切的眾生，寧願無量世中受種種的大苦惱，心中也不覺得疲倦厭惡。並且樂於如法修行而不追求世間法中的快樂，也樂於處在寂靜的境界中出家修道。如果沒有出家的因緣所以未能出家，雖然在家中居住，他的心行、身口之行也如同已經證得解脫的人一樣，不造作種種的惡事，而且可能和出家的菩薩們一樣獲得三種戒：戒戒、定戒、無漏戒。

戒戒就是取相戒，依十無盡戒、依聲聞戒的戒相而受戒，就是取相爲戒。定戒，又名定共戒，就是證得禪定的功夫而自然不犯戒。譬如獲得初禪的人自然不犯淫戒、或者出家以後不犯淫戒，這叫做定戒，是由定而產生的心性的清淨。無漏戒就是道共戒，由於見道（不管三乘菩提中的哪一種見道，或者具足三種法的見道），乃至修道而斷思惑的緣故，所以心性清淨而自然不犯戒，這叫作無漏戒。菩薩能這樣修行，那就是眞實的佛弟子，也是眞實的供養三寶者。

菩薩有兩種：一種是在家菩薩，另一種是出家菩薩。出家菩薩這樣如法修行並不困難，但是在家菩薩要這樣如法修行就很不容易了，因爲在家之人身邊有許多惡因緣所纏繞的緣故。

《菩薩優婆塞戒經》（卷六）

〈尸波羅蜜品〉第二十三

【善生言：「世尊！云何菩薩趣向菩提，其心堅固？」「善男子！菩薩堅固具足四法：一者受大苦時終不捨離如法之行；二者得大自在，常修忍辱；三者身處貧窮，常樂施與；四者盛壯之年常樂出家。若有菩薩具足四法，趣向菩提其心堅固。菩薩具足如是四法，復作是念：『是菩提道初根本地，名之爲戒。如是戒者，亦名初地，亦名導地，亦名平地，亦名等地，亦名慈地，亦名悲地，亦名佛跡，亦名一切功德根本，亦名福田。』以是因緣，智者應當受持不毀。」】

講記　這段經文看來好像沒說什麼，但其實這一段所說的四個法是讓我們在證悟之後，能夠迅速完成第一大阿僧祇劫的方法；說起來很簡單，但是做起來不容易，我們來聽聽看世尊怎麼開示。善生童子爲我們請問：「世尊啊！什麼是菩薩趣向菩提而其心堅固不退？」「趣」顧名思義就是有興趣嘛！有興趣就會走向那裡去；所以對菩提有興趣的人就會往菩提的路上不斷的前進。所以「趣」字的意思是對那個法很有興趣，就會往那一條路走去。可是菩提路不好走，你們想想看：有多少人學佛十幾年才遇到這個法，心中很慶幸喔！但是我告訴你：十幾年才遇到這個法的還不算久，因為我們會裡有好多人是學佛三十年才遇到這個法，從此才安住下來！所以你應該慶幸，因為他們學佛三十年才遇到這個法就已經很慶幸了，那你十幾年就遇到了，當然更應該慶幸。有人更幸運，一進來就明心了，可是能一定不會退轉嗎？那也不盡然！我出來弘法十來年，已經有三批人退轉了，所以我們這個法也算是歷盡滄桑；不過這四個字聽來似乎有一點悲情，應該改說為千錘百鍊，這樣講起來就「差堪告慰」了：千錘百鍊之後證明是眞金。

為什麼善生童子要特別提到其心堅固？這顯然很清楚的告訴我們說：菩提之道是不容易守得住的，就算走上這條路去，也很可能隨時會退轉的。所以不退有很多種，信不退只是十信位而已，位不退的究竟時也只是十迴向滿足而已，還是會有行退之時啊！所以沒有到初地之前，都還會有行退的；甚至有人連位都退了：否定了眞正的如來藏以後就是位退了，不管他們是否自稱爲增上修，都是行退也是位退的。行不退以後的諸地菩薩們，有時還是會有念退的，有時想一想：「唉！眾生難度啊！好好把法送給他們，可是他們還要誹謗你，還要反咬你幾口。唉呀！算了！算了！」有時念退，短的話退個幾秒鐘，長的話也許退一、兩個鐘頭。如果是剛入初地者，一定會退上一、兩個鐘頭的。如果二地、三地就只會退個幾秒鐘，最多不會超過幾分鐘；但是那幾秒鐘、幾分鐘還是念退。所以其心堅固不退，很難！連幾秒鐘的念退都不容許有，那是要什麼時候？那是要到八地才是念不退的眞正堅固心者。可是究竟不退，那得要成佛；所以說其心堅固還眞的困難。如果能其心堅固，一、兩分鐘就過了第一大無量數劫，那可是快得不得了；豈只是特快車？簡直是坐太空梭前進，而且是超光速的太空梭，但眞的是不容易。

可是要怎麼樣能迅速的完成，永遠都是其心堅固的？佛說：「菩薩如果能很堅固的具足四個法，就可以趣向菩提、其心堅固。哪四個堅固具足的法呢？第一、行菩薩道的過程中，受盡了種種大苦惱時，一樣是從初開始到苦惱結束時，始終都不捨離如法之行。」可是什麼叫如法之行呢？這看起來似乎是很簡單的，就只有四個字：如法之行。可是如法的意義很廣，那就是身行如法、口行如法、意行如法。在什麼上面如法呢？除了身口意行如法以外，身口意行得要完全依止於正法而行，才叫作如法。換句話說，違背 佛的意旨，違背正法的眞實義，違背了勝義僧團的眞實意旨，都叫作不如法。所以如法兩個字看來好像很簡單，好像誰都懂，其實往往沒有眞的懂。所以菩薩如果上台說法，他用如法兩個字就得講上四、五個鐘頭，那又是一本書了，菩薩就是要這樣才叫作證量；這如法兩個字，從各個層面講下來，四、五個鐘頭講不講得完呢？很難說！所以菩薩上台說「什麼叫作如法」，不打草稿就能講上四、五個鐘頭，可見如法的意涵很廣。

因此，如法之行很困難，因爲如法的範圍很廣，從聲聞法、緣覺法、佛菩提法，再從戒律來講，聲聞法的戒律、菩薩的戒律，再講道共戒、定共戒、戒戒，你想：這些如法的範圍講下來，不必四、五個鐘頭嗎？當然要嘛！這個如法的範圍就很廣了，但最主要的是不違背三寶。所以如果要簡單的講如法行，那也可以，一句話就結束了：不違背三寶。如果禪師家要講如法行，上得堂來，「啪！」他就下座了，如法行已經講完了。這就像台灣俚語說的「三不等」：你如果請人家來當禪師，就不可以要求他坐在法座上嘰哩呱啦講個不完，他上座將撫尺一拍就下座，就說法完畢了，因爲他是禪師嘛！禪師說法本來如此。如果明天再請他上堂，他把拂子一丟，又下座了。你都不能怪他，因爲你是請他來當禪師嘛！若是請人來當法師、律師，那又不一樣了！所以我這個角色最難當，不但舉辦禪三時當禪師，未來還要教禪定的實證；又要當經師（法師），現在不正在講經說法嗎？又要當律師，有時還要講律、傳菩薩戒；又要當論師，寫論著來辨正法義。經、律、論、禪都要來，這最難啦！都因爲末法時若不具足這幾樣功德，還眞無法住持正法呢！所以禪師、法師、律師、論師統統要當，還眞辛苦。所以如法的意涵可寬可窄、可深可淺，諸位如果不能如實知，記性不好而無法全部記住，你就記住一句話：不違背三寶。這就是如法。

不違背三寶，你悟了，自己稍微想一下就通了：不違背　佛的意旨、不違背正法的意涵、不違背勝義菩薩僧的意旨，這就是如法。佛說：「受大苦惱時，從開始大苦痛時開始，直到大苦痛結束時，都不違背三寶而如法奉行。」如果能這樣，迅速超越第一大無量數劫的第一個法門，你就具足了！只要再加以三個法，就能迅速超越第一大阿僧祇劫。但是說得容易，做得困難，那就要看自己道心如何了。

「第二、得大自在，常修忍辱。」常修忍辱並不困難，可是得了大自在以後還能修忍辱，這就不容易了。譬如你於世間法得大自在，也於佛法中得大自在了，但是偏偏不能忍，譬如人家誣罵你：「你蕭老師在同修會搞了好幾千萬元去了！」你其實一毛錢也沒搞到啊！可是人家毀謗了你，聽到後馬上就把電話拿起來，不是上門去評理，因為等不到上門，電話比較快，馬上就撥電話找對方開罵了：「你爲什麼要無根毀謗？」就開始理論起來了，那就是你不能忍辱嘛！你都不必罵，聽了就當沒那回事就好了！反正清者自清，濁者自濁，所以我不找他們抗議。

又如你在世間法上得大自在，你有很多錢了，勞斯萊斯買得起，法拉利可以買了到處開，也請得起司機；可是遇到貧窮的老人家撿破爛，你仍然能尊重他，能接受他在你面前故意慢慢：慢慢的晃過去，你才開走，這也是能忍啊！不會因爲有錢就下巴抬得高高的看人，並且樂於跟升斗小民相處，從不輕賤貧窮人，這才是眞忍辱啊！不是很窮時被人家罵窮光蛋而強忍下來，那不是眞忍辱。很有錢而被人嘲笑你很窮，還能接受而一笑置之，這才是眞忍辱。

又譬如在佛法上，你明明證量很豐富，人家罵你無道人，說你根本沒有證量，還罵：「蕭平實是癩蛤蟆精變的。」你都歡喜接受，反而在公開場合對一千人說：「我就是無道人啊！」因爲轉依如來藏以後，哪裡有有道可說？說來說去根本就沒有道嘛！反而能從無道之中而說出種種道。所以你不因爲被人誣謗無道的緣故而起瞋心，心中不曾起過一念想要去法院告對方公然侮辱，這樣才是眞忍辱。如果是起瞋心呢：「哼！還等到別人寫，我自己趕快寫了，三天就把它出版罵回去。」這意思是說，自己的心性要能懂得如何調柔，能自我降伏。降伏別人容易，降伏自己最困難。如果能在佛法上得大自在，也在世間法上得大自在，可是能修忍，這就是第二個使你菩提心堅固，永遠不退的法。要超越第一大阿僧祇劫就容易了！

「第三、自身處於貧窮之中，卻能常常樂於布施。」即使自己日子很難過，看見了乞丐也願意布施，看見了僧寶也願意奉事，這樣做是不簡單的。由這裡來看諸位，諸位眞的都不簡單。因爲諸位都不是大老闆，大部分是公務人員、升斗小民，可是你看：正覺寺一說要籌建，大家就踴躍捐輸，這都是很不容易的。不是很富有的升斗小民，可是布施時面不改色。我後來還聽說，有的同修還有銀行負債未還，都願意標了會先護持再說，這就是菩薩的根性。可見我們幫助諸位證悟佛菩提，眞的幫對人了。這就是 佛說的：**「身處貧窮，常樂施與。」**不會因爲日子不好過，就想辦法不斷累積錢財在自己身上，不肯在護持正法上面努力做。這就是菩薩不可思議處，這是第三個迅速超越第一無量數劫的好方法。

「第四、盛壯之年常樂出家。」在三賢位中常常出家，這件事情很重要。因爲三賢位中要常常出家，修行才會快；你如果在十地諸位中，專心護持正法，那是比較容易的事；可是在三賢位中要護持正法，很困難的，特別是你在三賢位而以居士身弘揚正法、護持正法，非常的困難；

因爲你的智慧、證量都還不夠，雖然已經證悟了，仍然無法降伏眾生，要藉助於 佛所給的僧伽梨的大威德。如果悟後常常樂於出家，生生世世都這樣，並且是趁著少壯之年就出家，來宣揚佛的正法，來利樂眾生，眾生就不敢誹謗你，你也能容易的藉著 佛加持的威德來護持正法，那麼福德的累積就會很快，迅速修集入地所需的大福德。因爲眾生有智慧的人很少，大部分人都是看重表相的；你悟後如果穿起僧服來，有多少人敢毀謗你？沒有的。放眼現在地球的佛教界，敢從法義上指責表相僧寶的，也就只有我一個人，這是所有佛弟子們都不太敢做的。不過我都是在法義上來講，有時偶然在戒律上來講。但是反觀那些學佛人敢罵我的人，可眞是不計其數：在事相上編造虛假事實來罵我的人太多了！雖然近年來已經越來越少了，但是從我出來弘法以來，十幾年中私下罵我的人可眞是不計其數！後來有很多人或者當面、或者寫信來懺悔，也有法師當面來跟我懺悔的，但是有哪些人敢評論未悟的凡夫僧寶呢？那可眞少啊！所以僧衣的功德很大，它的威德很大，那都是仗恃 佛加持的威德。你在三賢位中的智慧仍然不足以服眾，又想要以三賢位的智慧來護持正法、弘揚正法，最好的辦法就是趁著悟後年壯之時，及早出家護持正法，來利樂有情。護法、弘法的福德與功德最大，以這個功德來修集將來進入初地時所需的資糧，是最迅速、最有效的方法，所以第四個方法就是盛壯之年常樂出家。

有很多人有出家的想法，但是他們被勸請出家時怎麼回答呢？他們說：「**我現在還年輕啦！不急啦！**」要等老了再出家。要給人家服侍啊？老了能爲佛教做什麼事呢？所以要趁著年壯嘛！但我勸大家出家是有前提的：是說你的世間法義務已經了了。譬如你把孩子養大、成家立業了，不必你來照看。還有呢？眷屬也不反對。如果你先生說：「**不行！我不能離開你。**」出家是大丈夫事，是快樂的事，不應該弄到哭哭啼啼、氣氛緊張嘛！所以這個前提我要講在前頭。千萬不要薄情寡義、絕情絕義的就把堂上老人家擺著不管，把小孩子丟著不理就自己出家了！這種人，將來我們正覺寺並不歡迎的，因爲這是薄情寡義。薄情寡義的人出家了，能發起大慈悲心嗎？一定不是大慈悲的菩薩心性。所以我們將來正覺寺的僧團一定要跟外面不一樣，一定是清淨的、慈悲的、睿智的，在這個前提下勸請諸位趁著盛壯之年常樂出家。

如果你們能具足這四個法，一定會「**趣向菩提、其心堅固**」。這樣要超越第一大無量數劫，就不是難事；若能這樣做，《解深密經》所說的：以一年爲一個大劫，在一年之中過完一個大劫，乃至一日過完一個大劫，這樣過三大無量數劫。甚至有人能以十分鐘或刹那、刹那爲一個大劫，這樣來過完第一大無量數劫，這叫做長劫入短劫。這法只有我們正覺同修會才有，若能具足這四法，一生、四生、乃至十生過一大無量數劫，那還不夠快嗎？還不容易嗎？所以這四法要謹記在心，別忘了。

「菩薩如果具足了這四個法，將會生起這樣的想法：『這個佛菩提道的第一個根本地，就叫作戒。』」換句話說，這四個法是有一個前提的，就是要如法受持戒律；若不持戒清淨，而說能具足這四個法，是不可能的。「佛菩提道的第一個根本地——第一個基礎就是持戒。」這個戒也叫作修學佛法時第一個依止的境界，所以學佛第一件事情就是受戒；所以古時三歸時就同時受五戒，在家人於 佛前自行三歸時都是這樣的。最早期的比丘們，除了善來比丘以外，都是一出家就先受具足戒的，佛陀初期弘法時大多是這樣；後來有沙彌同行，才又方便施設了沙彌戒，所以戒就是佛菩提道的初根本地。「**戒又叫作導引的基礎**」，因爲戒法能導引佛弟子安住於正法中，不違背正法而向正道前進。

「**戒法名爲平地**」，能平整心地；一旦受了菩薩戒，大家平等平等，不管你是否增受了聲聞戒；已受菩薩戒者，大家依照菩薩戒來做事，沒有在家與出家的差別；受聲聞戒者也一樣，大家平等平等，同樣要依照聲聞戒來行事，所以叫做平地，因爲心地都平了。「**也叫作等地**」，因爲受戒以後都是向解脫之境界前進，大家都平等、都一樣，所以叫作等地。如果不受戒，就不能得佛菩提，也不能得聲聞菩提，所以戒就等於聲聞菩提，也等於佛菩提。「**又叫作慈地**」，因爲受了戒就不能不利樂眾生，所以叫做慈地，給與眾生安樂。「**又叫作悲地**」，因爲受了菩薩戒、聲聞戒，當然就要幫助眾生拔除苦惱，所以叫做悲地。「**又叫作佛跡**」，因爲受了戒法以後，不但我們要依戒奉行，乃至諸佛在成佛之前都一樣依戒奉行，是諸佛所走過的路，所以叫作佛跡。「**戒法又叫作一切功德的根本**」，如果不依戒法的守持來學佛法，都無法成就三乘菩提中所應有的一切功德。受戒了以後「又叫作福田」，因爲受了菩薩戒以後就成爲菩薩，若能持戒不犯，衆生在你身上布施就有大福德，所以又叫做福田。具足四法時，生起了這些對戒法的正確觀念而能不違背三寶，當然可以迅速完成第一大阿僧祇劫的道業；由於這個因緣，有智慧者對於這四個法及菩薩戒，應當要受持而不毀犯。

【「復次，智者又作是念：『戒有二果，一諸天樂，二菩提樂。智者應當求菩提樂，不求天樂。』若受戒已，所不應作而故作之，所不應思而故思惟，懈怠懶惰、樂於睡眠，念惡覺觀、邪命惡願，是名污戒。若受戒已心生悔恨，求人天樂多諸放逸，不生憐愍，是名污戒。若畏貧窮，若爲恐怖，若爲失財，若畏作役，若爲身命，若爲利養，若爲愛心，而受禁戒；既受戒已，心生疑惑，是名污戒。善男子！若人不樂久處生死，深見過罪，觀人天樂、阿鼻獄苦平等無差；憐愍衆生，具足正念，爲欲利益無量衆生使得成道，爲具無上菩提道故，爲如法行故，受持是戒，心不放逸；能觀過去未來現在身口意業，知輕知重，凡所作事先當繫心修不放逸，作已、作時亦復如是修不放逸。若先不知作已得罪，若失念心亦得犯罪。若客煩惱時暫起者，亦得犯罪，若小放逸亦得犯罪。是人常觀犯輕如重，觀已生悔及慚愧心，怖畏愁惱，心不樂之，至心懺悔；既懺悔已，心生歡喜，慎護受持，更不敢犯，是名淨戒。」

講記　這一段同樣是幫助我們縮短佛菩提道長久時劫的方法，所以佛又開示說：「有智慧的菩薩們又會生起這樣的正念：『受持正法戒會有兩個果報：第一個果報是未來世可以享受諸天的快樂』」，所以持五戒不犯的人，以這個爲基礎，只要常常修十善業，都一定可以生天堂——就是生在欲界天中——不必歸依老母娘去掛號。你只要持五戒而行十善，一定可以生欲界六天，那就是戒的第一個果報，就是享受欲界六天的快樂。『第二、可以享受菩提之樂。智者應當求菩提樂，不求天樂。』」，菩提之樂當然也看是受什麼戒，如果是受聲聞戒，譬如南洋的比丘們，他們最多就只能享受到聲聞菩提之樂，就是斷我見乃至斷我執，最多到此爲止。如果大乘佛法中受聲聞戒之後又加受菩薩戒，並且是以菩薩戒爲首要依止，只以聲聞戒爲次要依止，這就是北傳佛教中國地區的出家菩薩們加受了聲聞戒，所以成爲出家人，加受菩薩戒所以稱爲出家菩薩；但必須以菩薩戒爲主要的依止，不是以聲聞戒爲主要的依止，如法修行以後就可以獲得聲聞菩提、緣覺菩提及佛菩提之法樂；三乘菩提的法樂具足，是大乘法中出家在家菩薩所得的快樂；同時也可以獲得生天之樂，如果受菩薩戒後不犯戒而修十善，同樣可以往生欲界六天。但是菩薩們都不願意享受諸天之樂，寧願繼續在人間享受三乘菩提之法樂，這就是有智慧的出家、在家菩薩們，具足四法持戒時心中所生起的正念。

如果受持戒法以後，「所不應作而故作之」，譬如不應當再開酒店，可是因爲酒店太好賺了，所以心中捨不下，又偷偷的開了一家，雖然是用他配偶的名義經營，實際上仍是他在操控，那就是污戒，他把戒法給沾污了。如果「所不應思而故思惟」，譬如受菩薩戒以後不該再下圍棋、象棋，可是因爲受戒前喜歡下棋，每天晚上睡覺都在想著棋步，那就叫做污戒，這叫作惡覺觀，因爲會影響佛法的修行。如果受戒後懈怠懶惰，睡八個鐘頭分明夠了，他老哥吃過午飯後偏偏還要再去睡兩個鐘頭，這叫做懈怠懶惰、樂於睡眠，這也是污戒。如果因爲職業的特性，晚上只能睡四小時就必須起床做事，下午吃過飯沒事再去補睡四個鐘頭，那就不叫懈怠懶惰樂於睡眠，這是開緣法，因爲是職業上必須一直都如此；爲了維持色身正常運作而需要的睡眠，所以只能如此，但是不要貪睡。

如果有人「念惡覺觀，邪命邪願，也叫作污戒」。想念惡覺觀是什麼呢？譬如有人本來貪殺，現在初學佛，所以受了戒以後心中還常常在想殺雞、殺鴨的事情，就是想念惡覺觀。也有人原本開設賭博性的電動玩具店，因爲賺錢很多，可是受戒以後仍然不願放棄，還繼續在經營賭博性質的電動玩具店，這就是邪命而活。邪命而活當然不只是這一項，凡是對眾生有害而從中獲取利益的職業，都叫做邪命而活，這也是污戒。還有人發惡願，譬如上司對他不好，他就發願：「我捨報以後，一定要當厲鬼好好處置他。」這就是發惡願。這種惡願在世間人中常常會看見，有人總是不能忍，心中不平而又勢弱，所以不能消除別人對他所做的不平等事，於是心中就發了惡願；凡是發惡願的人都是污戒，因爲失去了慈心與悲心，也是沒有智慧的行爲。

此外，佛弟子不可隨順世間俗人亂說話，世間人怎麼亂說話呢？譬如常常聽到有人這麼講：「人爭一口氣，佛爭一爐香。」這眞是謗佛嘛！諸佛根本不爭的，你燒十萬噸的栴檀香，祂們也不會生喜心；眾生每天都不燒香供養，祂們也不會起瞋，怎會爭小小的一爐香呢？連命都可以不要了：人無我、法無我都具足了，還會爭一爐香嗎？所以世間無智愚人把佛像供在鬼神的下方，諸佛都不起瞋，都不會作弄人；可是如果把慢心深重的鬼神供在位階比祂小的神像下方，祂就會對你搗蛋，可見諸佛從來不爭香。所以千萬不要隨順世俗人亂用成語，這也是污戒的。如果把戒法給玷污了，可想而知：三乘菩提的修證一定非常的遲緩，更何況想要一生、十生就超越一大無量數劫，根本就沒有機會。

如果受戒之後心中生起悔恨之心，本來是每天用餐後可以喝個小酒，現在因爲受戒就不行了；本來「飯後一支菸，快樂似神仙」，受戒之後也不能抽煙了，就想：「我眞笨！當初爲什麼糊糊塗塗的受戒？」有很多人是這樣想的，他們覺得處處被束縛了，所以覺得受戒是受錯了，心中悔恨了。只因他不知道怎麼捨戒，所以也沒有捨戒，繼續痛苦的持戒；要是知道捨戒很簡單，他們早就捨戒了；所以雖然還沒有捨戒，也沒有破戒，但已經是污戒了。如果有人受戒的目的，是爲了求人天之樂，所以對戒法不能好好的受持，因此日常生活多諸放逸，並且對眾生不生起憐愍之心，這也是污辱了戒法。

如果是因爲恐懼未來世貧窮而去受戒，或者爲了害怕淪墮於三惡道而去受戒，或者恐怕自己的財物被五家所瓜分了，或者恐怕被人拉去做苦役而去受戒，都是污戒。古時的印度人若受了菩薩戒，國王就不能拉他去做苦役；如果是爲了這樣而去受戒，或爲了保全性命而不得不受戒，或爲了求得別人對他恭敬、供養而受比丘戒、比丘尼戒及菩薩戒，或爲了貪愛某人而跟著去受戒，或者爲了配偶要求而不得不受戒，雖然並不破戒，但是都叫作污戒，都是染污心而污染了所受的戒法。還有一種人，受戒後心中疑惑、懷疑：「犯了戒就會下墮地獄，到底是真的、假的？」又想：「如果能好好受持戒法，將來能得菩提樂、人天樂。這是真的、假的？」心中有所懷疑而不相信，也都叫作污戒。玷污了戒法就不能獲得菩提樂，想要迅速超越三大無量數劫，根本沒有機會的。

佛接著又開示說：「善男子啊！如果有人不樂於長時間在生死中受

苦難，很深入、很深刻的看見三界生死中的種種過失與罪惡，並且觀察在人間或天上受樂，就如同在阿鼻地獄中受苦一般沒有差別」，因為都是生死輪迴之法，因為都是七識妄心的境界，都不是實相；眾生在人間、在欲界天受樂及在地獄中受苦，也都是這七識心，沒有一個眾生例外，所以是「完全平等而無差別的」，而一切眾生在人天境界中受樂，以及在地獄中受苦時，實際也沒有苦、沒有樂，因為實際是如來藏，如來藏從來離六塵見聞覺知，哪裡有苦樂可說呢？所以「平等無差」。

並且受戒之後「憐愍眾生」，凡是看見眾生受苦時就心生憐愍，看見眾生走入邪道就心生憐愍，願意救度他們。心中「具足種種正念」，不會產生偏邪的念頭；為了想要利益無量眾生，讓眾生們都能成就無上佛菩提道的緣故，也為了能如法修行菩薩道的緣故，所以受持菩薩戒；心中能一直保持在正心誠意的境界中，時時以三寶正法為念，所以常不放逸。並且能觀察過去、未來、現在身口意業，了知事相的輕重差別。可是，能觀察過去、未來、現在的身口意業，是不容易的事；因為上一世的自己究竟做了什麼事、修了什麼法？現在都不知道了！何況能知過去無量劫來做了什麼事、修了什麼法呢？想要修到這種程度，得要好好努力。但是要怎麼努力呢？要讓自己的心清淨，摒除私心，摒除罣礙之心、攀緣之心，自然而然就能發起禪定的功夫來，然後有時入定就會看見過去世曾做了哪些事；常常看見過往的一世又一世，貫串起來就知道自己過去世發了什麼願、學了什麼法、做了哪些善業與惡業，這就是能觀過去、未來、現在身口意業，不是因爲修學宿命通而看見的短短幾世。

由於往世的這些事相都看見了，所以某些事情有什麼輕重差別，就能知道了。從此以後，於三寶中做事時就能了知佛意如何，也能了知大菩薩們的意願如何，就能如法而行，迅速成就福德與功德，因此得證更深入的佛菩提種智。從此以後，凡所做事也都應當繫心於正念，修學心不放逸的種種正行，因此做一切事情時，乃至做完一切事情以後，都要這樣修正念，心常處於不放逸的狀態之中。

佛又開示說：如果做事之前不知道那件事情的輕重，因此做了以後得罪了；如果想要避免誤做事情而得罪，就應當在做事之前先行觀察事情的輕重性，然後再決定如何去做。如果做事情時，不管是爲三寶或爲自己做事，失掉了正念，做事時與邪念相應，也算是犯戒，因爲這是菩薩戒，不是聲聞戒。聲聞戒只要身口不犯就不算犯戒，心中想得亂七八糟也不犯戒；但菩薩戒是心中失了正念而起了邪念，就算犯戒，就必須自責其心了。**「若客煩惱、時暫起者，亦得犯罪」**，也就是說不管你有沒有證悟，受菩薩戒以後，如果讓客煩惱時時在心中生起了，也是犯了戒罪的；所以菩薩戒的清淨是很不容易受持的，與聲聞戒大不相同。客煩惱就是我所的煩惱，不是指見惑與思惑煩惱，當然更不是無始無明的上煩惱。也就是說，於「我」之外就是客；「我」之外而生的煩惱就是客煩惱，譬如被別人罵了而起瞋，也是客煩惱；因爲「我」所有的名聲、「我」所有的面子被污辱了，都屬於「我所」。譬如錢財被偷竊了，生起瞋心：「死不要臉的小偷，去死好了！」這就是爲了我所有的錢財失去了而生煩惱，是因我所的受損而生的煩惱，這就是客煩惱。客煩惱如果偶爾生起還不打緊，「『時』暫起」是會「常常」忽然生起來，那你的修行是大有問題的，才會「時時」暫起。在這種層次中的人，常常突然想起賺橫財，常常突然想起別人俊美的配偶，從菩薩戒來講就是犯罪了。「若小放逸亦得犯罪」，有時突然想起來：「我好久沒有去舞廳跳舞了，自從學佛以後，都沒去跳過，今天很想去跳一場。」這樣的小放逸也是犯了戒罪的。

若能一直保持正念，常常觀察某些行為是犯輕垢罪，某些行為是犯重罪；觀察完了，心中生起悔恨之心及慚愧心，心中恐怖會不會下墮地獄？會不會障礙道業？因此對於犯戒有了恐懼怖畏的心態，所以常常憂愁煩惱，心中就不再樂於犯戒了，然後自己就常常在 佛前至誠心懺悔。不過這個懺悔，輕垢罪可以 佛前懺，重罪就不行；如果是斷頭罪，那更不行。重罪要在 佛前對眾懺。什麼是眾？不是有個簡體了嗎？三人之為眾，至少要三人為你作證，說你有懺悔；但對眾懺的眾，則是要滿四人才稱為「眾」。懺悔有兩個意思：發露即是懺，後不復作名之為悔，所以懺悔是一定要先發露所作惡事的，然後說：「我以後永不復作。」這樣才叫具足懺悔。如果只說以後永不復作，可是此前是作了什麼行為呢？他卻不講，那麼這個「悔」就不成立，因為連「懺」都沒有了，「悔」就不能成立了，那個懺悔就成為空殼子的假懺悔，懺悔功德就沒有成就。所以輕垢罪，只要有一個已經受過戒的人，爲你證明已在 佛前發露了，並且決定以後永不復作，這個罪就滅了，這叫對首懺：只需面對一已受戒者共同在 佛前懺悔，罪就消失了。

如果是重戒而沒有具足根本、方便、成已三罪，就是犯了重戒，但還沒有成爲斷頭罪，那就要對眾懺：譬如誹謗法寶、誹謗賢聖、破壞正法、破和合僧……等，都是重罪。凡是沒有具足根本、方便、成已三個條件，則是較輕的毀謗；雖是屬於重罪，但未到斷頭的地步，譬如有人當眾否定如來藏，有人跟著附和：「對啊！阿賴耶識不是如來藏。」當眾隨順別人謗法的言語，就是重罪，但仍不是斷頭罪。如果大庭廣眾中主動的公然宣講否定，意圖使人相信阿賴耶識不是如來藏，並且廣設方便而宣揚之，使某些人相信而隨著否定正法了，那就是根本、方便、成已三法都具足了，那就是無間地獄罪的斷頭罪，是一闡提人斷盡善根，不通懺悔，懺悔也沒有用，一定要下無間地獄，因爲這是謗菩薩。除非公開懺悔之後，自己又在 佛前日日痛哭流涕的懺悔，發露謗法惡業並且誓願永不復作，加上每天極力護持正法的行爲，如此每日懺悔直到看見好相才能滅罪，否則無間地獄罪不滅。所以若於犯戒能夠生悔，有慚愧心，怖畏愁惱、心不樂之，並且至誠心的懺悔而改往修來，罪才可以滅。懺悔了後，心中出生了歡喜心，因爲知道戒罪滅了，沒有陰影、沒有壓力了。從此以後，謹慎的保護自己受持的戒法，永遠不敢再犯，這樣就叫做淨戒，就是把戒法給清淨了。

爲什麼這樣做可以讓大家迅速的超越第一大阿僧祇劫？這是有原因的。因爲超越第一大阿僧祇劫，要有三個條件：第一是福德資糧要很廣大，因爲你若證得初地的無生法忍，若願意接受世間福報的話，捨壽後可以生到四天王天當天王，那個福報多大！當然福德一定要相當；所以想要入初地，第一個要件就是具備廣大的福德。第二個要件是有分證一切種智的證量，修學一切種智而發起了初地道種智的初分，已經有了初地道種智的第一分，第一分圓滿了就是初地滿心；第一分的初地道種智還沒有圓滿，但是初分已經出現了！想要發起初分的道種智，需要學什麼法呢？就是諸位證悟後，我們一直在教導給你的《成唯識論、瑜伽師地論、解深密經、楞伽經……》等等，這些就是悟後要修的一切種智妙法；若沒有悟得如來藏，這些法是無力修證的。當你親證如來藏了，就有根本智；進修相見道位的智慧，就有了屬於後得智的別相智；有了這些智慧，般若的別相智圓滿了，發起初分的道種智，這就是進入初地的第二個要件。第三個要件就是永伏性障如阿羅漢；阿羅漢不會因爲有人誹謗就生氣起來，甚至有人因此而晚上睡不著，但是他們都會當場說明：「你誹謗阿羅漢是地獄罪，要趕快懺悔。」他講過以後就忘了，根本不去記恨的。阿羅漢也不會故意對別人無根毀謗，甚至有根據的毀謗也不會做，這才叫作心性清淨。阿羅漢是把**性障斷盡**了，所以沒有了五蓋；可是初地菩薩不能斷盡，因爲斷盡了就是思惑斷盡，就會入無餘涅槃；所以初地菩薩得要保留最後一分思惑，所以是**永伏性障**不會現行。阿羅漢也不會想要在僧團中獲得世間法上的利益，不貪世間法，所以若想這一世趕快入初地，出家的菩薩證悟以後在同修會中不可以暫起一念說：「我要是當了親教師，應該有很多人會供養我。」千萬不能這樣想，否則就表示貪欲蓋還沒有永伏。其實不必想，自然就會有人供養，起心動念都是不必要的。阿羅漢也不會在各大阿羅漢之間互相比較：「我比你強。」我執都斷了，哪裡還會去比較說誰強誰弱？那不是又落到我中了嗎？所以同修之中，不可在心中比較：「我悟了以後，智慧比你好。」那就是性障還沒有永伏。「將來我要當親教師，因爲我當親教師就表示我的證量比同修們好。」那就是「我」了！所以我們親教師都沒有這種觀念，只是純粹爲了利樂大家而出來當親教師，這就是性障永伏，但這是最困難的，這是菩薩入地的第三個條件。

在修學道種智方面來說，在我們同修會中，只要你夠精進，這並不困難；因爲我們所教的種智的法，絕對超過進入初地所需要的，所以種智的修學在同修會中並不困難。而廣大福德的修集在同修會中也不困難，譬如前面經中講過：護持了義究竟正法的福德是最廣大的。而在我們同修會中護持正法、供養三寶，福德都是無量無邊的，所以這個福德的修集在我們會中並不困難；只要努力去做，在我們這裡修集入初地所應有的廣大福德絕對輕而易舉，特別是證悟之後來布施、供養三寶、護持正法，那福德更大。前面 佛不是講了嗎：「舍利弗供養我，我也供養舍利弗，可是我的福德比舍利弗大。」 佛不是這麼講了嗎？同樣一個食物，舍利弗供養 佛所得的福德，比起眾生來是大得不得了，但是比起 佛來，那是小巫見大巫啦！所以悟了以後，再於正法中而且是了義、究竟的正法中來護持、來供養，這個福德是不得了的；所以在我們這裡修集入地的福德，只要你盡一生努力去做，並不困難。最困難的當然是永伏性障如阿羅漢。

換句話說，人家冤枉了你，你也不會當面就去對他大呼小叫，最多就是向他說明：「這個部分你冤枉了我，對你不太好。」所以把它說清楚，最多就是這樣啊！因此永伏性障如阿羅漢的意思是說，你如果想要這一世進入初地，除了前面兩個條件以外，你的身口意行得要像阿羅漢，不但身、口像，意也要像阿羅漢一樣。具足這三個條件以後，在同修會中想要進入初地就很簡單：把菩薩十無盡願印好了，在 佛前胡跪，把十無盡願至誠發願三遍，你當場就已是初地菩薩了。發了願後 佛不會發給你一張初地菩薩證書的，這只是表示說你的程度與心境都已經到初地境界了，所以至誠發了十無盡願就是初地菩薩。若這三個條件不具足，發了十無盡願以後一定會退；具足這三個條件而發願，就永遠是行不退的菩薩，就是生如來家，入如來家，就是眞正的佛子。不管你穿什麼衣服：聲聞僧衣或白衣或天衣，都是如來眞子。這樣就過一大無量數劫了！說簡單很簡單，說難也很難，就看諸位怎麼做。

【「善男子！有智之人既受戒已，當觀三事不作惡行：一者自爲，二者爲世，三者爲法。云何自爲？我自證知此是惡事，知作惡業得如是果，知作善業得如是果；所作惡業無有虛妄，決定還得諸惡之果；所作善業亦無虛妄，決定還得諸善之果。若是二業無虛妄者，我今云何而自欺誑？以是因緣，我受戒已不應毀犯，當至心持，是名自爲。云何爲世？有智者觀見世間之人，有得清淨天耳、天眼、及他心智，我若作惡，是人必當見聞知我；若見聞知我，當云何不生慚愧、而作惡耶？復觀諸天具足無量福德—神足、天耳、天眼，具他心智遙能見聞，雖近於人、人不能見，若我作惡，如是等天當見聞知；若是天等了了見我，我當云何不生慚愧、故作罪耶？是名爲世。云何爲法？有智之人，觀如來法清淨無染，得現在利，能令寂靜，度於彼岸；能作解脫不選時節，我爲是法故受持戒。我若不能先受小制，云何能得受大制耶？破小制已增五有苦，若至心持，增無上樂。我受身來所以未得證解脫者，實由不從過去無量諸佛如來受禁戒故；我今受戒，未來定當值遇恒河沙等諸佛。深觀是已，生大憐愍，至心受戒；受已堅持，爲阿耨多羅三藐三菩提、利益無量諸衆生故。善男子！若在家、若出家，若三歸、若八齋、若五戒，若具足、若不具足，若一日一夜、若一時一念、若盡形壽至心受持，當知是人得大福德。善男子！若受戒已，修三善業，多聞布施，修定修善，供養三寶，是則名爲莊嚴菩提。若受戒已，能讀如來十二部經，是名無上大法之藏；勤加精進，欲得具足尸波羅蜜，如是戒者今世受已，後雖不受，成無作戒。善男子！有戒非波羅蜜，有波羅蜜非戒，有戒有波羅蜜，有非禁戒非波羅蜜。是戒非波羅蜜者，所謂聲聞、辟支佛戒。是波羅蜜非是戒者，所謂檀波羅蜜。是戒是波羅蜜者，如昔菩薩受瞿陀身時，爲諸虫獸及諸蟻子之所唼食，身不傾動不生惡心；亦如仙人爲衆生故，十二年中青雀處頂、不起不動。非戒非波羅蜜者，如世俗施。】

講記 這些開示都和我們息息相關，這部經中有理有事；佛開示說：有智慧者受戒之後，應當觀察自己爲什麼要受戒？受戒的目的是防非止惡：防止自己造作不如理、不如法的事，也要制止自己可能再造惡事。受菩薩戒以後當然不許作惡行，這有三個原因：第一是自爲，爲了自己；第二是爲了世間法，所以不造惡；第三是爲了求法、證法，所以不造惡。什麼是爲自己呢？也就是說，受戒之後自己應該證實某些事情確是惡事，某些事情確是善事，要有能力判斷。受戒之後，小惡尚且不做，何況大惡？所以受戒之後，爲了自己，爲了世間法上的果報，也爲了佛法的修證，從此不造惡業。所以受戒後最重要的事就是判別善惡，凡是做一件事情以前，要先判別確定是善事還是惡事？然後再去做。能判別一切事情的善惡性質以後，接下來就是確實的了知：做惡業會得哪一些惡果報，做善業會得到哪一些善果報。因爲所做的善惡業一定功不唐捐，做了善惡業的功，未來就一定會有受善惡業果報的德，這就是功德二法的眞義。所有的業都有它的德，叫作業德；所以一切善惡業，做了之後絕不虛妄，決定還會在未來得到種種善惡、業的果報。所以一切善業都不會有虛妄不報的，一定會在未來回歸到自己身上，得到種種善業的果報。既然如此，我現在爲什麼要欺騙自己，以爲犯戒造惡不會有惡業的果報呢？由於這樣觀察的因緣，受戒之後不應該毀犯戒法，應當至誠心來受持戒法，這個就是爲自己而做的觀察：自爲。

如何是爲世間呢？也就是說，在世間法中，並不是造了惡業或善業以後，都沒有人知道；有智慧者會觀見世間人：「有些人眞實報得或修得清淨的天耳、天眼和知他心智（他心通）。如果我受戒之後做了惡業，這一類人一定會看見、聽見或知道我做了哪些惡業。如果有這一些修得或報得清淨天耳、天眼、他心通的人，他們將會看見、聽見、或知道我造作了惡業，我爲什麼不懂得生起慚愧之心而偷造惡業呢？」還要再觀察諸天天人：「他們具足了無量的福德，所謂神足通、天耳通、天眼通、還有他心通，雖然在天上距離很遠，也能看見、聽見我們受戒之後造了哪些惡業，或者說了哪些不該說的話，而且這些天人有時雖然近在我們身邊，但是我們人類不能看見；如果我受戒後做了惡業，諸天人都會看見或聽見而知道；如果諸天天人清楚分明的看見我造了惡業，我爲什麼不知道生起慚愧心而故意去造作罪業呢？」這就是爲世間法的緣故而不應犯戒造惡。

天人通常有五神通，那是報得的；譬如你在人間，沒有任何神通，這是因爲你報得的人身果報身就是沒有神通的；但你今天雖然沒有神通，如果持五戒不犯或持菩薩戒不犯，又加修十善之後，由於這樣的善業果報，捨報之後會生到欲界六天。生到欲界六天時的果報就是自然有五種神通，既然是天人當然就有天眼，天人當然有天耳……乃至宿命通；這是果報，不是修得，所以稱爲報得神通。有一種人是生而有五通，是因爲過去世一直在修學神通，可是從來沒有悟過；因爲對這種世間有爲法很喜歡，所以生生世世不願失掉神通，所以每一世都修神通，因此這一世剛一出生，他就有報得神通了。有眼通的孩子畫貓咪時，除了畫毛皮跟一般人一樣以外，還會加上骨頭，因爲他看見貓的骨頭了！老師就說：「奇怪！你這孩子爲什麼一定要畫上骨頭？多醜！」他說：「貓咪本來就有骨頭，我都看見了。」所以他就畫出來。如果他有一天畫兄弟姊妹、父母親，也會把骨頭畫出來，因爲他的天眼使他如此的看見了！這叫做報得天眼，但一般都是修得的天眼。報得的神通，如果有繼續努力，他的神通會比一般人殊勝；如果是出生時沒有，後來專修神通加行的，大部分都要修得很辛苦，他的神通境界也不會很勝妙。

一般人自稱有神通的，十人之中倒有九人是假的，通常是籠罩別人。如果要籠罩的話，其實我很懂得籠罩的原理，但是我絕對不籠罩人；因爲你只要籠罩一次成功了，就會上癮而做第二次，有了第二次就會做第三次，就會有無量次，然後一百次中只要有一次失誤了，人家就會看穿你的手腳，從此你就永遠沒有信用了；將來就算眞的修成神通了，你說如實語，人家也不信了！信用破產了！只要講一次的謊言，以後要讓人家相信你的話，就必須要講一百倍的話才能取信於人，那眞辛苦，所以不需要去籠罩人。我們有勝妙的法，何必假說神通來籠罩人？即使有了神通還要裝作沒有，這樣你也省力、省精神，大家也不會常常來找你，只要讓他們好好學法就好，這樣也眞的是自利利人。如果有神通而示現出來，就會一天到晚都有人來找你，你得要發號碼牌，還得要限定一天只接三十個人，否則你每天都會沒完沒了！但是度來的卻都是專門在世間法上追求的世俗人，因爲神通相應境界都是世間法，與三乘菩提的修證無關。所以有神通時最好還是裝作沒有，那你就什麼煩擾都沒有。若是一天到晚顯現神通，麻煩可就大了，不但人們都想要找你，鬼神也要找你辦事，因爲祂們知道你可以和祂們溝通，當然會來找你幫祂們辦事，你若不幫祂們辦，就會對你搗蛋；如同西洋人的萬聖節（鬼節）孩子們上門說：「不給糖，就搗蛋。」但是大部分自稱有神通的人，十個就有九個是假的。

我們會中以前也曾經有兩、三個人說有神通，但是後來證實都是假的，都不眞實。外面道場住持的居士或法師，大部分也都會故意現現神通，但十有九人是假的。佛門有一句話流傳很久了，但卻是事實：「師父不搞怪，徒弟不來拜。」所以他們有時要搞搞怪，但是搞怪往往搞出毛病來，後來難以收拾了。這種事情很多，我們就不多談。不過諸天天人絕對是每一個人都有五通，因爲他們報得的異熟果報就是如此。人類之中，也不能否定所有人都沒有神通，雖然十個有九個是假的，但總有一個是眞的；一百人中有九十個假的，總有十個眞的，既然如此，他們能看見我們，諸天天人也能看見我們，所以我們受戒後就不要犯戒了！

因為犯了戒之後人家都知道了，我們是不是會很慚愧呢？所以我們受戒後，有時兩舌，有時妄語，諸天天人都很清楚的知道。

如果是真有神通的人，他不必認識你，只要你的名字被講出來，他們就會知道這個人為人如何，因為他們有時好奇就會詢問你身邊的鬼道眾生，有時好奇的觀察你在做某些事情。所以有些人去問神，只提出蕭平實三個字，他們就知道這個人是怎麼樣的。很多人問：**「可不可以跟他學法？」**沒有一位正神敢說不可以。（大眾笑…）只有一種神說不可以，就是假冒的神，其實只是有些自稱在弘揚佛法的乩童假乩來說話，不是真的正神降乩說話，只是那個乩童自己講的；某個宗教中的這類乩童很多，因為以前我破了他們「降神」時講的法，他們很不高興，當然會說：**「不可以去學！那是邪魔外道。」**這種假乩是很多的（編案：請聯結到《正覺電子報》第22期48頁〈我的菩提路〉連載六〈劉正琴見道報告〉的披露）。因此真正的天眼、天耳、他心通並不是沒有，只是很少人有。

如果你修了神通，鬼神會知道；但是我如果修了神通，鬼神不會知道。也就是說，你如果修成天眼通，你還得要照以前的模樣，前面鬼神來了，你照樣直直撞過去，讓祂們去閃避，祂就知道你沒有大眼通；其實你有，但你得要裝著沒看見，也不要用眼睛瞪或瞄祂一下，你要瞪著遠方的東西看，當作沒有看見祂，你的眼神、身行得要能夠瞞過祂。今天把瞞鬼神的方法也告訴你們（大眾笑…），因爲你如果不懂這個要領，就會使你的視覺焦點不一樣，祂們就會知道你在看什麼；但是你只要看著祂的後面，因爲會透過去，焦點不在祂身上，祂就會以爲你沒看見祂，然後你就直直撞過去，都不要閃避，祂想：「這個人看不見我。」就不知道你有神通，你要是閃開，或是稍微側身、很快的瞄祂一下，祂就知道你有神通，那你就麻煩了：祂會跟著你，一天到晚要和你溝通，求你幫祂辦事。萬一被知道你有天眼通，祂求你辦事，你絕對不能答應；因爲你答應以後，知道你喜歡幫鬼神，就會在鬼神界傳開了，隨後就會有許多鬼神來找你；這種事情傳出去是很快的，特別是鬼神，祂們一下子就到了某個神那邊說出去，傳得比人還要快。所以最好不要開例，開了例子以後，你學法、修法就不好學、不好修了，會爲鬼神們忙死了！這件事情還是得要先爲諸位交代。

將來正覺寺建成以後會教禪定的修法，禪定的副產品就是神通；假使你過去世修過神通，只要禪定境界發起了，神通就自然會出現。這時遇到鬼神時要懂得怎麼隱瞞與應對，千萬不要把自己的底牌給洩漏了，洩漏了就很麻煩。所以五通在世間絕對有，但是人類中很少，而天人報得一定有五通，所以受戒之後不要造惡。既然不許妄語，不許兩舌、綺語、惡口……等，我們就不要造口業。既然受了戒，就不要造身口意等三行惡業，要記得好好受持，這都是為自己；因為受戒之後造惡、或謗法，這在天法界中一定傳得很快；因為謗法的聲音會如雷震耳，諸天都會聽見，所以護法善神都會遠離，因此謗法之後的果報都不太好，諸位都要清楚，也要信受。如果不信邪，將來吃虧倒楣了，不要怪我沒事先為你講明，我在這裡先好意告訴大家。

什麼叫作為法？我們三歸及受戒的目的，就是為了求證三乘菩提諸法。受戒之後，如果是有智慧的人，要懂得觀察如來所傳授的法清淨而無染污，如來所傳授的法能讓我們得現在的利益，現世就能使我們住於寂靜的境界中（寂靜境界就是講涅槃的境界，當然不是講外道的五現涅槃，因為外道的五現涅槃並不寂靜，外道的五現涅槃都有見聞覺知。譬如以欲界中的離念靈知作為涅槃境界，具足五塵；又譬如以初禪定境中的離念靈知作為涅槃，還是有三塵而不寂靜。如果是以二禪到四禪的等至位不觸五塵的境界作為涅槃，也還是有定境中的法塵，這樣就不是絕對寂靜的）。涅槃爲什麼叫做寂靜？因爲三法印講涅槃寂靜，一切證法者都不許、也無法違背這個法印，凡是違背的人都是凡夫。涅槃之所以被稱爲寂靜，是因爲離六塵；沒有六塵就沒有心動，沒有心動就稱爲絕對的寂靜，那才叫作寂靜的境界。能使我們的心處於眞正寂靜的境界，那就是現世與來世的利益，就是度於彼岸——到達解脫的彼岸。諸如來傳授給我們的法，包括戒定慧三學，都是清淨無染的佛法，能爲我們作爲解脫修證的法門，而且不需要選擇時節就可以親證諸如來的法，因爲這個清淨法的緣故，我們受持諸如來所制定的禁戒。

外道修法往往要觀察時節，這種事情很多，在台灣、大陸都可以看得見。譬如說道家，他們修仙道，就是鍊精化氣、鍊氣化神、鍊神還虛，這三個階段的修證都要看時間，所以他們鍊氣時都有一定的時辰，不適當的時辰就不許修。我們佛門修學禪定時，譬如智者大師也會教諸位掐指頭，但不是在算命，也不是為了某些禪定的境界在特定時辰有禁忌；佛門中修學禪定從來都沒有禁忌，可是為什麼要教你掐指頭？那是讓你了知：何時出現的鬼神、魔神境界，是什麼樣的鬼神妖魅？所以教你掐指頭。我們有五個手指，以大拇指作工具，其餘四個指頭各有三個指節，剛好可以代表十二個時辰，你就算一算：子、丑、寅、卯、辰、巳、午、未……，以大姆指作工具來點，把十二時辰一一掐著算；比如你遇到鬼魔干擾時的時間是清晨三點到五點鐘，子時是食指第一節，是晚上十一點到凌晨一點鐘，你掐指算來現在時間是食指的第三節；再從第一節把十二地支掐指算過來：子、丑、寅。食指第三節正好是寅，那麼寅時來的鬼神，依照十二生肖算來：鼠、牛、虎，「喔！寅時來干擾我的就是虎精。」你就罵祂：「你這個虎精，跑出來擾亂我幹什麼！」祂一想：「唉呀！原來我的身分洩露了。」當然你不必在祂面前掐指計算，私下想一下就知道了：「是虎精！」祂曉得你已經知道祂是什麼身分，就只好走了，被你看破手腳了。如果是算到小指的最後一節：「啊！祂是豬精！」

你就說：「你再不走，我拿你來鍊豬湯。」祂就只好走了！因爲身分洩露就瞞不了你，你再也不會聽信祂的胡扯了！因此在這時掐指頭，其他時候都不用，因爲菩薩不學算命、排命盤的。

外道修法要觀察時節因緣，但我們修學禪定或般若，都沒有任何時辰限制，不選時節。但是外道修的是世間法，所以要選時節；所以有時選重陽，有時選仲夏。譬如有人鍊氣功，他們要選兩個時節，第一是至熱的三伏天，從立夏開始每十一天算一伏；第二是選擇最寒冷時，從立冬開始的三個十一天，就是至陰之際，這叫作選擇時節。可是佛法中的修證都是不選時節的，清淨無爲的法都不必選擇時節的；是空無所得的出世間法，要選什麼時節呢？我們是爲解脫生死的清淨法來修學、歸依三寶，是爲解脫生死的清淨法而受持戒法。既然是爲清淨法而受戒，爲什麼要犯戒？如果不能先接受戒法的小小限制，又如何能接受解脫生死大法的限制？大法限制比如菩薩戒、比丘、比丘尼戒，假使連五戒都受不了，而說要受菩薩戒或聲聞出家戒，那是不可能的。如果毀破了小戒法的限制，就會增加五有的苦，或者受了菩薩戒之後，小戒不斷的違犯，表示無法制心不貪瞋，結果就是增加五有之苦。五有，通常講四生三有，現在爲什麼講五有呢？這就是講五趣眾生、五道眾生的苦；因爲阿修羅道是遍於五道之中，所以講五道的苦。如果能以至誠心來受持清淨戒，就不會有惡業種子造作出來，當然就可增加無上樂。

受戒後還要這麼想：「自從我過去無量世以來，不斷的受生於三界中而擁有無量的色身，之所以到這一世以來一直都還不能證得解脫，其實都是由於不願意從過去無量世來所曾遇到的諸佛如來座下接受禁戒的緣故，所以才會到今天仍然還無法證得解脫。」因爲戒是解脫的初機，想要求證解脫者，首先得要受持五戒。「如果我今天能受持如來施設的禁戒，未來世一定會值遇猶如恆河沙數那麼多的諸佛。」有無量數諸佛的攝受和教導，將來成就佛道就不會有問題了，更何況是證得解脫呢？有智慧者這樣「深入思惟觀察以後，對眾生生起了大憐愍之心，不願意傷害眾生，就以至誠心來受持戒法。受持戒法後，能堅持不犯；因爲受戒的目的，除了爲自己想要證得解脫、想要成就佛道以外，也是爲了利益無量眾生的緣故。」

從這裡來說，菩薩受戒的目的是因爲大憐愍心，想要利益無量眾生，所以不想傷害任何眾生。如果受戒以後，對無量眾生生起了大憐愍心，都不對所有眾生妄語，可是對自己家人卻常常要妄語，這樣做就沒道理了！家人比外人更親，卻還要欺騙家人，來利益外面的眾生、不侵害外面的眾生，這樣的人就稱爲其心顛倒的人。受持戒法以後，欺瞞父母、兄弟、姊妹，傷害長輩、親屬、師長、乃至同修，然後說他對所有廣大眾生都不傷害，爲什麼親疏之分還分不清楚呢？

禪宗常常有祖師拈出公案說：「且道有無親疏啊？」這是說，兩個人以同一句話來答覆祖師一字不異，但是其中卻有親疏之別。也就是說，這禪師講這一句話，與另一位禪師講的同一句話，字句完全一樣，但是其中會有親疏之別，所以幫助別人的證悟也會有親疏的差別。同樣一句話，一個字都不改，有時由同一位禪師而對不同的人講出來，可是卻有親疏之分；所以同樣一句話，他講出來時對某人是很親切的，表示這禪師有心幫他開悟；但是禪師對另一個人講的還是同一句話，但講出來時就疏遠了，那個人聽了很不容易開悟的，這叫作親疏之別，禪宗就是這麼奇怪。我們在禪三中也是一樣，如果說這個人緣熟了，我還是同樣那句話，但是某甲聽了很親切，一下子就悟了；某乙呢？因爲我覺得他的緣還沒有熟，應該再晚個半年、一年，品質將會比較好，所以我還是給同樣的那一句話，還是有爲他之處，但是他聽起來一定悟不了：疏遠了。同樣的，事相上、戒相上也要有親疏之別，所以對父母、師長乃至對會裡的同修們都不應該有兩舌、惡語，因爲既然對外面的眾生都不兩舌、惡語了，對自己至親的父母、師長、同修們，當然更不應該兩舌、惡語，這就叫作親疏之別。

所以，生大憐愍心時，應該等心生起憐愍，而不是顛倒過來：外面的眾生和你不來往，你能生起大憐愍心；對你的父母、師長卻不能生大憐愍心，這就違背親疏之分了！所以對親人、師長、同修們更應該以平等心看待，要以平等心而至誠受戒。這樣以至誠心受戒以後堅持不犯，可以成爲未來世成就無上正等正覺的功德，也可以利益無量的眾生。這是因爲持戒是對一切眾生持，不是只有對一個人持，所以受戒以後功德無量無邊，能使人迅速成就無上正等正覺的原因就在這裡。

接下來說：如果受戒以後，不管是在家或者出家人，乃至說三歸戒、五戒、八戒齋，或者受戒時是受具足戒，或者受不具足戒，有時甚至於只有一日一夜的受持八關戒齋；或者只是一時一念受戒，譬如有人去受五戒，剛剛受完戒就隨即後悔了，立刻就問怎麼樣可以捨戒？他問清楚之後當場就捨戒了，像這樣只能算是一時得戒。甚至於有人一念得戒；一念得戒是說受戒當時，他跟著大家受戒了，可是還沒有把受戒的儀軌完成，他就已經後悔了，心中就說：「我不持戒了。」捨戒了，這樣只有一念受持，也同樣可以得到大福德；因爲在那一念之間是對所有眾生都持戒，不是只有對一個人持戒；縱使只有一念之中對所有眾生持戒，因爲眾生無量無邊，所以他也得到大福德。這樣看來，在家或出家人三歸之後又持五戒，六齋日又持八關戒齋，盡形壽至心受持，那福德又更大了！這裡說所持戒有具足、不具足，是因爲這裡講的是優婆塞戒，所以不牽涉到出家人聲聞具足戒的戒法。

如果受戒以後修三善業：身的善業，口、意的善業。並且能多聞正法而且布施有情，再加上修定和修種種的善法，也能供養三寶，這樣就叫作莊嚴菩提。如果受戒以後還能進一步讀、誦如來所宣講的十二部經，這叫作無上大法之藏。若能勤加精進，是以想要具足戒波羅蜜的心態來受菩薩優婆塞戒，像這樣在今世受了戒以後，後世縱使沒有再增上受戒，仍然可以在後世成就無作戒。有作與無作，這裡要先說明一下：今生到寺院或去道場受持戒法，這是經由身口意三業去受戒的；如果沒有具足身口意，戒體則不能成就，所以去受戒時是有作戒：必須有身行及口行來受持，心意也樂於受持，受持戒法的過程當中還得要出口成願：「我願意受持。」所以受戒一定是具足身口意三業的，所以去受戒時是有作戒；有人成就有作戒之後，未來世的無作戒不能成就，是因為他受持之後不斷毀犯，沒有想要好好的、清淨的受持戒法，所以未來世無作戒不能成就。有人以至誠心受了戒，這一世就很小心的不敢毀犯，因此導致他的心習慣於戒法的禁制，因為習慣於戒法的禁戒，後世雖然尚未受戒，心地自然就不會違犯了。心習慣於戒法的限制時，凡是犯戒的事就不會去做，習慣之後未來世的清淨種子還會現行，種子現行時，自然不偷、自然不邪淫，自然不會妄語，雖未受戒而自然不犯，這叫作無作戒：已經成爲心的清淨習慣。所以能在受戒後勤加精進，想要具足戒波羅蜜的話，這一世受了以後，後世縱使不再受戒，也會成就無作戒。

接著 佛開示說：「善男子啊！有的戒是不能讓人到彼岸的——沒有波羅蜜；有的波羅蜜——到彼岸——但不是戒；有的戒有波羅蜜，能令人到解脫的彼岸；但是也有既非禁戒也不是波羅蜜——不是到彼岸。」這叫作四句差別，佛法中常常有四句分別，這是準備弘法度眾的菩薩們應該懂的差別智。

「是戒非波羅蜜者，所謂聲聞、辟支佛戒」：佛解釋說：「有的法是戒而非波羅蜜，這就是講凡夫比丘二眾所受的聲聞戒，是戒而不是波羅蜜。」出家後，受了聲聞戒（比丘或比丘尼戒），但是始終無法見道——始終無法眞的斷我見、斷三縛結。連我見都斷不了了，大乘法中的見道更不可能，所以不可能到彼岸的。斷我見也算是方便說的到彼岸，雖然只是聲聞初果，但因爲最多七次人天往返就可以成爲阿羅漢，所以斷我見是分證解脫，阿羅漢是滿證解脫。凡夫的比丘二眾受「聲聞戒、辟支佛戒，是從聲聞僧、辟支佛身邊所受的出家戒，受持之後一定有戒相上的受持，所以成就有作戒，乃至未來世能成就無作戒，但因爲只是出家持戒而始終沒有在二乘菩提上有所修證，所以是持戒而非波羅蜜——有戒而無法到解脫的彼岸，所以 佛說：「是戒非波羅蜜者，所謂聲聞、辟支佛戒。」

「是波羅蜜非是戒者，所謂檀波羅蜜。」這種人沒有受過戒，但已經到彼岸了；這在《阿含經》中很多，往往某一個外道來見佛，因爲佛的身相莊嚴，或因佛的金色光明，他見了歡喜，佛就說：「善來！比丘！」他就成爲阿羅漢了，他有波羅蜜而沒有戒。爲什麼說這個叫做檀波羅蜜呢？因爲 佛說「善來比丘」時，他當下頓捨一切——布施了一切——所以成就檀波羅蜜，把煩惱全都布施掉了，所以他成就布施波羅蜜。煩惱布施掉以後，鬚髮自落、袈裟著身，這樣就出家了！因爲佛一句話就出家了，你說他有沒有戒法呢？他還沒有受戒，所以他有波羅蜜而無戒，這就是檀波羅蜜——布施到彼岸——他布施了一切。

「是戒也是波羅蜜」，佛又舉例：譬如 釋迦牟尼佛在菩薩位時，因爲飢荒餓死眾生無數，他就去受瞿陀身（瞿陀就是鯪魚，鯪魚應該是像現在大海魚之類的大鯨魚吧！譬如藍鯨、鬚鯨一類的最大鯨魚），故意去受這種大海魚之身，特地游到岸邊，用他的神通力讓眾生瞭解：「飢餓的人可以來挖我的肉去吃，吃了以後可以很久不會餓、有力氣。」眾生知道了，所以來了很多種不同的眾生；有人直接挖肉去吃，有人懷著感恩心，所以先問訊再挖去吃；有的眾生禮拜後再挖去吃；然後諸蟲、獸、螞蟻都來咬去吃。唼食就是一塊一塊咬下來吃。正當這時極為苦痛，但　釋迦菩薩身體都不動一下，心中也不生起惡心；被挖肉時一定很痛，但他不生起惡心而殘害眾生，這就是有戒也有布施，也證果斷我見，能到解脫的彼岸，只是為了利樂眾生而願意受這種苦，所以是戒也是波羅蜜。又譬如過去無量世，　釋迦菩薩當仙人時，有一次入定很久，後來出定時發覺頭上有青雀做了巢：青雀本來以為那是個石像，所以在上面築巢下蛋、養育子女，他如果動了身體，青雀就不敢再回來了；他出定時發覺頭上有巢、還有雛鳥，他就不敢動，只好又入定中；這樣重複出定、入定，直到十二年後才能確定可以出定；他的定太好了，所以一定有定共戒，可是無法單靠禪定而成就解脫；因為成佛不是靠禪定，是靠智慧。當時的釋迦菩薩因爲有定共戒，也已經證得解脫果了，所以能布施無畏而沒有絲毫的違戒，所以十二年中青雀處頂：今年這一批青雀養完子女了，明年又有一批青雀再來養另外一批，往往一出定就發覺有雛鳥，只好又入定，這樣十二年就過去了，這都是由於定共戒與解脫境界才能做這樣的無畏施，這就是有戒、有波羅蜜；因爲他已經斷了我見，已經證果了，覺得自己的性命無所謂，還是顧全頭頂的青雀比較重要，所以他又繼續入定；這就是說他有無畏布施，布施給眾生無畏，這叫作尸波羅蜜。又有戒法的受持，又因爲證果而得解脫功德，因此也有波羅蜜，所以說既是戒也是波羅蜜。

第四種是「**非戒非波羅蜜**」，譬如世俗人的布施，既無戒體也無解脫功德。現在台灣有很多這類人：第一大類，譬如慈濟有很多會員，他們既不受戒也沒有斷我見，因爲連證嚴大師都斷不了我見了，何況是他們的會員？所以他們很努力在布施，但都沒有解脫功德，這叫作有布施而沒有波羅蜜，行施時無戒也無波羅蜜。他們大部分人都不受戒，大部分的會員是連五戒都沒有受的，所以非戒也非波羅蜜；因爲我見都沒有斷，不能把我見煩惱布施出去，我見的煩惱都不能捨。第二大類人是：一直在做法布施，可是他們的法施並非波羅蜜；他們也常常在傳戒，傳的是金剛戒、三昧耶戒，你們當然知道是什麼人了！他們的戒也不是佛戒，因爲是他們古時的凡夫祖師自己妄想施設的戒，都不是佛戒；所以他們西藏密宗傳三昧耶戒是「非戒取戒」的邪戒，又都未斷我見，所以叫作「非戒也非波羅蜜」。他們沒有波羅蜜可說，因爲他們都一心追求雙身法中的四喜境界，捨報後一定會下墮三惡道；不但不能上升天界、不能解脫，乃至連人身都保不住；因爲他們受了金剛戒、三昧耶戒以後，努力「修行」就一定會違犯世間善法，因爲他們金剛戒、三昧耶戒規定的實修法門就是男女輪座雜交，要由男上師與女徒弟一一交合，或由女上師與男徒弟一一交合，並且規定可以不顧五倫而亂倫雜交的，這樣怎能成就波羅蜜呢？都與斷我見、斷我執無關，更與實相的親證無關，捨壽後連人身都保不住了，還能出三界嗎？而他們施設的三昧耶戒，說如果一天不修雙身法就是犯戒；但這不是戒，而是妄想，所以說西藏密宗「非戒非波羅蜜」。所以他們來到台灣做法布施時，只能說是世俗的布施，也就是世俗善法的教導，以及性愛藝術的教導，那不是佛法的布施。如果他們有哪個喇嘛不服氣，可以來找我辨正，他們的三昧耶戒與佛法完全不相干的，都是可以當面辨正的；所以他們的法布施叫做世俗施，不是眞正的佛法布施，那麼他們施設的禁戒當然不是正戒，所以他們布施的佛法當然不是佛法，當然不可能證得解脫，所以受持藏密的金剛戒就稱爲非戒取戒，他們所謂的波羅蜜當然非波羅蜜，故名非戒非波羅蜜。

【「善男子！菩薩摩訶薩住尸波羅蜜時，所受衆苦誰能說之？有人若受小小戒已，少欲知足，不能憐愍諸苦衆生，當知是人不能具足尸波羅蜜。若能修忍、三昧、智慧，勤行精進樂於多聞，當知是人則能增長尸波羅蜜，莊嚴菩提，證菩提果。如是戒者，無量衆生故、無量果報故、無量戒禁故，以是因緣莊嚴菩提。善男子！菩薩摩訶薩既受戒已，口不說惡，耳不樂聞；不樂說世，亦不樂聞；終不放心在惡覺觀，不親惡友，是故得名寂靜淨戒。菩薩若見破戒惡人，不生惡心，爲設種種善巧方便而調伏之；若不調伏，當生憐愍，不爲身命破戒捨戒。食已先修慚愧之心、不放逸心，爲治身命如療惡瘡。若入村落如刀刺林，攝護諸根修集正念，觀察可作及不可作，不生放逸。若人作福亦因於我，若人作罪亦因於我，是故我得大供養時不應生喜，得衰苦時不應生瞋。得少供養，應作是念：我今信、戒、施、聞、智慧，如法住少，故得如是微少供養，是故今我不應生於愁苦之念。我爲二事受他信施：一者爲增他福、二者爲增自善；是故若得少物、惡物，不應生惱。久住遲得，輕罵已得，爾時復當自責其身：是我宿罪，非衆生過，是故我今不應生惱。若受戒已，爲他作罪，亦應說言：『如是所作實非是道，何以故？十二部經不說諸惡爲菩提道也。是故我今獲得雜報。』若能如是深觀察者，當知是人則能具足尸波羅蜜。」

講記　菩薩摩訶薩，是說已經證悟而進入賢位，已離凡夫位了，或者乃至進入聖位了，所以稱爲摩訶薩，表示這段經文開示的對象不是凡夫菩薩，而是摩訶薩的菩薩。菩薩摩訶薩住在持戒到彼岸的境界中，在人間當然不免會有必須接受的種種苦痛，這種苦痛誰能細說分明呢？有人誤會，不但是有人而且是多數人都誤會說：菩薩證悟之後，現見一切法虛妄不實，現見法界實相都無所得，既然證得空性以後可以出世間，那麼他們發願再來人間，當然就是遊戲人間了；因爲一切都虛妄不實，所以菩薩來人間時一定是遊戲人間，一定是很有趣的。我告訴你們：眞的很有趣，怎麼個有趣法呢？你來人間告訴眾生：「離念靈知虛妄，你們大家要把我見斷掉。」他們說：「不！離念靈知眞實，斷我見是只要覺知心不起妄想，認離念靈知爲眞心，不認有妄想的靈知心爲眞心，那就是已斷我見了，所以你說的不對！」你想要救他們，就不斷的爲他們說離念靈知爲什麼是妄心，並且吩咐他們：「你們用離念靈知的境界當作證悟的境界，那是大妄語，要趕快懺悔，趕快把離念靈知否定掉，才是斷我見。」他們不信，因爲你這麼一講，等於剝奪了他們開悟聖者的身分，所以他們就開始毀謗你。法上毀謗還不算數，還要罵你邪魔啦！外道啦！然後再編造一些莫須有的事實來污衊你。你能不能生氣？不可以！你得要笑一笑，當作是一場遊戲，只能說這個遊戲沒有玩好，沒有玩成功。然後再去度人，如果度到一些緣還沒有成熟的，你太老婆而幫他悟了，他不相信，同樣會毀謗你；毀謗不成功，還會捏造事實說你貪財啦！歪了多少錢啦！也說你貪女色啦！跟人家有曖昧：等等。這兩種我都被毀謗過，都被捏造過，那你能不能生氣？不可以！你要當作是一場遊戲玩失敗了，沒有玩成功。菩薩遊戲人間是這樣玩的，知道了嗎？往往有許多同修爲我打抱不平，可是我心中都不去想，因爲菩薩來人間遊戲本來就是這樣玩的！不然你以爲菩薩來人間遊戲，在人間是一天到晚讓人家奉承的啊？沒這回事啦！所以菩薩摩訶薩要以戒行來成就到彼岸的解脫功德，除了你自己本身不貪人家的財物，不貪人家的色身供養，也不貪世間的名；種種不貪以外，還要受種種痛苦：你以諸善加諸於人，然後接受你善處的人反而以惡加諸於你，這就是你所應該受的。他們加諸於你，你都應該受，不能抱怨、生氣、瞋恨，這樣心甘情願去受種種苦，你才有資格稱爲諸地的菩薩摩訶薩。所以菩薩不是人當的，是由菩薩來當的；這些事情只有菩薩能當，人不能當。所以遊戲人間時一定會承受種種之苦，所以稱爲「眾苦」。

這些眾苦有誰能說？佛爲我們略說一些：有人如果受了小小戒，譬如只受五戒或者五戒的少分戒，此後他能少欲知足而不能憐愍諸苦眾生；換句話說，他只當自了漢，不肯發大心，他想：「我能斷我見、斷三縛結就好了，至於別人斷不了我見，那是他們家的事，不關我的事。」他只想獨善其身，所以不能憐愍諸苦眾生。當代台灣海峽兩岸有很多人被印證爲初果、二果，但連我見都沒有斷，這樣大妄語是要下地獄的，應當妥善救護那些被害的眾生；可是他不想管，他說：「我眞的斷我見就好了，別人能斷或不能斷，都跟我無關。」所以他不想出來破邪顯正，他只想當好人，這叫作不能憐愍諸苦眾生，佛說他就是不能具足持戒波羅蜜的人。從較低層次來說，他受戒以後，看見眾生正因缺乏飲食、用物而受苦，他卻不願意去布施財物飲食，這也叫作少欲知足：他自己不貪，可是也不願意去利樂眾生。佛說：由此現象可知他不可能具足持戒到彼岸的功德。他還有我執或者怕辛苦，如果能把我執捨掉或我所的貪愛捨掉，他就能發大心而憐愍眾生、利樂有情，才具足尸波羅蜜。

如果受戒後能修忍辱行，也在法上能忍；正法很難安忍的，所以佛用忍字眞有道理；佛法中常常用忍字，譬如無生忍、無生法忍。無生爲什麼要加個忍字？又如無生的諸法爲什麼也要加個忍字？忍是表明能接受的意思。眾生最難斷的是我見，這是絕對不變的眞理；觀察佛門中很多在修解脫道的人，連我見都斷不了；也有很多專門教人家修解脫道的大師，自己的我見也都斷不了，都教人要把我所的貪著斷除，就把我所執著斷除的境界當作是斷我見的境界，何況是外道或一般人，怎能斷我見？當然不能忍於「我是虛妄法」的見解，所以不得無生忍。把我所的斷除當作斷我見，什麼是我所？譬如我所想的、我所有的、我所了知的法、我所有的名聲、我所有的財物、我所有的身體，就是我所；他們都在這上面斷，都能接受；但是一提到：「**離念靈知意識心一定要否定掉，確認祂的虛妄。**」那可不行了！個個都不願意斷了！這表示他們願意斷我所的執著，但不願意斷我見；所以你教他們未來世可以眞正無生的法，他們都不能安忍，那麼未來世的意識、離念靈知心就一定會繼續出生，當然就沒有無生之忍了，一定會繼續出生，成爲世世有生。

如果我們不以如來藏爲中心來講解脫道，當我們把離念靈知心否定了，他們一定會怒罵：「**你這樣就落到斷滅空裡去了，你眞的是斷見外道。**」好在我一開始就預料到了，我就說：離念靈知的意識心斷了、意根斷了以後，無餘涅槃位中還有如來藏獨在，而如來藏是可證的，所以十八界滅了並不是斷滅。所以十幾年來沒有人罵我斷見外道，但是有一位大法師（編案：是昭慧法師）來信說我是執著有如來藏，說是自性見，意思是仍然未斷我見。我說：「不！『我見、自性見』講的是六識、七識的自性，如來藏則是無我性的第八識，證得如來藏者絕無可能成爲自性見者，沒有證得如來藏者反而容易成爲自性見者。」所以你們看，十八界我滅了以後不再出生，這就是我見、我執斷盡了；斷盡以後不再有蘊處界我出生，這叫作無生，這是二乘菩提；這樣粗淺的無生已經是多麼難安忍，已經有多少佛門大師不信而無法忍了，何況外道、俗人？

《邪見與佛法》出版很多年了，還是有多少人無法接受，他們一定要保持離念靈知常住，一定要保持處處作主的意根常住；這種人連二乘法的無生忍都忍不住了，何況是大乘法的無生法忍呢？我們同修會不但要斷我見，要能忍於十八界未來無生，還要再親證如來藏的本來已經無生，也就是證得阿賴耶識心體本來就無生。但是你看還有那麼多人不能對此生忍，甚至於有人（編案：楊榮燦先生……等人）在我手下明心已經十年了，我教了那麼多的法給他：《成唯識論》及一些經典。都已經爲他證明阿賴耶識本來無生，但是他們還是忍不下來。忍不下來就是不起忍法的人，所以他就出來爭執說阿賴耶識心體會壞滅，妄說祂是從眞如中出生的。你們看：這個無生法的忍還眞的是難忍。由此可知忍的意義很重大。諸位以前讀到無生忍、無生法忍時，無法像今天這樣很如實的了知忍的意思；今天詳細的瞭解了：證果就是能安忍、能接受，不能忍就是退失果位。所以不能忍於十八界的滅除以後稱爲無餘涅槃，那就是不能忍於二乘法的無生，他沒有得到二乘法的無生忍。一切法從如來藏出生，依於如來藏所以一切法不滅，所以依於如來藏而使一切法滅了不斷繼續出生而永遠存在，所以一切法本來無生，這樣現觀成就而能安忍了，就是無生法忍。

二乘法說一切法無常，緣起性空，來到大乘法中則說一切法本來無生，而且無滅；我們在《大乘起信論》的講解中已經講過了；可是一切法無生，在善知識指導下能夠現觀而安忍下來了，這叫作無生法忍；所以能探討到百法都是本來無生，都依本來無生的如來藏所以是本來無生，能這樣現觀證實而安忍，就是得無生法忍。所以忍就是證果的意思，證果就是得忍；若不能忍，就表示他所證的果位已經退失了。所以修忍不是只有在世間法上說忍辱，不只是別人打你一巴掌而你能安忍不生氣。所以忍有世法的忍：被人打了一巴掌、羞辱了一番，不生氣也不回報，這只是世間忍；出世間法的忍則是無生忍和無生法忍，這是要有智慧才能安忍的。如果受戒後能修這些忍，也能修持種種三昧；譬如無生忍也叫作三三昧，因為你證得如來藏時，就同時得到空、無相、無作三昧了，所以也是三昧。另外還有禪定，也叫作三三昧：共外道的四禪八定也叫作三三昧：有覺有觀、無覺有觀、無覺無觀。如果能如佛所說這樣修三三昧，而且也能修般若智慧及二乘菩提的智慧，並且精勤的修行，精進的深入，而且樂於多聞菩提正法；如果有人能這樣修行，我們就知道這個人一定能增長戒波羅蜜，能以如是修行來增長戒波羅蜜的種種法而莊嚴菩提，將來一定也能證得佛菩提果。

為什麼持戒能莊嚴菩提果？因為無量眾生故，因為持戒是對一切眾生持的；當你受戒後絕不犯戒，那你就是對無量眾生憐愍而不侵犯；因爲眾生無量的緣故，所以持戒所獲得的果報也就無量；也因爲眾生無量的緣故，所以你所受持的五戒、菩薩戒、比丘、比丘尼戒，也將成爲無量的戒禁，這都因爲持戒所得到的利益是眾生的緣故；譬如持不殺戒，所有眾生都會從你身上得到不被殺的無畏功德，因此你持的不殺戒就有無量的果報；所以由持戒的因緣及眾生無量的緣故，可以莊嚴菩提。

「菩薩摩訶薩既然受戒了，從此口中不說惡事，耳朵也不樂聞惡事。」所以受戒後不說別人的過失，也不要樂於聽聞別人說他人的過失。如果知道他人有過失而應該改正，就直接告訴他，不去向他人傳說。直接告訴他：「你有某某過失，這種過失以後都不應該再犯。」要直接告訴他，但是不要去對別人講，這樣我們就得到持戒的大功德了，讓一切人都能免於被傳揚惡事的無畏功德。所以 佛教我們要口不說惡、耳不樂聞。不但如此，還要不樂於說世間法，凡有所說都不要被人家罵「言不及義」；凡是口中說出來的都是說佛法，而且說得正確了義，也都是解說正法。因此別人說世間法時也不樂於聽聞。

並且要始終遠離惡覺觀。惡覺觀，譬如有人在野外看見了一隻動物，他馬上就會生起一個影像：把牠烤了、燉了以後變成什麼模樣？味道如何？這就是惡覺觀。還有世間法常見的事情：有人常常會被女眾罵：「那個人老是色瞇瞇的！」因爲那個人看到某個女人，他就想：「上床了以後變成什麼樣子？」這就是惡覺觀。你別說很少人會這樣，有很多喇嘛們常常是這樣色瞇瞇的偷看女人的；但別怪他們，因爲他們的教義及修行法門就是教導他們：要常常觀察女人是否適合當雙身法中的明妃，他們就會想像所有遇到的女人若與他們上床後的情形了，眼神就會色瞇瞇的了。菩薩摩訶薩受戒以後，絕不會對某一旁生產生惡覺觀而想像把牠燉了以後變成什麼樣的模樣，也絕對不會對別的女人產生邪淫的思想或覺觀。所以菩薩眼中，牠就是一個眾生，她就是一個人：如來藏。都是我們未來世要度的眾生，所以始終不把心放在惡覺觀上面。

菩薩也不親近惡友，因爲親近惡友就會出事；如果親近惡友後，只是被他教導造作世間的惡業，那倒也還是小事，因爲就算是殺人越貨而下墮地獄，也還是有間地獄之罪，不會到阿鼻地獄去；但是親近了惡友，如果他會害你共同謗法，那問題就大了！因爲那是無量世，而且是阿鼻地獄的大罪；又是長劫受苦而不是短劫受苦，那問題就很大了！所以惡友不要親近。有時人很愚癡，會外別人是因爲悟錯了而被蕭平實剝奪了證悟者的身分，所以他們要罵蕭平實是邪魔外道，他是爲了報復而辱罵我；因爲他們原來是開悟的聖者，被蕭平實揭穿以後現在變成凡夫了，所以他們很氣，因爲供養一直流失了，所以他們一定要毀謗我；可是最愚癡的是：有人根本不曾讀過蕭平實的任何一本著作，連一本都沒讀過就跟著毀謗：「蕭平實是邪魔外道！」人家問他：「你爲什麼這樣說呢？你讀過他的書嗎？」「沒有啊！是我師父講的。」唉呀！眞的愚癡！這是依人不依法嘛！這也叫作親近惡友。所以有智慧的菩薩摩訶薩證悟以後，不要把心放在惡覺觀上面，因爲世間人常常是這樣，當他看見一個有錢人時就會幻想：「我如果把他的錢統統弄到手，我會變成怎麼富有呢？」這就是惡覺觀。可是他們不懂：惡覺觀會障礙自己未來世的異熟果報，一定會生到惡處，也會障礙自己修學出世間法的道業。所以如果能不放心在惡覺觀上，也不親近惡友，這個菩薩摩訶薩由於這個緣故，就是獲得寂靜清淨戒的人；換句話說，他要依道共戒來安住：依道共戒安住其心而生其心。

菩薩如果看見破了戒的惡人，不可對他生起惡心；我們對謗佛、謗法者尚且不生起惡心，何況只是破戒而不謗佛、謗法的人？所以不該對他們生起惡心，應該爲他們施設種種善巧方便來調伏他們。如果不調伏他們，我們也應該不對他們生氣，不必到處把他們的惡事加以宣揚。如果菩薩受戒之後，自己不能把心調伏下來，至少也應該憐愍眾生而不要傷害眾生，乃至爲了保持自己的生命，都不應該去破戒、捨戒，而以惡行來傷害眾生。菩薩受戒之後，在飲食後的第一件事就是要先修慚愧之心；在人間，飲食是最重要的事，如果沒有飲食，連命都不在了，你還能修道嗎？所以最後身菩薩示現到人間來，還是照樣要吃喝拉撒，因此飲食當然是在人間最重要的事，因爲眾生以食而存。但是飲食之後，身爲修道之人，第一件事情就是要先修慚愧之心。慚者發露向人，愧者後不復作，所以慚與愧是善法，爲什麼是善法呢？因爲凡是做錯了事，先發露，發露就是承擔「我有做這件事情」，不會辯解說沒有做；先要承認做了這件惡事，肯承認才有可能產生愧心所，才可能「後不復作」，所以有慚有愧是善心所。如果明明做了，死不承認，證人來指證還是不承認，那叫作無慚；無慚的人一定也是無愧者，以後還會繼續做惡事。所以懺悔一定是先發露，懺就是發露，悔就是後不復作，這叫有慚有愧。能修慚愧的人才是精進的人，然後才能修不放逸心。因此受戒的證悟菩薩在飲食之後，要修慚愧；食前要先存五觀，吃飯後要把五觀拿來檢驗一下自己，所以道場齋堂中都貼了食存五觀。有的道場因爲自大，怕信徒會聯想到他們的修證，所以就很簡略，五觀的內容都沒寫，只寫四個大字「食存五觀」。五觀的目的在做什麼？就是說飲食的目的只是爲了治療色身的虛弱，只是爲了保持生命才能修道嘛！所以飲食時只當作是在治療色身虛弱的病：饑渴之病。所以應該當作是治療身上所長出來的惡瘡一樣，不是爲了享受而吃，是爲了維持生命、保養道器。

如果進入村落時眼所見、耳所聞、鼻所嗅、身所觸、意所知，返回園林飲食時的舌所嚐，應當觀察這六入的一一入都猶如刀刺一樣，所以進入村落時要當作是進入刀刺林一樣。佛在解脫道的四阿含諸經中常常開示說：比丘修解脫道，如果看見一個色塵就等於被一支矛刺到身上一樣；如果聽見一個聲塵，就等於被一支矛刺中身體一樣；六入的一一入都是一一矛，而比丘入聚落托缽，六入不只六個，而是有千百次的六入，所以佛說：「如果有一矛刺身，痛不痛呢？」比丘回答：「很痛。」「如果每天受三百矛刺身，痛不痛呢？」「很痛！世尊！不可思議的痛。」佛說對所有六入都應當如是觀。所以說要摒絕六入，不落入我所當中才能得證解脫。所以入村落就好像進入刀刺林一樣：譬如有一個樹林所有的樹葉都是刀，一進入林中，樹葉紛紛掉落而全部刺進身上。因此應該攝護諸根、修集正念，要把六根攝受好，不要把六根往外放去攀緣；要把正念照顧好，應當觀察何事可做、何事不可做？心中不要生起放逸之心。菩薩應該如此想：如果受戒後，有人在我身上做福德，那是因爲我而做的；如果有人在我身上做罪惡的事，那也是因爲我而做的。所以我受戒之後，如果獲得大供養時，我不應該產生歡喜的心；如果得到衰苦果報時，若是被人作賤時，也都不應該生起瞋心。

菩薩入市鎮村落之中托缽時，如果當天得到的供養比較少，應該起什麼樣的念頭呢？應該這樣想：「我是因爲信力不夠，戒行不是絕對的清淨，往世所修的布施也不足，而且多世以來聽聞的正法及所修證的智慧也都不夠，所以如法住的時候比較少，不像其餘出家菩薩們，他們的信、戒、施、聞、智慧比較多，而且又比我能如法安住，所以我今天得到這樣微少的供養，是由於自己修行不好所致；以此緣故，我如今不應該生起憂愁痛苦的念頭。我出家以後接受他人信受我、布施於我，目的有二：第一、是爲了增加別人的福德，所以我出家披著福田衣讓別人種福田；第二個目的是爲了增加自己的善法，所以出家來受供養以及修行。既然是爲這兩個目的出家，所以如果有時得到的供養物資很微少，或者得到供養的物資不殊勝，我也不應該生起煩惱。」

還要這樣想：「假使托缽時是久住而且遲得，或者輕罵已，然後得，都不應該怪施主。」托缽時，如果在施主家門口站了很久，錫杖也搖很久了才得到施主送出飲食來供養，這就是久住遲得；乃至有時施主家中不方便，食物已經快要布施完了，本來沒有意思要施食，但我在他家門口站著不走，所以施主很生氣，把飯菜拿出來時，用輕視的眼光看我，並且還要罵幾句才布施給我，這叫作「輕罵已、得」，被輕罵了以後才得到供養，這時我應該責備自身，不應該怪罪施主，因爲這一定是我過去無量世以來與眾生結緣太少，所以有這個果報，是我自己的罪過，不能怪眾生，不是他們的罪過。所以久住遲得或輕罵之後才得，我都應該歡喜心來接受，不該生起煩惱心。

「若受戒已，爲他作罪」：「受比丘戒以後，如果被人在我身上做了有罪的事，我應該爲施主這樣說：『那些眾生在我身上所做的事，確實不是如法修道的人所應該做的，爲什麼呢？因爲十二部經中從來都不說：種種惡事就是修學佛菩提的法道。既然是自己過去世所做不如法，今天正應獲得這種雜報。』這樣爲眾生說法，也能深入觀察往昔所造因與今日所獲果。菩薩若能這樣做，他就是能具足持戒波羅蜜多的人。」

【「善男子！若有人能攝護諸根，身四威儀不作諸惡，能堪眾苦，不作邪命，當知是人則能具足尸波羅蜜。若於輕重戒中，等生怖畏；雖遭惡時不犯小戒，不令煩惱穢污其心，修集忍辱，當知是人則能具足尸波羅蜜。若離惡友，令諸眾生遠惡邪見，知恩報恩，當知是人則能具足尸波羅蜜。若爲善事不惜身命，罷散自事，營成他事；見罵詈者，不生惡心；當知是人則能具足尸波羅蜜。若見如來所開之處，如本持之；護衆生命，不惜財命，乃至命終不犯小戒。雖得微妙七珍之物，心不生貪；不爲報恩以善加人，爲憐愍故受持禁戒，既受持已，善發大願：願諸衆生悉得淨戒。當知是人則能具足尸波羅蜜。善男子！菩薩一種：一者在家、二者出家。出家菩薩具尸波羅蜜，是不爲難；在家具足，是乃爲難；何以故？在家之人多惡因緣所纏繞故。」】

講記 在家菩薩持戒想要很清淨是非常困難的，但是卻仍然要告誡所有的在家菩薩們：對戒行還是應當很謹慎、很用心的守持。佛說：「善男子啊！假使有人能攝護六根，於行住坐臥四威儀中不做任何惡事，並且堪於忍受種種的苦而不做不正當的謀生事業，這個人就是能具足持戒波羅蜜的人。」攝護諸根是很困難的，因爲世人常常說：「眼睛生來就是要看的，耳朵生來就是要聽的，覺知心（意識）生來就是要想事情的。」所以要將六根護持住，要時時向內攝持不亂，是很困難的事情；所以很多人無法攝持六根，心識散亂：上座時有禪，下了座是悽悽慘慘，妄想煩惱一大堆。等而下之，上座時也都沒禪，因爲打坐都在打妄想，所以攝護諸根是很困難的。如果在路上看見出家、在家的修行人，能攝持六根不向外攀緣，大家就要讚歎說：「啊！這個人行路時威儀庠序，是眞正的修行人。」就認爲是大修行者了！

可是我們不然，我們出門無妨東張西望，絕對不會被車子撞到，但是照樣正念分明！正覺同修會法道的可貴就在這裡。這就好像武俠小說寫的「眞人不露相」，眞正的高人你看不出來的，就像楚留香那樣風流倜儻，你不覺得他是武功高強的人，因爲他是內斂的，你都看不出來；凡是內功極強而能被人看得出來的，都是太陽穴鼓鼓的；但這種人若遇到楚留香就敗得一蹋糊塗了。菩薩就是要讓人看起來像個凡夫俗子，不會把下巴抬得高高的，常懷慚愧謙和之心，混入世俗眾生中而不會被眾生發覺證量超高。所以，攝護諸根若是在表相上可以看得出來的，那一定是二乘人：以禪定的修法、七覺支的行門來住心。所以叫作防六如龜、守意如城：眼耳鼻舌身意六根要往內收，好像烏龜遇到危險時六處都收進殼中；還要守住意根和意識，好像守住城堡，不讓外塵進來，這都是二乘的修法；所以他們出門托鉢時，只能看著前方地上五、六尺遠，不許左右觀看；托鉢時人家女主人送飯菜出來，他們都不可以抬頭看到人臉，只能看著鉢，必須藏六如龜、守意如城。菩薩卻無所謂：「感謝！感謝！」正眼相看都無所謂，但是心中正念分明，同時住在淨念中而不妨與人應對，不失淨念，這就是我們正覺的法道。

我們絕不走聲聞道的路子，雖然聲聞道的法理與境界我們也已親證了，但我們不走那條死路，我們走菩薩法道的活路子，絕不灰身泯智；所以我們的攝護諸根，外人看不出來。甚至無相念佛功夫很好時，跟著別人一起唱歌，仍然是在憶佛，依舊保持淨念分明而不忘失，表面上跟俗人沒兩樣，一般修行人都看不出我們一直住於淨念相繼境界中。

內心的攝護諸根與二乘人有這樣大的不同，可是接下來的外在表現則是一樣的：身四威儀行住坐臥中絕對不造諸惡，凡是對眾生有害的事情都不做，並且堪忍於世間的種種苦痛，不因爲世間種種苦痛不能堪忍，就邪命自活。邪命自活是以不如法的方法賺取生活所需的財物，譬如電動玩具店最容易賺錢，特別是賭博性的電動玩具，不但開一家、兩家，還開好幾家連鎖店；導致許多年輕人爲了玩這個東西而去作惡事。開這種電動玩具店，就跟賣酒給眾生一樣，都屬於邪命自活；菩薩不可以這樣，即使賺錢很困難，也絕對不做邪命自活的事。如果有人能這樣，我們就應該知道：這個人能具足持戒波羅蜜。因爲寧可受種種苦，都不去做容易賺錢而不如法的事。

菩薩受戒之後在所有的戒相中，不論是輕戒或是重戒，都平等的生起恐怖畏懼之心而不敢輕犯。就算是生在惡時，譬如現在五濁惡世（以後還會有更惡劣的年代），但是菩薩連很小的戒律也不會違犯，不讓煩惱污穢了自己的心，常常保持在不犯眾生的清淨心態中，這樣來修集忍辱行。我們若看見有人這樣修行，就知道他可以具足持戒波羅蜜；他這樣的持戒，終究會有一天可以到達解脫的彼岸，乃至到達成佛的彼岸。

菩薩要能遠離惡友（遠離惡友在前面已經講過了，主要是遠離教導邪知邪見的法師、居士們），並且不只是自己遠離就好了，還要教導被誤導的眾生們都知道要離開惡劣的邪見；並且自己得要知恩及報恩，也要教導眾生知恩及報恩：於三寶那裡得到了法義的親證，也應該於三寶身上報恩。如果有人能這樣具足修行，一直都奉行不違，他就可以具足持戒波羅蜜。

如果為了營造善事而不惜生命去做，甚至於自己家裡及事業上的事都可以暫時廢棄而把善事完成、幫助眾生，這就是眞正在持戒的人。正當為眾生做事時，假使看見有人來橫加責備乃至破口大罵，也不會因此生起惡心，不會因此而瞋恨怨惱，這樣的人就是能具足持戒波羅蜜。

如果看見有某些地方是如來特地方便開緣，但我們不一定要依照如來的方便開緣去享受或懈怠；譬如　佛入涅槃前曾經交代「小小戒可捨」，在什麼情況下捨呢？佛說：「我所已制戒，於他方認為不應行者可以捨之；我所未制戒，於他方認為應行者則應持。」大意如此。這是因為世界各國、各地風俗習慣不一定相同，釋迦牟尼佛所制定的小戒，凡是不屬於重戒的律法，如果在去到別的國家時會與當地方的法律不相容，那你就得要方便捨棄小小戒。如果某一國家的法律規定某一件事是不許做的，佛雖然沒有規定不許做，但你去到那邊仍然不許做，這就是戒法的方便開緣與方便遮止。譬如佛弟子修二乘法時，他們可以像一般眾生一樣吃肉，所以二乘阿羅漢托缽，人家給什麼他就吃什麼，給牛肉、羊肉他照吃不誤；但是如果來到大乘法的地區，不允許比丘吃肉，當時佛雖然有開緣，但是二乘人若來到大乘法地區時仍然是不許吃肉的，否則也算是犯戒，這叫做開緣。雖然佛開緣二乘比丘因為托缽受施所以可吃肉，但不必因此就說來到大乘法的地區，非要吃肉不可，沒有肉就過不了這一餐，不可以這樣。這就是說，如來所開緣之處，還得要儘量如本持之。假使 如來規定某一個戒是有開緣的，不一定完全遮止，但是你私下又何妨依照原來的戒律來受持，何必在私下仍然一定要照開緣的方法來吃肉呢？這叫作如本持之。佛又開示說：

「除此以外，為了護惜眾生的性命，可以不惜自己的財物乃至生命；乃至於最嚴重時可能因為持某一輕戒、小戒而會導致命終，也仍然要設法暗持不犯。雖然獲得了微妙的七寶珍貴之物的布施，但菩薩心中也不生起貪心。如果以善事加諸於人，不必是為了報恩才這樣做，應該是為一切人都可以行善事，應該是為了憐愍一切眾生的緣故而受持禁戒。已經受持戒律以後要善於發起大願心，希望一切眾生都可以清淨他們的戒行與心地，若能這樣，我們就知道他是可以具足持戒波羅蜜的。」

佛又說：「善男子啊！菩薩有二種：第一種是在家菩薩，第二種是出家菩薩。出家菩薩在清淨僧團當中能具足戒波羅蜜，這是比較不困難的；如果是在家菩薩要具足像出家菩薩那樣的清淨戒，那就很困難了！因爲在家之人有許多惡因緣所纏繞的緣故。」這意思就是說：在戒法上面，對在家菩薩們有許多的開緣，不是完全要求你絕對不犯的，而要求你儘量不違犯；因爲在家菩薩們是要護持出家菩薩弘法的，出家菩薩弘揚正法，絕對不能拿著刀劍去跟破法者廝殺，但在家菩薩可以；若有外道組成軍隊要來把正法壞滅時，在家菩薩可以拿起刀槍去護持出家菩薩所弘揚的佛法。所以經中說：久遠劫前有一在家菩薩有德國王，爲了護持弘揚正法的覺德比丘，執刀劍與破法比丘作戰，被破法比丘刺殺到體無完膚而死亡，命終後生到 阿閦佛的淨土而成爲第一弟子，被護持的出家菩薩覺德比丘後來命終也生到同一佛國成爲第二弟子；所以有德國王雖然殺害了破法比丘而死亡，不但無罪而且成爲 阿閦佛的第一弟子，這就是開緣。

也就是說，在家菩薩為了正法的久遠流傳，應當不惜生命去奮鬥，不可像出家菩薩或法主一樣穩坐在道場中讓別人去護持。這就是說在家菩薩在尚未成為法主而弘法時，可以有許多開緣，所以有時殺害多人仍然無罪；但是不能用這個開緣作藉口去殺人，而是已經確實證明外道組成軍隊來消滅佛法了，你才可以這樣做，否則就不允許；因此在家菩薩為護持正法，可以在某些戒法上便宜行事、方便行事。因此佛法不能單靠出家菩薩，也要有在家菩薩，就像一朵紅花得要很多綠葉來陪襯，這就是在家菩薩的重要處。就像我們寫《狂密與眞密》，如果我出家而以比丘身分來寫，寫者與讀者都會覺得很尷尬。所以在家菩薩有許多的開緣，但是雖有開緣，謹守分際卻非常重要，千萬不要逾越了分際，否則未來世的果報就難可思量了。這意思是說：我雖然說有開緣，但不要把開緣兩個字拿來作犯戒的藉口。

#《菩薩優婆塞戒經》（卷六）

〈業品〉第二十四之一

【善生言：「世尊！諸佛如來未出世時，菩薩摩訶薩以何為戒？」「善男子！佛未出世，是時無有三歸依戒。唯有智人求菩提道，修十善法；是十善法，除佛無能分別說者；過去佛說流轉至今，無有漏失，智者受行。善男子！眾生不能受持、修集十善法者，皆由過去不能親近諮承佛故。善男子！一切眾生皆有雜心，雜心因緣有雜煩惱，雜煩惱故造作雜業，雜業因緣受於雜有，雜有因緣受於雜身。善男子！一切眾生得雜身已見於雜色，見雜色已生惡思惟，是惡思惟名為無明。無明因緣生於求心，名之為愛；因愛所作名之為業，是業因緣獲得果報。有智之人能破析之：『由內煩惱，外有因緣，則能繫縛；修十善已，則能解之。』是故如來初得阿耨多羅三藐三菩提時，分別演說十善之法；因十善故世間則有善行惡行、善有惡有，乃至解脫，是故眾生應當至心分別體解十善之道。若有風雲為持大水、阿修羅宮、大地、大山、餓鬼、畜生、地獄、四天王處，乃至他化自在天處，悉因衆生十業道故。轉輪聖王所有四輪金銀銅鐵，七衆受戒求三菩提，亦因十善業因緣故。是十善業道因緣故，一切衆生內外之物，色之與命皆有增減，是故智者應當具足修十善道。若諸衆生少壯老時、春秋冬夏所起煩惱各各別異，小中大劫所起煩惱亦復如是各各別異。衆生初修十善業時，得無量命，色香味具；因貪瞋癡，一切皆失；是十惡業道因緣故，時節年歲星辰日月四大變異；若人能觀如是事者，當知是人能得解脫。衆生皆由苦因緣故則生信心，既得信心，能觀善惡，如是觀已修十善法，意行十處，故名十道。」】

講記　接著開示持戒與業之間的關聯性。眾生並不瞭解持戒和業之間有何關聯，這一段經文藉著善生菩薩請問的因緣，由佛為我們解釋。善生菩薩只是如此問：「諸佛如來未出現在人間時，一切大菩薩們究竟是以什麼為戒？」可是　佛太慈悲了，就因此而說出一番大道理。佛說：「人間還沒有佛出現在世間時，那時並沒有三皈依戒」，三皈依戒就是三皈依和五戒，因為在　佛住世的時代，只要三皈依了就同時受持五戒，所以三皈依戒除了不信奉外道以外，也是要同時受五戒的。　佛剛出現在人間時並不施設禁戒，所以 佛度了五比丘時並未設戒；度五比丘之前也有在家居士皈依於 佛，佛教他們同時皈依法寶與未來的僧寶，那時並不施設五戒；那時 佛開示說：「**諸惡莫作、眾善奉行，自淨其意、是諸佛教。**」以此爲戒，只有四句話。這四句都寫在我們講堂兩邊牆壁上，你們都看到了！換句話說，初轉法輪第一次度人時，諸佛都當作所有眾生都與祂一樣的清淨，所以只作原則性的要求：所有的惡事都不要去做，所有的善事全部都要奉行，除了在這個表相上的要求以外，接下來就是心地要清淨，所以叫作自淨其意，要自己清淨意根、意識，並說這三句就是諸 佛所教導給眾生的。所以當初 佛剛成道還沒有度五比丘時，乃至初度五比丘時，就以這四句作爲戒法，後來才漸漸因事制戒。

同理，諸佛還沒有出現在人間時，當然還沒有佛戒存在人間；可是人間諸佛入滅後，正法期、像法期、末法期都過去了，佛教正法就在人間滅失了，沒有正確的佛法在流傳了，般若種智的密意已因明說而失傳了，那就是末法期已經過去了，到那時就只剩下傳說中的佛法、學術研究性的佛學、完全依文解義的意識所知的法相了，那就稱爲佛法已經正式消失了。到最後乃至連經文都已經不在了！因爲那時可能都不再用紙張印刷，單只用光碟了；然而光碟中的資料都會隨著時日的流逝而毀壞，不正是經中文字自然變白而不見了？諸位想：「怎麼可能會這樣？我們現在科技這麼發達，印了好多經典留下來，也可以弄成光碟，光碟不會壞、不會腐爛，甚至於可以壓縮到一個很小的晶片裡面儲存起來，佛法怎麼會滅失掉？」可是如果十萬年後、一百萬年後，人壽十歲時剛好又來了一個特大號的大隕石撞上了地球，物種大多滅絕了，佛法不是也要滅了嗎？或者說再來一個大冰河期，人類死傷殆盡，還有誰在講佛法？連生存都很困難了，可能全世界剩下不到一百萬人，佛法還會存在嗎？可能都不在了。隨著時日推移，漸漸的人心就開始想要修善，所以就有十善法開始流傳，因爲世間很苦，有智慧的人就想要離開世間苦、要求解脫；可是想要求解脫，不能無憑無據就親證解脫，當然得要先清淨其心。要清淨其心，最基本的就是修十善業道，所以就有人開始把世代相傳及天神降神而說的十善法，再加以弘傳開來，這也是釋迦牟尼佛在兩千五百多年前開始宣揚佛法之前，天竺民間所流傳的十善業道。

但是其實十善業道是過去佛所教導的，可是佛法滅盡了，無人能再修證了，最後流傳中的所謂佛法就只剩下十善業道，只是末法期過了以後的世間善法；雖然那時人們仍然會說當時的依文解義就是佛法，堅稱佛法還沒有滅失，但其實是已經滅失了，也不會再有三歸依戒、五戒、菩薩戒了。因此 佛末出世時沒有三皈依戒、沒有五戒、菩薩戒，那時只有有智慧的人尋求菩提道時會以十善法作爲佛法來修行，都無法親證解脫與般若。可是他們修的十善法，其實不是世間人施設的，因爲沒有人會有智慧來施設十善法，因爲十善業道除了諸佛以外，沒有人能爲眾生分別說明其中的因果道理與業道差別；所以世間所流傳的十善業道都是過去佛所宣說，佛法滅了以後，仍然繼續流傳到現在而沒有漏失掉，有智慧的人想要尋求菩提道，就先依照十善業道的善法來信受奉行。

佛又開示說：「善男子啊！眾生不能受持、不能修集十善法的原因，都是由於他們在過去無量世以來不能親近諸佛、諮詢諸佛、承受諸佛教導的緣故。一切眾生都有雜心，都不是純善，也都不是純惡的。」所以有人主張性善譬如孟子，有人主張性惡譬如荀子，都是一邊之說；事實上眾生沒有純善，也沒有純惡的，所以性善、性惡之說都不正確。大善人有時會做一點小惡事，偶爾也會欺負眾生；大惡人有時也會做一點小善事，他們殺人越貨都不眨眼，但是當他看見一個小嬰兒被遺棄在路上，他也有可能餵他吃一點食物，甚至發起悲心就乾脆帶回家撫養了，所以大惡人有時也會行善啊！所以世人沒有絕對的純善心，也沒有絕對的純惡心；因此佛說：「一切眾生都有雜心，善惡不定。因為雜心的因緣，所以就有雜煩惱，雜煩惱的因緣就會造作種種雜業。」有時行善、有時行惡，善多惡少就生到欲界天享福，惡多善少就會下墮三惡道中受苦，純惡之人就下墮地獄受無間之苦，「雜業因緣受於雜有。」所以一個人上升欲界天享福之後，不是像耶和華講的永遠在天堂享福；包括耶和華自己，祂在天上捨報之後，還是得要下來三惡道中受惡報的，因為祂造惡的證據確鑿，都賴不掉，你們把《舊約聖經》翻出來看，祂竟然把不喜歡的人、祂所謂的異教徒，交到祂的信徒手中加以殺害；雖然祂也行很多的善事，但是天堂的福享盡之後，祂就要下墮地獄受報了，那時耶和華還不如你們諸位。所以祂生在天堂現在當天主，未來要下墮地獄，由天界的欲界有變成地獄的欲界有；地獄道的痛苦受盡了，要去當餓鬼而成為餓鬼道的三界有，受盡了餓鬼苦以後再來當畜生白，最後才能回到人間當人。你看！因為雜業因緣所以受於雜身，所以因果不能只看一世，要看無量世；一切眾生都是如此，都因為雜業有的因緣，所以要受雜身，沒有永遠當人的，也沒有永遠當餓鬼的，也沒有永遠當天神、天主的，也不會有人永無止盡的受地獄苦，所以耶和華仍然是眾生之數，逃不過凡夫眾生的地位與果報。

佛又說：「善男子啊！一切眾生因為雜業的因緣獲得雜有，雜有的因緣所以獲得世世不同的雜身，種種不同的雜身一定就見於雜色：生為天人一天到晚都看見可愛的妙色，下墮地獄所見的色塵統統是苦受的惡劣六塵，都是唯心之受；到了餓鬼道時，我們人間看見的清淨水，天人看見是琉璃，餓鬼看見時卻是膿血、大火，所以惡眾生所見的六塵都是痛苦的雜色。見到了種種惡劣雜色以後，心中就生起惡思惟。」怎麼樣的惡思惟呢？地獄眾生會想：一切世間就像我們現在住的地方一樣。祂們不曉得人間苦樂參半的境界，也不曉得欲界六天可愛的異熟果報，祂們認爲所有世界都是那麼痛苦的，這就是惡思惟，這個惡思惟就叫作無明。餓鬼道的眾生看不見地獄，有大福德的鬼道眾生具有五神通、大福德、大威力，受忉利天主釋提桓因（玉皇上帝）誥封而被稱之爲神；也有具備小福德但是沒有威德的鬼類神祇，譬如土地公就是有福德的有財鬼；大威德力的鬼神譬如城隍，就是大力鬼；祂們都可以看得見人間的事情，也可以借靈媒（乩童）而與人溝通，人類有求於祂們，祂們可以幫助人類，因此而獲得人類的微少或多分的供養。

如果是一般的餓鬼，看不見人間或無力影響人間的人類，祂們只有受苦；祂們所見的六塵世界就只是餓鬼世界，因爲沒有陽眼所以看不見人間世界，更看不見欲界天的世界，祂們就想所有的世界就是自己所見的樣子：大家要搶食不淨物。這當然都是惡覺觀。

餓鬼眾生如果行善也沒有好地方可去行善，也不太願意修善，因此就一世又一世的繼續當餓鬼，「由於惡覺觀而生的惡思惟就叫作無明，由於無明的關係，不知道眾苦的根源，所以有求之心就出現了！祂們就希望在餓鬼道中可以找到比較好的境界，希望找到不受苦的境界，心中有求名之爲愛。」人類也一樣，很多人不相信有鬼道，不相信有天界，更不相信有佛、菩薩，因爲他們看不見，他們說：「除非讓我親自體驗到，我才會相信！」所以我們講到中陰身時，他們說：「你如何證明有中陰身？拿出來給我看。」除非讓他死掉去體驗，可是他死掉以後又不能回到人間來講清楚！雖然總是會有人托夢說明，可是他們不相信托夢的事，他們說：「那是你自己胡思亂想，日有所思、夜有所夢，夢見的不算數。」絕對不相信，你也無可奈何。所以他們心中生起了邪思惟：「造惡沒有後世惡報，行善也不會有後世善報。」因爲地獄與鬼道、天界都看不見，他們就產生了邪思惟：「地獄只是聖人方便設教，用來勸眾生去惡修善。」所以印順法師的書中，常常認爲地獄是聖人度眾施設的，因爲他連極樂世界的存在都不相信了，怎麼會相信有地獄呢？佛教法師竟不相信有地獄，眞的很奇怪！那些眾生看不見，所以不認爲造惡後未來世會得到惡報，也不相信修善未來世會生到欲界天中受快樂的果報，所以認爲殺了人被判刑、被砍頭以後，死後五陰滅盡就沒有天界及惡道可去了，認爲世界就只有人間；所以也有人認爲造惡被判死刑以後，來世還會是一條好漢。印順同樣有這種惡思惟，所以不信天界仍有正在弘傳中的佛法，這個惡思惟就是無明。

「因為眾生有這種無明、惡思惟，所以生於求心：求下輩子繼續再當人間的好漢，可以繼續殺人放火、燒殺擄掠，只求獲得財物來快活過日子；這種求有的心，這就是欲界的貪愛。十二因緣中的愛出現了，因為貪愛而作的種種善惡業就稱之為業，因業就會獲得可愛或可厭惡的果報。」有的人不信有解脫，但他相信有天堂，所以因為貪愛未來世在天堂中「永遠」過快樂的日子，誤信生到天堂就永遠當上帝的僕人而有很多享受；因為這個貪愛所以去作善業，譬如基督教的十字義勇軍，在古時藉著基督的名義去殺害異教徒；若信奉他們的神，他們就布施財物；這就是因愛所作，所作的結果以為是善惡參半，卻是惡多善少。因為他們殺害了許多異教徒，這就是地獄業；因為異教徒並沒有造惡業，只是不信他們的神就被他們殺害了！他們對被征服的地區人們，只要信受他們教義就會布施財物，所以是善惡業皆做。但是善惡兼半時，布施是小善，殺人是重惡，所以惡業得要先報。他們依照聖經的教示而殺害許多異教徒，然後布施眾生，依三界中的因果律，得要先下地獄受極大苦，耶和華也是救不了他們的。我們說的是眞實語，他們來了也無法推翻這一點，我們會證明給他看。

「這些業都是雜業，有善也有惡，並且業行中還有許多的不同，所以雜業的因緣未來當然會獲得雜報。」所以先受地獄身，再受餓鬼身受完了，再受畜生身領受花報，接著才是往生欲界天去享福；享福完了，善惡業的果報都報盡了，再來到人間時既無法當有錢人，只能當個升斗小民忙忙碌碌爲了三餐去奔忙，奔波一輩子還買不了一個房子住，這就是他們所謂的救世軍。「因愛所作，名之爲業。」他們都是求生天堂的，因爲天堂之愛而作了善惡雜業，就要獲得雜報。

「但是有智慧者不會相信那種教義，他們能加以破除及解析：『由於心中的煩惱，因此在身外就會有造業的因緣產生，然後就能繫縛眾生於三界苦樂受中流轉無盡；心中若沒有煩惱，縱使外面有因緣也不會繫縛眾生，只要修習十善業以後，就能解脫於繫縛。』所以諸如來初得無上正等正覺時，爲眾生分別演說十善之法。」譬如阿羅漢，我見、我執煩惱已經斷盡了，外面縱使有許多的惡因緣，也沒有辦法繫縛住阿羅漢，他們捨報時依舊入無餘涅槃。如果內有煩惱、外無因緣（當然實際上不可能有這種境界），也不能繫縛；一定因爲外有因緣，所以使得眾生修善或者造惡；造惡被惡業所繫縛，輪轉於三界中；修善被善業所繫縛，所以生欲界天而被繫縛；乃至善業如果是禪定，生於色界、無色界天，一樣會被繫縛。如果能修十善，那就有機會解除繫縛了，因爲修十善業道的緣故，可以把眾生的我所煩惱斷除。有的眾生對於自我倒是不很執著，但是他們對我所的執著很強烈，所以 佛有時教導弟子證解脫果時，不說斷我見、我執，只告訴他把貪欲斷掉就好，他就成爲阿羅漢了。但有人對我所沒有任何貪愛，連自我的五塵都沒有任何貪愛，就是我見斷不掉，所以 佛就告訴他：五陰如何的虛妄，十八界一樣虛妄，六入是如何虛妄，他當時就成爲阿羅漢了；所以 佛的說法常常因人施教，各有不同，沒有定法，不能執定某一種法是絕對有用的。有人我執極爲輕微，可是他貪著我所，因此而執著三業的緣故，就必須在三界中輪轉，常常在天上享福而離不開，所以 佛就告訴他：「你修十善業，辛苦的去修，累死了也要修十善業。」他就因爲修十善業而獲得解脫，所以這裡說「修十善已則能解之」。

「由於這個緣故，諸佛如來在人間初得無上正等正覺時，一定先爲衆生說十善業道法，爲衆生宣講十善業道的因果原理，都叫衆生持戒修善。」這也就是我們說的佛法五乘之法，五戒及十善業道就是人天乘的善法。如何是人乘的佛法？就是持五戒不造惡業；如何是生於欲界天的天乘佛法？就是加修十善業；如何是生於色界、無色界的天乘之法？修四禪八定；這就是人乘與天乘。人天乘雖然也是佛法，但不是了義佛法，不是究竟佛法；必須是三乘菩提的修法，才是了義究竟的佛法。因爲衆生有雜業因緣，諸佛出現於人間時，都不能直接宣說大乘了義正法，都要施設方便，先從人天乘說起，然後再從阿含解脫道的聲聞菩提開始演說；等到衆生可以眞實取證解脫果時，再爲衆生宣講緣覺乘十二因緣法，然後再爲衆生說明：大乘的法要就是佛菩提，這樣成就三乘菩提。

諸佛來到人間時都先演說十善之法；「因爲十善法的緣故，世間就有善行、惡行的分別。」有時衆生得度因緣還沒有成熟，諸佛就化爲天神的模樣在眾生的夢中開導，有時以天神的身分在人間爲眾生宣說十善業道；要到眾生福德因緣成熟了！可以得度了！才會示現佛身在人間成佛，所以諸佛常常爲眾生演說十善之法。有十善之法以後，世間就開始有了善行，加上世間人原有的惡行，因此世間業就會有「善有」與「惡有」兩種；有「善有」者捨報時就生到欲界天，乃至色界無色界；有「惡有」就生到三惡道中受種種果報；乃至因緣成熟時，有眾生可以成爲獨覺的辟支佛，這都是「由於諸佛常常以化現的方式在人間爲眾生解說十善業道，所以眾生應當要以至誠心來分析、瞭解十善業道而加以實行。」

「如果有大風雲執持大水界，執持阿修羅宮、大地、大山、餓鬼、畜生、地獄及四天王住的世間，乃至執持到欲界最高的他化自在天，這都是因爲這些共業眾生的十善業道的因緣才能這樣。」大風雲，不必想得太玄，我們就用現代的名詞好了，也就是宇宙中已經存在著的一種動能，這就叫做大風雲。風不一定是像空氣這樣吹，凡是動轉的能力就叫作風。我們地球爲什麼不會飄離太陽？因爲被太陽吸住；可是爲什麼又不會跟太陽相撞？因爲風能嘛！就是動轉的能力，這樣維持著二者之間的平衡。又如我們這個太陽系爲什麼不會飄入無垠無際的外太空，而會一直在這個銀河系中維持住？因爲整個銀河系有引力互相拉住，但是又有動轉的能力而不會吸近撞擊合併毀壞，這種動能就叫作大風雲。正因爲有這種大風雲（動能）的存在，才能執持著宇宙中的水大、地大、空氣及火大，四大才能不會散壞。有這個大風雲執持著，所以阿修羅宮、乃至六欲諸天的天宮、以及我們人間的山河大地就都能被執持著好好的。這個大風雲是從哪裡來的？不是耶和華做的，祂只能「創造」一個平面的世界，但宇宙中沒有平面的世界，世界也是無量無數而不是只有一個，所以耶和華只是人類創造想像的不可證法，所以哲學界常常在找上帝，但是永遠都找不到，不像諸佛的應化身與法身都可以被找得到。

山河大地乃至諸天天宮，都因爲有大風雲來執持才能存在；但這個大風雲是因爲眾生修十善業道的緣故，才能有這個良好的能量產生。但能量不是眾生生命的本源，能量是從共業眾生所修的十善業道的業力而產生的。可是有些外道說：「能量就是生命的本源，所以每天要鍊氣，要從虛空中、從月亮、從太陽吸取能量。」他們吸到什麼能量了嗎？沒有！他們自以爲吸到了能量，其實還是從他的如來藏生出來的，但他們不知道，就說是「吸取日月精華、宇宙虛空的能量」，都弄錯了。如果不是有眾生修十善業道，若不是這些善業種子緣熟了，虛空中就不會有一個三千大千世界出現：我們這個銀河系廣大世界的出現，就是這個銀河系中所有眾生的共業善業因緣成熟了，所以就在虛空中出現這個世間，然後我們這些共業有情就陸陸續續生到這裡來：該受苦的受苦，該受樂的受樂，因緣果報歷歷分明；這就是生命的實相，宇宙的眞相就是這樣。但是眾生的善惡業的種子都存在哪裡呢？存在個人的如來藏中，不是在虛空，虛空無法，所以虛空沒有能量可以吸取的，所有能量都在眾生的如來藏中。

淨土的成就如是，穢土的成就亦復如是，這才是眞正的淨土正理！眞正淨土法門的要義在這裡。因爲眾生如來藏中收藏著一切善惡業種及無漏有爲法種，所以就有大風雲出現；由於十善業道的修行，以及一些眾生偶然修十善業道而大部分時間造惡業，所以就有受苦受樂的不同世間出現在虛空中；緣熟了，大家就集合起來，在同一世界中受苦樂報。

而這些因緣的成熟都是從種子來，這些種子在哪裡呢？都在共業有情的如來藏心中。耶和華連這個眞相都不懂，如何能創造世間？所以祂只能創造基督徒想像中的平面世界，無法創造地球，更別說整個銀河系了。

所以十善業道在眾生法界中非常重要，「由於眾生十善業道的不同修行因緣，導致一切內外之物（譬如色身與外物的高大或矮小，壽命的長短）都會有增減，這都是因爲十善業道而來，所以有智慧的人應當具足修十善道。所有眾生在少年、壯年、老年時出生的煩惱各不相同，在春天、秋天、冬天、夏天不同時期生起的煩惱也會各各不同；所以眾生在小劫、中劫、大劫時期所生的煩惱也各不相同，那也是因爲十善業道的關係（眾生雜業因緣），所以就會導致有春夏秋冬不同的快樂與苦惱。如果眾生都是純一的善業，那就沒有春夏秋冬的差別：若都不造惡業而只有純善，就會出生在四王天、忉利天、夜摩天、兜率陀天、化樂天、他化自在天中，在天上是沒有春夏秋冬差別的，也沒有不同時期的苦樂因緣，因爲他們都修十善業道。

在人間爲什麼會有春夏秋冬？「最近熱死了，沒有冷氣眞難過！」

夏天有這個苦惱。到了冬天，「唉……喲！冷死了！出門時冷風好像刀在割一樣！」爲什麼會有這個苦惱？都是因爲妄修雜業的因緣，所以就有春夏秋冬不同的苦惱。但欲界天的天人，祂出生時與死亡時的色身一樣，沒有所謂的少年、青年、老年，沒有老這件事情，他們出生後一會兒就成爲天人，天福享盡後五衰之相現前，不久就死了；他們沒有老，也不會生病。我們常常要看醫生，每個月爲了繳健保費，有許多人生起煩惱，因爲繳不起。可是欲界天中不會生病，也沒有老這件事情，不必像我們人間老人要吃一些補藥調養身體，祂們沒有這些煩惱。可是人間不行，老了就得吃四物丸、六味丸、八味地黃、十全大補，否則就沒力氣，做不了什麼事情了！人與天人差別這麼大，是因爲雜業因緣而有不同。十善業道中多多少少修一些，少造點小惡，就生爲人；造大惡就不能生而爲人了。若有一些小惡，也有較多的十善業道，就能生在人間有快樂的享受，但是也要使你生病、衰老，這就是雜業的因緣，都是因爲十善業道而生；所以「少壯老時煩惱各異，春夏秋冬所起煩惱也是各各別異」。

只有這些不同嗎？不然！於一切小劫、中劫、大劫當中所起的煩惱也是一樣，都各不相同啊！小劫中如果來了個刀兵劫，大家煩惱得不得了，都要逃命躲到深山去了；刀兵劫來時，拔一根蘆葦就可以刺死人了。如果是饑饉劫，在地上找到一顆穀麥都要用個盒子裝起來，因爲那是很寶貴的。飢饉劫來時，從現在非洲那些肚大如鼓、肋骨分明顯現、脖子細得像一根竹竿的孩童來看，他們比起飢饉劫的人們還算是有福報的，他們還可以在地上撿到許多顆穀粒，撿到馬上就吃；飢饉劫時是很捨不得吃的，宴會時才把那幾顆稻米拿來煮湯，大家慶祝。大家能想像嗎？所以小劫及中劫、大劫裡面的煩惱，也是各各不同的。

佛宣說出這些道理，眾生剛開始修十善業道時都不造惡業，所以他們得到的壽命無量，所以人壽可以高到八萬四千歲。那時沒有惡人，因爲所有人都嚐過種種教訓了，所以都不會再犯惡業了！不必說到八萬四千歲，只要給你活一千歲，你就不太會犯過失了！因爲活一百年下來，教訓就已經學得夠多了；如果活過一千歲了，通常是不會再犯什麼大過失了，最多是不小心犯個小過失。如果人壽八萬四千歲時，當然都是善人，不會有惡人了；大家都修十善業道，一天到晚就只是想幫助別人，讓人家幫助的機會很少的。所以你如果生在八萬歲，彌勒尊佛出現在人間時，那正是收割福德資糧的時候，不是修集福德資糧的時候；因爲那時的人們善根都很好，大家都很有福報，你想要布施給誰？你持戒能得到什麼大功德呢？功德很少的；因爲大家都是善人，所以你沒什麼戒好持的。所以諸位要懂得珍惜現在：眾生惡劣，但你不要起瞋心。正因爲眾生惡劣，所以你修集福德很快；正因爲眾生沒有福報，所以你能布施。人壽八萬歲時遍地珍寶、人民富樂，大家都有錢財，你能布施給誰？人家都不希罕，你不容易送出去的。

所以到了彌勒尊佛降生，我們歸依在祂的座下時，正是對我們現在所種的福德開始收割的時候了；那時就能把你證果的證量大幅度提高，但是卻要現在好好的修集福德、除性障、修無生法忍，那時候彌勒尊佛一場佛法演說下來，一轉法輪之後諸位都要轉進好幾地去了，就是要這樣啊！這其中的因緣關連，諸位都還沒有想過，但我都想過了！所以我寫書給諸位讀，而不是諸位寫書給我來讀，差別就在這裡。我有時候獨自不曉得在幹什麼？好像是失神的樣子，其實我在思索這些問題。將來　彌勒菩薩成佛時我們在祂座下，證量都將要大幅提升，那是要靠什麼呢？要靠現在我們好好修集福德資糧、好好除性障，把私心都丟開、把我執都丟開、把我所的煩惱都丟開，到那時　彌勒尊佛來成佛，我們的證量都將會大幅度提高，所以大家要好好期待　彌勒菩薩來成佛的時節因緣。但期待歸期待，到那時你如果證量沒有大幅度提高，可不要怪　彌勒尊佛，要怪自己，因爲你該有的條件沒有事先修學具足。

所以眾生初修十善業時得無量命，壽命最高可以到八萬四千歲，彌勒尊佛就在人壽八萬歲時來成佛：祂今天晚上出家，明天早上成佛，隨即出來弘法；那時的眾生有善根，所以祂不需要六年苦行浪費時間，眾生都會信受祂，因爲善根與福德都足夠了。那時所吃的食物，色香味具足，這就是眾生修十善業道的福德感召而有的。可是眾生享受慣了，漸漸的開始放逸了，貪瞋癡就逐漸增加，因此使得人壽遞減，福報就越來越差；到最後人壽只剩下十歲，出生後只有十歲就老死了，若是夭壽的眾生就不能滿足十歲；到那時男生五歲取妻，女生五歲就出嫁；那時已經沒有石蜜了（石蜜就是黑糖，因爲受潮凝固就會變成如同石頭一樣；又因爲吃起來就像蜜那麼甜，所以叫作石蜜），人間的石蜜已經不見了，因爲人壽十歲時已經不懂得把甘蔗榨汁煮了以後烘乾變成石蜜，年糕、狀元糕……糕統統不見了；那時也沒有蜂蜜可吃，因爲眾生的福德果報極度欠缺而自然導致如此；至於說煮飯也不會了，那時連種稻舂米都不會了，還能煮飯嗎？眾生的福報就變成這麼少，壽命也短到只有十歲，這都是因爲貪瞋癡不斷增長的緣故，所以一切皆失。這都是因爲不修十善業道，反而造作眾惡所導致的；因爲十惡業道的因緣，所以時節變異、星辰變異、日月變異，連人間的四大也變異；有智慧的人如果能觀察這一點，我們就知道他將來一定可以親證解脫。

眾生都是由於眾苦因緣而對十善業道生起信心。爲何是眾苦因緣生起信心呢？因爲受種種苦時就會思索因緣果報，如果是每天受樂，他享樂都來不及了，就不會去思索種種苦的因緣；正因爲受苦，所以會思索受苦的因緣，終於了知受苦都是由於貪瞋癡的因緣，所以對十善業道生起了信心，就懂得觀察一切法中的善與惡；觀察清楚之後就懂得修十善業道，修十善法的關係，意根與意識遍行於十處善法中，所以叫做十道。如何是行於十處呢？佛開示說：

【「身三道者，謂殺、盜、婬；口四道者：惡口、妄語、兩舌、無義語；心三道者：妒、瞋、邪見；是十惡業，悉是一切衆罪根本。若諸衆生，異界異有，異生異色，異命異名，以是因緣應名無量，不但有十。如是十事，三名爲業，不名爲道；身口七事，亦業亦道，是故名十。是十業道自作他作，自他共作，從是而得善惡二果，亦是衆生善惡因緣，是故智者尚不應念，況身故作？若人令業煩惱諸結得自在者，當知即是行十惡道；若有能壞煩惱諸結不令自在，是人即是行十善道。若人始設方便，若先不思惟，當時卒作，是人不得業所攝罪；是故智者應當勤修十善業道，證四眞諦亦復如是。作期爲惡，若失期者亦不得罪；是故智者應修十善，因是十善，衆生修已，增長壽命及內外物；煩惱因緣故十惡業增，無煩惱因緣故十善業增。」】

講記　佛隨即爲我們解說十善業道。十善業道，翻轉過來就成爲十惡業道。是哪十個業與道而說是十道？業與道之間又有什麼差別？這都是佛在這裡要為我們說明的。首先說身有三道，身的三道就是殺生、竊盜、邪淫；口有四道，就是惡口、妄語、兩舌、無義語也就是綺語；心有三業而非道：妒就是因貪而生妒，以及瞋心和邪見，合名為三。邪見就是愚癡、無明。這樣總共有十個法相：身三、口四、意三，總共有十個。這十個惡法就是十種惡業的根本，這十個惡業則是一切眾罪的根本。眾生之所以成就罪業，都是以這十惡為根本；如果離開這十個惡業，就沒有罪可說了。如果種種眾生，由他們的法界各不相同，所以就有了種種不同的「眾生有」，就稱為異界異有。異界，譬如人法界不同於天法界，天法界又不同於非天法界……等，所以六道各各不同，乃至天法界就有二十八種層次的不同。人法界又各不相同：男人女人法界不同，各自領受人間的法就會有所差異；又如同樣一個男人，歐洲人、非洲人、亞洲人又不一樣，乃至文明世界中的人與仍然住在原始叢林中的人，領受的法界又不一樣，所以說眾生有種種的「異生異色」，導致生命各不相同，名號也不相同。若從不同眾生的眾同分來看，眾生所有的色身也各不相同，因此異類眾生的命也就都不一樣：人喝的水，天看見時卻是琉璃，餓鬼看見人們喝的水時是膿血，非常的污穢；他們看見膿血時卻認爲是好食物，所見各各不同，這就是因爲命不一樣而有不同。所以同一杯清水，我們說它是水，天說它是琉璃，餓鬼說它是膿血，那就是異名，因爲異命而有異名。

又如人的色身稱爲人，天的色身稱爲天，餓鬼的色身叫作鬼，也是異命異名；由於這個因緣，所以應該說眾生無量。同樣是人，說你叫男人，她叫女人；同樣是男人，說你叫張三，他叫李四；壽命、思想也都各不相同，這也是異命異名，所以差別很大；由於這個因緣，應該說眾生無量，所以眾生所造的業也不會只有十種，但是把它歸類以後就說是十件事：依事相而把十件事情說爲十業。其中分爲身三業、口四業、意三業，但有三個只叫作業而不同時叫作業道，是業而非道。是哪三個呢？就是心——我們的意——所生的貪瞋癡，這三法是業不叫作道。爲什麼不叫作道呢？因爲道是要有行爲造作出來而對別人成就利或害的事情，才能稱爲業道。可是意，我們的覺知心和意根所想的，還沒有身口的行爲造作出來，只在心中痛恨的罵怨家仇敵，外面看不出來，所以沒有傷害到他人，所以只有業而沒有道。

道是已經實行出來而對眾生有影響了，才可以稱爲道；所以這十件事中，意根、意識的貪瞋癡只稱爲業，不稱爲道。可是色身的殺、盜、淫，口的妄語、綺語、兩舌、惡口，這七件事情既是經過意的造作與決定，也經由身口實行完成了，所以既是業、也是道；因爲不是只有產生意業的種子流注而已，還有身口的行爲被造作出來，所以「亦業亦道」，這樣把意三、口四、身三合起來，就稱爲十惡業道。所以意有三業，身及口都有業與道，所以身口總共有七種業與道。這十種業道有時自己親自去做，有時教別人去做，有時是自己教別人做了，然後自己也跟著別人一起做；就因爲有這三種情況而獲得善業果或惡業果，所以這十惡業道、十善業道就是眾生產生善惡果報的因緣。

十惡業道就是十善業道，它們只是一體兩面，不造惡的一邊就成爲另外的善一邊，所以十惡業道不做，反過來就是十善業道。殺害眾生就是惡業道，你若不殺，因爲不殺的善業，將來就往生善道；眾生竊盜而你不竊盜，成就善業，將來就往生善道；所以十惡業道與十善業道，是二而一，只是作與不作的差別而已；有智慧的人尚且不應該起念想要造惡，所以有智慧的人對於傷害眾生的事情絕對不做，傷害眾生的事情都不做了，何況是毀謗正法？何況是傷害眾生法身慧命的大惡業道呢？當然連想都不敢想，何況去做呢？

如果有人沒有智慧，使得業、煩惱、三縛結、五下分結、五上分結在他身中得自在，他使這些業種煩惱及種種結使在他身中隨意的運作，我們就知道他是一個行十惡業道的人。如果有人反過來，能把**身三**、**口四**、**意三**的十種惡業道，在自己身中不得自在（使它們都無法運作），那就是處於善行、善心之中，這個人就是行十善業道的人。

身口意三種行分爲十種，十種中專屬於心意的部分都是業而不名爲道，如果從意業決定以後再進一步做種種方便，後來也把它貫行了，就落到口與身的行爲上，那就是**業**和**道**具足了，這就是**業道**；如果只有心想而沒有作：**口上不說**、**身上不作**，就是**有業**而**無道**。業與道在果報上是有所不同的。所以接下來說：「**若人始設方便**」，如果有人起心動念想作一件事情，但是他作諸方便時，雖已作了方便而沒有先思惟是善是惡，只是施設了方便以後忽然間起心動念就去作完了，這叫作**始設方便而不思惟、當時卒作**。設方便是：作了許多的方便，那一件道和業才能成功，不設方便就不能成功。什麼是方便呢？譬如想要殺害一隻動物，先要設方便把牠繫縛；譬如殺豬的人，他要先設方便把牠繫縛，還要準備刀子、裝血的用具、沖洗的水，這就是始設方便；種種方便施設完成了，豬一送到綁在預定的位置，當時沒有先思惟這是善業或惡業就殺了，殺死了就是**道**已經成就；如果同時有了殺的**意業**，就使**業**和**道**全部成就，因爲心欲想而身動殺害的行爲而把牠殺死了。在這種情況下如果只是始設方便而事先沒有思惟其善惡性，譬如有人不是屠夫，或是一個屠夫在野外看見一條豬，就設一些方便，沒有起心動念分別思惟善惡，只是基於習性而殺，即是**先不思惟，當時卒作**（卒作就是匆促的作了），那麼他不得**業**所攝罪，他是有**惡道**而沒有**惡業**，因爲他不經過意識的思惟善惡就去做了，不是已知善惡而作，所以有惡**道**而無惡**業**。

又譬如有人過去世結的情緣；以前佛光山不是拍了一個片子嗎？叫

作三世情緣，敘述玉琳國師與一個女人的故事；那女人一見玉琳國師，沒來由就喜歡上了，她以方便設計許多方法想要與他親近，這叫做「始設方便，先不思惟，當時卒作」。玉琳國師逃開了，所以沒事了，那女人的惡道也就不能成就；如果玉琳國師沒有逃開而被勾引了，那個女人事先也知道這是破僧的惡事，那麼她的**道**成就時**業**也成就了，那就是破僧！**業**與**道**都成就。如果她設了方便，玉琳國師也沒有逃開，**道**便成就了，可是那個女人事先沒有思惟這件事情是善業或是惡業，那麼她完成勾引的本末時，**業**仍然不成就，只是邪淫的**道**成就而已；雖也有後世惡報，但是會比較輕微一些。

若是過去世結下很深厚的情緣，這一世種子現行時是很厲害的；若沒有智慧當機立斷，一時守持不住，就只能下墮三惡道中了！如果這時她只是完全依於過去世的情緣種子現行而去做的，即使玉琳國師很醜，仍然會因情執而成就邪淫道；人與人間的情分是與英俊或醜陋無關的，有的男人長得很醜，但往往會有一個很漂亮的女人看見他就把持不住，死纏著他。或者有個女人很醜，但卻有一個很英俊的男人死纏著她不放，因此成就了邪淫罪。這就是先不思惟：並沒有對這個人去思惟或瞭解是否值得自己盡力追求，隨即作種種方便而成事，所以只有道而無業。所以那個公主初見玉琳國師後，並不思惟就作了許多方便，假使後來苟且之事成就了，那個公主在破僧一事中也是有**道**而無**業**的；若只有**道**而無**業**，單有其一與俱有其二的果報並不同，後面即將會說到。

所以「**始設方便，先不思惟，當時卒作，是人不得業所攝罪**」，凡是**道**與**業**具足成就的事情，都是要經過心意的思惟善惡觀察而去決定的。在決定要對另一個異性作邪淫業時，如果過去世沒有情緣，通常男人會找女人時只會找漂亮的，女人找男人會找英俊的，這都是經過表相的觀察比較來決定的。但若是「當時卒作，先不思惟」，表示沒有經過意識詳細的研究思索「對方是否俊美到值得冒險搞婚外情」？初見就把持不住而決定要與對方冒險交往，沒有先思惟這件事情是善或惡，就算是苟且的行爲成就了，也只是有道而無業，只有惡道成就，惡業仍不成就，所以「不得業所攝罪」。

假使有人先思惟某件事情的善惡性之後，再設種種方便，但是沒有去完成它，這是業方便已經作了，但是後來懸崖勒馬、一時回頭，他的業既沒有成就，道也沒有成就；因爲業已經取消了，只要沒有付諸實行而完成目標，業與道就都不成就。但如果不先思惟，作了種種方便而成就了，完成他要達成的目的了，則是有道而無業。如果是經過很久的思惟籌劃，也知道這件事情的善惡性，仍然再設種種方便，後來也完成那件事了，那叫作有業也有道。所以業的罪、道的罪，二者一樣的，所以有智慧的人應當勤修十善業道；凡是十惡業道造作了以後，罪就會存在。同樣的，我們身爲菩薩行者，對於世間人都不應作的事，我們更不應該去作；所以十善業道應該修，十惡業道應該遠離。

同理，在佛法的修行上也一樣，對於苦集滅道四種眞諦的修行也應該這樣來修。苦集滅道應該說：苦聖諦、苦集聖諦、苦滅聖諦、苦滅道聖諦。苦集滅道或四聖諦都是簡稱。這四聖諦從二乘法與大乘法來作比較時，有很大的差別性；二乘法也修四聖諦，大乘法也修四聖諦，可是在二乘法中所修的四聖諦卻被定位成世俗諦，大乘法中所修的四聖諦卻成爲勝義諦，差別在哪裡呢？差別在二乘法的四聖諦是在五陰、十八界、世間我上面來現觀，而蘊處界是世俗法，因爲二乘法的四聖諦沒有觸及法界中的實相，所以它不叫作勝義諦。大乘菩薩修學四聖諦時，是以法界根本的實相，就是以如來藏爲中心來說蘊處界的苦、空、無常、無我，而親見本際不滅常存涅槃，親見蘊處界的緣起性空法是依本際如來藏而生、而現的；但這個本際是二乘法所不能觸及的，所以大乘的四聖諦就被佛定位爲勝義諦，是第一義諦。而二乘法所修的四聖諦只對世俗法的五陰、十二處、十八界，觀察它們的苦空無常無我。二乘法既然只能以世俗法的蘊處界作爲觀行的標的，不觸及實相勝義，所以就叫作世俗諦，因此同樣是四聖諦，但依世俗諦和依勝義諦修是大不相同的。菩薩修十善業道時應該要精勤努力修行，同理：十善業道的福德要如此努力修，聖道也應該如此努力修，所以大乘法中的四聖諦也應該如是精勤修行。

佛又說：「**作期爲惡，若失期者亦不得罪。**」若與別人約定了一個時間要去造作惡業，可是忘了那個時間而未作，或者雖然沒有忘掉但是遲疑到時間過去了仍然沒有去作，這樣也不會獲得十惡業道的業罪或道罪；所以有智慧的人應該要修十善業道，在知道即將做的事情是惡業時，應該及早停止而不做，就轉成十善業道了！由於修持十善法的緣故可以增長壽命，也可以增長內外之物，增長內物就是讓色身健康起來，增長外物是讓山河大地與你相應的那一分產生轉變。山河大地是共業有情眾生的如來藏共同變現的，所以有情眾生中的某一個人業種改變了，他的如來藏相應而出生的那一分世界也就隨之轉變，雖然微少而不容易覺察，但若所有有情都轉變了，就很顯然的可以看見世界的全面轉變；所以眾生修十善業以後山河大地會隨之分分轉變，如果眾生全部都修十善業，都不違犯，整個山河大地就全面性好轉，這樣才是眞正的人間佛教、人間淨土，所以建設人間淨土不是在物質硬體上面來建。

如果建設了金碧輝煌的寺院，卻是用來給西藏喇嘛傳授雙身法，或供作大法師暗中修練雙身法之用，那絕對不可能讓世界變成淨土，只會變成愈來愈污穢，眾生的福報將會愈來愈少，苦報將會越來越多。所以眾生若想要改善依報，唯一的方法就是促使所有大法師、喇嘛及眾生都修十善業道，都遠離藏密的師徒邪淫惡行，自然就會全面性的轉變而不再有大災劫出現；如果眾生都造十惡業道，都支持藏密的師徒六親亂倫邪淫，那我們這個世界的人類還會再繼續的往減壽、無財的方向前進，將會減到人壽只剩十歲，連黑糖都吃不到，更不要講什麼年糕、馬來糕、狀元糕了，那時都將不見了！如果我們現在能努力把正法推廣出去，讓所有的人都修十善業道，都遠離藏密樂空雙運的師徒六親亂倫的大邪淫，人壽將會開始增加，減劫就提早結束而提前轉入增劫，內外物都會開始轉變而增勝。所以山河大地的相貌、眾生依報的優劣，都看眾生的心性如何？所以《維摩詰經》說「心淨則國土淨」，正是這個道理。

「煩惱因緣故十惡業增，無煩惱因緣故十善業增」：煩惱的因緣是指眾生在我所上的煩惱，這裡不是講見思二惑，也不是講塵沙惑。眾生因為我所的煩惱因緣，所以使得十惡業漸漸的增加。換句話說，眾生愈貪著我所的財色名食睡、色聲香味觸，就愈會造作十惡業；這些我所煩惱因緣愈來愈少時，眾生就會修十善業道。這是從直接改變眾生所有內外物的層次來說的，但若說這個煩惱是見思惑、塵沙惑，也一樣可以通；因為斷了見思惑或者分斷塵沙惑，當然更不會有我所的煩惱，那就不會造十惡業道，就會修十善業道；但是眾生會造十惡業道，或者會修十善業道，都是直接因爲我所的煩惱，譬如貪人錢財所以謀財害命，貪圖人家的美妻妙妾所以殺害人家的丈夫，通常都是因爲我所上面的煩惱而造作這些惡事的；如果沒有煩惱的因緣，十善業自然就會日漸增加，眾生的依報就會日漸改善。

【「善男子！是十業道，一一事中各有三事：一者根本、二者方便、三者成已。根本者：若有他想、有衆生想，若以疑心斷其命根，若動身作相或口說殺，是名根本；求刀磨利，置毒作索，是名方便；殺已手觸，稱量提持，若自食噉若與人食，得物用度，任意施與歡喜受樂，無有慚愧心不悔恨，自讚其身生大憍慢，是名成已。是他財有，亦作他想，若自往取若遣人取，若以疑心移置異處，是名根本；若壞垣牆，諮問計數，置梯緣牆，入舍求覓乃至手觸，是名方便；若得物已，負擔藏隱任意施與，賣用賜遺歡喜受樂，無有慚愧心不悔恨，自讚其身生大憍慢，是名成已。若是婦女繫屬他人，起於他想，若以疑心作非梵行，是名根本；

若遣使往、若自眼見，若與信物、若以手觸，若濡細語，是名方便；若事已竟，遺以瓔珞，共坐飲食歡喜受樂，無有慚愧心不悔恨，自讚其身生大憍慢，是名成已。若於大衆，捨離本相，若於三時、若二時中虛妄說之，是名根本；若於先時次第莊嚴，搆言語端，或受他語起往彼說，是名方便。若事成已受取財物，任意施與歡喜受樂，無有慚愧不生悔恨，自讚其身生於憍慢，是名成已。是妄語中雜有兩舌，能壞和合，是名根本；若說他過及餘惡事，言和合者必有不可，若離壞者則有好事，是名方便；和合既離，受他財物，任意施與歡喜受樂，無有慚愧不生悔恨，自讚其身生大憍慢，是名成已。若變容色，惡口罵詈，是名根本；若聞他罪，莊嚴辭章，起去到彼欲說是惡，是名方便；若罵詈已還受他物，任意施與歡喜受樂，無有慚愧不生悔恨，自讚其身生大憍慢，是名成已。若說欲事、非時之言，是名根本；若歌若頌無義章句，隨人所憙造作百端，是名方便；若教他已，還受財物，任意施與歡喜受樂，無有慚愧不生悔恨，自讚其身生大憍慢，是名成已。於他財物生貪欲得，是名根本；發煩惱心，是名方便；作已得財任意施與，歡喜受樂復向餘說，無有慚

愧不生悔恨，自讚其身生大憍慢，是名成已。若打罵人，是名根本；若捉杖石問其過罪，是名方便；打已生喜，受取財物，任意施與歡喜受樂，無有慚愧不生悔恨，自讚其身生大憍慢，是名成已。若誹謗『業、因、果、眞諦、賢聖之人』，是名根本；若讀誦書寫，信受邪書，讚歎稱譽，是名方便；受已向他分別演說，增其邪見，受邪財物任意施與，歡喜受樂，無有慚愧不生悔恨，自讚其身生大憍慢，是名成已。」

講記 佛接著爲我們解說十惡業道各有三件事：根本罪、方便罪、成已罪。每一件惡業、惡道的成就，各有這三個罪；若不具足成就惡業道，就不具足惡業果報。換句話說，十惡業道各有三個罪，如果是有智慧的人，知道了其中差別就懂得趕快懸崖勒馬，讓它只有根本罪，最多只是方便罪，不會有成已之罪。這三種罪有重有輕，譬如地獄罪雖然很重，但是若只得根本罪，最多是下寒冰地獄、火熱地獄，絕不會到無間地獄去，或者有時只在近邊地獄中；如果巧設種種方便，那就是紅蓮地獄、大紅蓮地獄、號叫地獄、大號叫地獄……等，如果繼續去做而且完成了，就是無間地獄罪。無間地獄有五種無間的苦受，絕對不好坑，所以佛很慈悲爲我們說明十惡業道各有根本罪、方便罪、成已之罪。

若只是得根本罪，譬如以殺業來說，如果正在殺時心中「有他想」，想要殺一個人時當然有他想，難道還有無他想的時候？但是眞的有啊！譬如摸黑去暗殺別人，其實不知道棉被裡面是不是眞的有人在：也許對方早就提防而用東西疊在被中，讓人覺得他是存在的，這叫作有他想；即使設了方便而以大砍刀砍殺過就隨即走人，工作已經完成了，但其實殺生的道並沒有成就，雖然有他想、有眾生想而有業，但殺的不是人，所以有業的根本罪、道的方便罪，但沒有道的成已之罪。也許正巧下手殺的時候，前一分鐘剛好那個人壽盡而死，他動手殺害時也是有他想，雖然對方也確實死了，但殺人者並不知道對方已死，還是當作有他想而下手殺害，這是有眾生想而殺，是有根本罪、方便罪而無成已罪。

「若以疑心斷其命根，若動身作相或口說殺，是名根本」：譬如疑心對方是人，隨即把頭砍掉，但是也許他砍掉的只是屍體的頭，他當作是活人，心疑那是他所要殺的人而把對方的命根斷了；或者把另外一個生物當作是他要殺的人而把動物的命根斷了，這就叫作以疑心斷其命根；他無法確定所殺的正是他要殺的人，即是以疑心斷其命根，同樣得根本罪。有殺的心，殺心現行了就是得根本罪。「**若動身作相或口說殺**」，動身作相，譬如交待某某人：「當怨家某甲來時，你就把他殺掉；在什麼時間殺呢？你得要等我的號令才動手殺。」後來某甲來了，他看看殺的時機到了，就向某乙使個臉色，作一個剁人的動作，某乙就動手殺了，這就是動身作相，不管他約定什麼暗號都一樣，也許他只是故意把杯子掉落地上作爲暗號，不一定是下手剁人的動作，這叫作動身作相。或者乾脆嘴說：「某乙！把某甲殺掉！」這叫作「口說殺」。作這些事情是有他想、有眾生想，以這種想來作三件事：以疑心想要斷其命根，或動身作相想要殺害，或口說殺而想要殺，到此階段而尚未動手之前，都叫作根本罪。動身作相有很多種情況，不一定是殺的手勢，有時以擲杯爲號；又譬如古時判刑要殺人時，監斬官從竹筒中抽出令簽往地上一丟，劊子手就動手殺了，這都叫作動身作相。

換句話說，只要存心行殺，想要殺的心已經成就，決定要殺了，就犯了根本罪；如果進一步去找刀子預備著，乃至磨利，這個求刀及磨利都是方便罪；或者說放好毒藥在食物中，準備把某人毒死；或者設了繩索陷阱，希望某人踩進去就被吊死，作了這些事情都是殺業的方便罪；有他想、有殺心而又作了這些方便，就已得到兩個罪：殺業的根本罪及方便罪。作完根本與方便之後，果眞把一隻豬或野鹿殺了；殺了以後一定會先去觸摸或觀看，確定死了沒有；若確定死了就會拿起來以手秤秤看：大概有十公斤吧！這就是稱量。提持是背起來或抱起來而帶回去了。稱量提持而回到家中，或者自己吃這一隻野豬，或者分送給別人而換取所需要用的物品，或者換取錢財之後隨意布施給別人或眷屬，以錢財來一起歡喜受樂，心中沒有犯了殺業的慚愧心，也不悔恨自己殺了那一條野豬，反而事後讚歎自己：「你看我的槍法多準，一槍就解決了。」自讚其身而生大憍慢：「像我打獵的槍法這麼好的人可眞不多。」這是生大憍慢，那麼這個人已經成就殺罪，得到成已之罪。殺的根本罪就是殺心，有殺心而作種種方便就是方便罪，根本罪與方便罪具足而去實行完成了，或者完成之後去摸一下確認已死，或者稱量、提持回去，或者自己吃，或者給別人吃，只要有一種完成了，成已罪就成立了。具足殺心、方便、成已，這殺罪就具足了：業具足，道也具足，後世必定具足殺業的果報。

殺業如此，接著來看竊盜罪的業與道：首先仍然是心中知道那財物是別人所有的，有**「他財之想」**，而實際上也是別人的，心中決定要偷盜了，就是根本罪。接下來自己前去把它拿了，或者派人去拿，都是成已罪。若是在物主家中先把財物換個位置藏起來，還沒有帶回去，讓主人找不到，這是疑心移置異處，也是根本罪，還不是方便罪，因爲仍然是主人所有的。爲什麼要以疑心？因爲心想把它移動地方藏起來，看財物主人會不會找尋？若主人沒有發覺，過幾天以後就可以帶回家而不被發覺；以疑心移置異處，就是設方便法而想要讓這個盜業成就，這樣是犯根本罪，因爲他財物畢竟還沒有到手，這是根本罪。假使財物很龐大，想要拿走就**「若壞垣牆」**，要作種種方便；譬如有人把錢物放在大保險箱、大鐵箱中，不可能打開它，就得要使用方便法：破壞垣牆以便日後偷取，這就是方便罪。或者因爲不知道裡面裝什麼寶物？自己是否需要？就用話語向主人套：「你弄這個大鐵箱、大保管箱做什麼？又不是珍貴的金銀財寶，何必弄個大鐵箱放在家裡幹什麼？」主人也許講：「怎麼沒有！我放了多少兩的黃金，多少的鑽石、寶石、古董。」他就知道了，這也叫作方便罪。「**諮問計數**」是先要確定即將要偷的定是寶物。接下來「置梯緣牆，入舍求覓」，選定物主不在的時間，把梯子放在圍牆邊，乃至攀牆進去，到房屋中尋找，這都是方便罪，乃至找到時以手碰，也是方便罪，這樣就有兩個罪了：根本罪與方便罪成就。如果他得到了這些財物而「**負擔藏隱**」，以肩膀挑起來，在別的地方隱藏之後，成已的罪就成立了。接下來的所有作爲都是成已，譬如任意施與等。猶如廖添丁去偷有錢人的財物，把一部分送給窮人；其實送給窮人的不會超過一半，這種人很聰明，他是爲自己留退路而送給窮人；當很多人都受他恩惠時，逃亡時大家就會掩護他，所以本意仍是保護自己，所以盜賊把財物隱藏之後也會任意施與。有時拿出來賣而作爲自己使用。這樣大家都歡喜受樂，這也是成已之罪。歡喜受樂以後，無有慚愧、心不悔恨，分送給窮人時還會誇口：「我廖添丁就是這麼有才幹，那些富翁哪個不怕我？」這叫作無有慚愧、心中不生悔恨，就是「自讚其身生大憍慢」；甚至於說：「**所有的樑上君子有誰比得過我？**」還誇口呢！這都是成已罪，此時就三罪具足了。

邪淫：不論對方是婦女或男人，凡是已經婚嫁而繫屬他人的，道理都一樣。但因這部經講的是優婆塞戒經，不是對優婆夷講的戒，所以說「如果對方是個婦女，而且是已經有歸屬的」，已經出嫁了！準備邪淫者在心中起於他想：心中很清楚那個婦女是已經出嫁而有歸屬的。「**若以疑心**」是說：或者心中懷疑這個女人應該已經結婚而有歸屬了，雖然沒有確定而猜想應該已經出嫁了，就於這個女人身上作非梵行，第一個罪就是根本罪。也就是說，懷疑或已經認定是有歸屬的女人，而在她身上作了非梵行以後，就是犯了邪淫罪的根本罪。什麼是方便罪呢？譬如派遣使者去向某一有家室的女人相約，或者自己親自前去相見而交付給對方信物，乃至以手去觸摸對方，或者與對方講悄悄話。濡細語就是悄悄話，講悄悄話一定不會大聲講，所以叫作細語；也一定不會惡口而講，所以叫做濡語，是以溫和的口氣來講小聲話；這樣就是邪淫的方便罪已經成就了。如果接著交歡之事已經完成，就是成已之罪，根本、方便、成已之罪都具足了！若加上遺以瓔珞，因為非分之想一定要有大把金錢的付出，所以要勾引人家紅杏出牆，一般都不是容易的事；正因為人家要負擔風險，所以一定要給與大把財物，所以要遺以瓔珞，就是財寶之物，這也是邪淫的成已之罪。

或者期約完成了邪淫之事而送給對方財寶，事畢而共坐飲食、歡喜受樂，這也是成已之罪。邪淫之事成就之後無有慚愧、心不悔恨，反而沾沾自喜，沒有悔恨之心：「我多麼有女人緣。」不會這樣想：「我作了這事情是大惡業，應該悔恨。」他離開了那個女人以後反而對好友自讚其身：「某某名女人，我跟她睡過覺了！」不是常常有大老闆誇口說：「某某大歌星，我跟她睡過覺了！」幾個大老闆之間互相炫耀。也有大老闆私下對好朋友炫耀：「某某歌星是我包養的，我隨時可以去她家共睡。」這叫作自讚其身生大憍慢，這就是成已之罪。如果那個歌星沒有繫屬他人，這個包養就不會成就邪淫之罪；如果她還沒有出嫁、沒有繫屬他人，如果有錢而以一年五百萬元包養，仍然不是邪淫之罪，先決條件是已繫屬他人。假使對方是公娼或私娼或大歌星，共作非梵行而給與財物，都不是邪淫罪；這是依古印度的民情而施設的戒法，但如果以在現在的台灣佛教，作了這件事情仍然是有罪：犯了輕垢罪而不是邪淫罪。因爲喪失了菩薩應有的律儀，人家看到了會說：「某某菩薩跑去綠燈戶行淫去了！」就犯了律儀罪。如果那婦女已繫屬於他人，邪淫罪就成就了。

所以邪淫罪一個惡業惡道，也有根本罪、方便罪以及成已之罪的差別。若是沒有繫屬者，與她完成交易就不算是邪淫，三罪都不犯，只是失掉律儀的違犯菩薩律儀罪。如果有人再娶個小老婆，娶妾回來當然要辦結婚典禮，現代的法律並不允許，這是重婚罪；重婚罪應該是公訴罪，不是告訴乃論吧？（有一位法官說：是）果然是公訴罪！假使檢察官知道了，他有義務要提起公訴。告訴乃論是私訴而不是公訴，受害者不告，法院就不論其罪，所以重婚時如果太太有提出告訴，法院才論其罪；但因爲重婚是公訴罪，所以不論他的太太是否提出告訴，檢察官知道了就得提起告訴。但古時娶妾是合法的，所以娶妾回來歡喜受樂就不算邪淫，因爲那女人繫屬於娶妾者。也許有人想：「好極了！逮到機會了，我就娶個妾回來。」但我告訴你：這還是犯了邪淫罪。因爲 佛有講過：

「我所未制戒，於他方不應行者，亦不得行。」現在國家法律規定不許娶妾，否則就是重婚罪，那你去娶回來，戒律中雖然說娶妾回來不算邪淫，但是現在你違犯了國法就是違犯戒律，邪淫罪就成立了！很多事情不可只看文字表面，所以戒律千萬不要隨便去犯，不要去找戒律的漏洞。

以前有人問過我這個問題，說他的朋友貪淫，她先生只要一天不在家或一天不敦倫，她就渾身難過，那該怎麼辦？我說我也沒辦法，我說這是個人欲貪輕重的問題，只要她不違法，假使她與丈夫敦倫，即使夜夜春宵再加上旦旦而伐，我也不能說她邪淫，因爲這是夫婦人倫，佛所不禁，所以不管人家夫妻怎麼樣好，我們都不能干預的；只要不妨害別人的家庭圓滿，不是對已繫屬他人的異性行淫，我們都無權干預；所以邪淫也是有開緣的。但是即使夫婦人倫之間，邪淫仍有它所規定的定義，所以夫婦敦倫應當盡分以免家庭紛爭，但是菩薩夫婦的敦倫也有輕垢罪的邪淫，在稍後 佛還會說到。所以邪淫之罪的根本罪是有淫心而對方婦女繫屬他人。換句話說，如果那個婦女沒有嫁，就算跟她交歡，不算邪淫；大不了娶回來就沒事了，所以根本罪是「繫屬他人」。邪淫的第二罪是方便罪：作了種種方便，期待能達到目的。第三個罪是成已：已經達到交歡的目的，包括事後共坐飲食乃至歡喜受樂，這都是成已，此時已經是邪淫的三罪具足了。

口業的四業也各有三罪：根本、方便、成已。先說妄語，妄語有兩個部分；一個是世間法上的妄語：「**有說沒有，沒有說有；見說不見，不見說見。**」這是世間法上的妄語，另一個妄語是佛法上的大妄語，就是「未證謂證，未得言得」：如果於大眾中，捨離了本相（捨離本相的意思是說，捨離了那件事情原來的法相，譬如這件事情應該如此，結果不以這件事情的本相來說，而說成彼相，這叫作捨離本相）而作不實的言語說明或示現。換句話說，看見某一件事情是善相，去故意把它說成惡相，就是所說已經捨離本相；或者明明某人幹了惡事，他不說某人是作了惡事而說是喜事，這也是於大眾中捨離本相而說；凡是所說不符眞相的說法，都是捨離本相而說。

「**若於三時，若二時中虛妄說之**」，三時就是早上、中午、晚上，二時就是在早上與晚上，虛妄的加以宣說。換句話說，所說不如實就是捨離本相而說。又譬如以未悟之身，捨離了未悟凡夫的本相，而示現或自稱已開悟，或以凡夫之身示現爲已斷三結的初果乃至斷我執的阿羅漢，這都是捨離本相而說，這都是大妄語的根本罪。什麼是大妄語的方便罪呢？譬如他想要大妄語之前，先作「次第莊嚴，搆言、語端」；搆言就是施設一些語言，語端就是以言語讓別人聯想到他已經證得某果或開悟了，也就是言之似若有物的意思，這叫作搆言、語端。搆言、語端之前，先次第廣作莊嚴，譬如在大妄語之前廣作方便：先把道場弄得很大，如果要出場說法時先把排場弄很大，前面八大金剛護法，後面也有八大金剛護法，身後又有一個人拿著寶幢爲他莊嚴而大搖大擺的走出來，這叫作先時次第莊嚴。接著是搆言、語端：明知道自己沒有悟，卻巧設方便讓大家覺得自己有開悟，以方便法暗示說：「凡是自稱有開悟的人，就是沒有開悟，開悟的人都不會說他自己開悟了。」講到後來特地穿插一句話進來：「所以師父我從來都不說我有開悟。」諸位一聽就會認爲我已經開悟了嘛！因爲我從來都沒有講我有開悟嘛！這叫作搆言及語端，講得似乎是有那麼一回事兒，這就是大妄語的方便罪，到這時已經有根本罪及方便罪了！

這兩年來當然沒有人敢再這樣做了，因爲我已經把這種方便大妄語的事例寫在書中了，但以前確實有人這樣做。又比如說，在弘法時覺得不太順利，得要搞搞怪才能吸引人來，因爲「師父不搞怪，徒弟不來拜」，搞搞怪就會有徒弟來朝拜了！那他就施設方便出來：自己不說有開悟，卻由別人出頭去講：「**師父眞的開悟了！他的智慧多妙，可是平常都不肯講，只對少數人講開悟的法。**」這是方便式的語端，似乎言之有物。譬如河北有大法師落在離念靈知意識心中，卻放話說他想密傳以前沒有傳過的雲門禪、東山禪，等到大家趕去朝拜時，卻又藉故說緣還沒有成熟所以暫時不傳，這都是語端：似乎言之有物，其實都沒半撇，都是大妄語的根本罪與方便罪成就了。又譬如「**或受他語起往彼說**」，這也是大妄語的方便罪；這是指被差遣去向別人方便妄語的人，是最愚癡的人：好處別人得，自己揹負了大妄語的方便罪。

又譬如有人專門裝神弄鬼，學一點兒心理學、弄一些魔術、耍一些小手段，讓人家以爲他的神通證量有多麼高、多麼厲害，實際上都是碰巧遇上了——瞎貓碰上死老鼠——就請別人去傳說，這也是捨離了本相而虛妄說之；但是他作了方便而讓別人去講，所以大妄語的根本罪與方便罪都同時成就了。但是根本罪與方便罪都成就了，成已之罪不一定就會成就，還是有機會消除掉的；要什麼時候具足成已之罪？譬如他施設方便讓別人出去宣講，可是別人都不信，那就只有根本罪與方便罪，沒有成已之罪。若是人家信了，事成已，就得到大妄語的成已之罪；若是有人來供養，他受財物後任意施與或自己受樂，或與別人一起受用財物快樂，成已之罪也都成就了；若是無有慚愧、不生悔恨，並且私下互相炫耀：「你看！師父告訴你說：『你去講了這些話，徒弟們的供養就一定會來的。』現在不是來了嗎？」這就是無有慚愧、不生悔恨，然後就罵另一個不遵從的徒弟：「你還眞笨！我叫你去作你就去做，還不信我的話。你啊！智慧還眞遠不如某甲徒弟。」這叫做自讚其身、生於憍慢，也都是妄語的成已之罪。如果是在世俗法上炫耀神通，是沒有神通而裝作有神通，雖也是重罪但仍不是斷頭罪，最多是墮落餓鬼或畜生道；如果是大妄語業而犯了根本罪、方便罪、成已罪，那就是地獄罪，因這個是大妄語罪，是世間妄語罪中的最重罪。

兩舌兼有破和合僧的重罪：佛說學人妄語時若雜有兩舌，以不如實的言語去挑撥雙方，使雙方不能再和合相處，是根本罪。有一種人在敘述某件事情時，不照事情的眞相去講，而是用隱瞞的方式挑撥兩個人，破壞兩方的和合；或者說話故意隱瞞部分不說，譬如掐頭去尾只講中間一段，或是只講起頭與末尾而省略中間的部分，讓人誤會，都是根本與方便罪成就，也就是以破壞雙方的和合作爲罪的根本與方便。如果編造不實的話語來講別人的過失，譬如向某甲說某乙對他的過失，然後又去向某乙說某甲對他有過失，這叫作說他過失；又加上對立一方的許多惡事來強調自己所言眞實，但其實都沒有那回事。當他兩舌之後，如果有人勸和說：「雙方要和好，不應該對立。」他卻不斷主張：「不應該和合，對方太惡劣了！」但其實都是他編造的妄語，這樣的主張就是具足了兩舌及破和合僧的根本與方便罪。後來果然眞的讓他挑撥成功了，和合僧既然已經互相離開了，就加上成已之罪。往往又因爲這個緣故，雙方中或者一方或者兩方都爲了報答他，所以送他財物，他就受領了財物，這破和合僧的罪也是成已。他把所得的財物任意轉送給別人或自己用來受樂，這也是成已之罪。他自己沒有慚愧、不生悔恨，很歡喜的說：「欸！正覺同修會被我分裂成功了！」心中都不生悔恨而且自讚其身：「你看！就是我才有這個手段，別人沒有辦法的。」這叫自讚其身，生起大憍慢，正是妄語兼破和合僧的成已之罪。

惡口：菩薩十重戒中有故瞋、惡口，二者有關。惡口有兩種：第一種是大聲的罵或是聲音不大，但是講出來的話都是和顏悅色而尖酸刻薄的：「你這個人眞是豬狗不如，所以你只好當人了。」他都不會大聲罵詈。第二種惡口是變動容色的，他不跟你大聲講話，但是臉孔板起來，很憤怒的模樣來說話，這也叫作惡口；只要臉色變得很凶惡，不管他講話大不大聲都叫惡口。如果是大聲罵，當然也是惡口；如果以很不雅的話來罵人，那當然也是惡口，都是惡口的根本罪成就了，因爲心中都有讓人難堪的意思在。什麼是惡口的方便罪呢？聽到別人作了不好的事，沒有先去求證就自己加上一些很難聽的形容詞，加強別人對某人的惡劣印象，讓人覺得是十惡不赦的人，這叫作莊嚴辭章，也是惡口的方便罪；

這也就是俗話講的加油添醋啦！若是以這樣的不良心態，起身去到另一個人那裡；去那裡的目的是要說某某人的惡劣過失，到達那裡了，還沒有開口講，到這裡爲止，都是方便罪；若是一路上想著要怎麼講，想讓那個人對某人很痛恨，這叫作「莊嚴辭章，起去到彼，欲說是惡」，到這裡爲止都是惡口的方便罪。如果見到人而開口說出來了，就是惡口的成已之罪。假使想要別人送財物給他，但是人家不願意送，所以他就凶狠的罵詈恐嚇，還想了一些根本不應該用來罵對方的惡毒言語來罵，罵完之後對方因爲受不了，心想：「算了！就把錢給他就算了，不跟他爭了。」因爲他恐嚇說不給錢就要殺害一家老小，所以就乾脆把財物給了！這個惡口的人就「**還受他物**」：得到對方給他的財物，這是惡口的成已之罪。他就把所得到的財物任意施給手下小嘍囉或家人，然後大家歡喜受樂，這也是惡口的成已之罪。

　　這也是兼有強盜或恐嚇取財的行爲，兼有偷或盜的惡行；所以十惡業道有時只有一個業道，有時兼有兩個業道，乃至有時兼有多個業道。他完成惡口的三業之後，心中無有慚愧、不生悔恨，還對小嘍囉們或家人炫耀，自讚其身生大憍慢：「你們去罵了他們好幾天，什麼財物都沒有得到；我一去就得了，只有我最行。」這是生大憍慢而自讚其身，也是成已之罪。這惡口與兩舌有所差別：兩舌的目的在於和合的破壞，惡口則大多是在恐嚇取財上，修行人則大多是因為習性難改。但是兩舌和惡口是很容易犯的，說句老實而不客氣的話：「常常有人不經意之中犯了，自己都不知道。」那真的很冤枉，所以這個部分大家要很注意。譬如聽到某人作了某件不好的事情，我們不該聽了就去向別人講，你可以向主管反應，但反應之前應該先對當事人談一談，先向當事人查詢，確定了之後要勸他改正；若不改正，也不應當向第三人去說，應該向主管反應，由主管去處理。

佛陀在世時也都是這樣在處理的，一定都會當面問清楚。譬如阿含經典或律部經典，在阿含部經典中也記載了很多：凡是有人不如法時被阿羅漢聽到或看到，不論是哪一位阿羅漢，都會去找那個人求證問清楚，問清楚後當面勸他改過；對方若仍不改過，還要繼續誹謗或造惡，阿羅漢就去向 佛稟報，佛還是會找到對方來問，然後就制定另一個戒法出來。所以阿羅漢們聽到不如法的事情時，都不會直接去向別人講，都會去找那人的師父阿羅漢去談，那位得知事實的阿羅漢就會找來不如法的人加以處理；假使犯過的人還是不改，阿羅漢才會向 佛稟報。所以我們若聽到某同事作了不好的事，應該要直接找他求證，若是事實就請他改正，改正了就不向上舉報；他若不肯改，才向主管投訴。佛法中也一樣，我們會裡也應當如此，都不去向第三人宣揚，但是要找當事者面談：「你做這個事情不對，以後改過來，不要這樣做。」對方答應了，這事情就過去了！如果不是這樣作，直接去對別人宣揚，反而不向當事人直接勸告，這樣就不好。直接去講了或請他修正了就沒有兩舌之過，如果他堅持不改，我們再往上報，這才是如法行。

綺語也有三個罪：根本、方便、成已。綺語有兩個部分：第一是說欲事，第二是說非時之言。綺語的惡業道，西藏密宗的喇嘛們幾乎沒有一人不犯，因爲他們教導或受學雙身法時，已經就是綺語了，絕對逃不掉這個惡業道的。他們的法義所說的都是欲事：如何去挑選明妃？如何說服某一個女人成爲他的明妃而願意與他合修雙身法？然後如何成就樂空雙運的欲事？這在我們《狂密與眞密》四輯中不是已經列舉出來了嗎？特別是男上師與女徒弟合修時的六十四招，我們都列舉出來了！他們心中想的都是如何獲取第四喜的淫樂，這就是欲事；當他們正在傳授如何合修樂空雙運而達到第四喜的淫樂境界時，正是標準而且具足了綺語的根本罪與方便罪，講完時就是綺語的成已罪。「非時之言」，譬如閑著沒事聊天、打哈哈；在應該打坐、修定時，或者應該聞熏佛法時，應該參禪時，卻都只是在談香菇要怎麼炒才會好吃，衣服應該怎麼穿才好看，都是非時之言，也是綺語。如果擔任典座，在伙房中教導新進的人做事，就不叫作非時之言。講話的時機要正確，正在作義工時，為義工菩薩們說明庭院該怎麼整理，雖不是法說、義說，仍然不是非時之言，因為這時就得要講這些話。若是正在聽經聞法時卻找某甲到外面去說：「我跟你講，這個草皮該怎麼處理，庭園該怎麼處理。」這就變成綺語了，成為非時之言啦！所以應該觀察時節而說話，所以有時惡口也會成為非時之言的綺語，有時妄語、兩舌也會成為非時之言的綺語，所以十惡業道不一定永遠只有一個業道，有時兼二、兼三、兼五、兼六。

說欲事、說非時之言就是成就綺語的根本罪：心中想要宣說欲事以及非時之言，都是綺語的根本罪成立。接著就是方便：綺語的方便就是把綺語編成一首歌來唱，譬如藏密把雙身法編成偈語而在法會中唱誦；或者閒著無聊而唱歌消遣，都是綺語的方便罪。如果在適合的時間在佛前恭敬的唱讚佛偈，則是讚佛而不是綺語，這也是修行方法的一種。但是編造歌曲或寫頌詞，卻都是與佛法無關的無義章句，也是綺語的方便罪。又如以誤會的開悟境界，以誤會的眞如與佛性，大膽的寫頌流通，也是綺語的方便罪：當他寫頌時、編曲時都是綺語的方便罪，因爲都違背眞實義。或者「隨人所憙造作百端」，因爲大眾都喜歡聽世俗法，他就去找出很多世俗法的故事來講，都與法義無關，這也是綺語的方便罪。或者別人對欲事及非時之言很喜歡聽，自己就巧設種種的方便，想要說給別人聽，這也是綺語的方便罪成就了。如果自己施設方便而編成歌曲了，但都是無義語、無義歌，而別人聽了歡喜而作供養；或者寫出錯誤的偈頌來教導別人，別人聽了誤信爲眞，心中歡喜就來供養財物，他收了財物時，綺語的成已之罪就完成了。他受了財物而任意施與別人或自己享用、歡喜受樂，這也是成已之罪。事後心中沒有慚愧，不生悔恨之心，也是成已之罪。甚至還向別人炫耀：「你看我寫出這首詩來多有意境！你們就是寫不出來嘛！」這叫作自讚其身、生大憍慢，這也是綺語的成已之罪。所以綺語也有三種罪：根本罪、方便罪、成已罪，以上是口的四個惡業道的成就相。

意——覺知心——也有三個惡業道，第一是貪，第二是瞋，第三是癡。對別人的財物生起貪愛之心，想要變成自己的所有，這就是貪的根本罪。如果起了貪得的心，根本罪成就之後又發起煩惱心：心中施設方便，想要將別人的財物變成自己所有。換句話說，心中開始構思，想要使別人把財物轉移到自己手上，這是意業貪心的方便罪。思惟後隨即付諸於實行，果然別人把財物送到自己手上來了，這就是意貪的成已之罪。然後就隨自己高興而施與眷屬及他人，共同歡喜受樂，也都是成已之罪。受樂之後又去對別人宣揚，沒有慚愧心，也不生悔恨心，甚至於炫耀說：「我就是有辦法讓別人歡歡喜喜的把錢送來給我。」這也是貪業的成已之罪。

意業的第二個業道是瞋，意業所造的瞋就是想要辱罵及打人，稱為故瞋，菩薩故瞋，其罪極重。菩薩如果守不住而貪淫，因而犯了人家的女人，這種邪淫之罪雖大，必下地獄，但都還不如故瞋之罪；若是犯了邪淫罪，未來世那個女人還會跟著你學佛，但若是犯了故瞋之罪，那個人在未來世都永遠見了你就討厭，假使你學佛，他會爲了抵制你而謗佛、謗法；所以菩薩若故意生起瞋心而對別人罵詈惡口，這罪是非常重的。所以有的經中說：菩薩寧可多次誤犯邪淫，絕對不願偶然犯一次故瞋之罪。萬一犯了故瞋之罪，一定要趕快與對方和解，不可留到未來世去，因爲故瞋之罪極重；菩薩從大悲中生，所以不該起故瞋之心。如果有人起瞋心想要打人、罵人，故瞋的根本罪此時已經成就了。想要打人罵人時，空手當然不容易成就，所以要施設一些方便才容易成就，設什麼方便呢？譬如拿起石頭來恐嚇對方：「你如果不怎麼樣，我就打死你。」用石頭來威嚇對方，要讓對方降伏，這就增加一個故瞋的方便罪了！又如拿起木棍來責問對方：「你爲什麼作什麼事情？」準備要打的模樣，故瞋的方便罪也成就了。後來果然眞的打了，成已的罪又成就了。打了以後心中還生起歡喜心：「嘿！今天終於出了一口惡氣。」生起歡喜心時也是成已之罪。如果對方求饒：「啊！我給你三萬塊，你不要打我了。」這時受取財物也是意瞋的成已之罪。受取財物後任意施與、歡喜受樂，無有慚愧、不生悔恨，乃至自讚其身、生大憍慢，都是成已之罪。

十惡業道的最後一個是意業的癡，癡的根本罪有很多種。譬如不信因果而誹謗業果：「不管造什麼善業與惡業，都沒有未來世的果報啦！造了善業都是白造了，造了惡業也沒有惡果。所造一切業都是無因也無果，修一切善法、行於淨業，也都無因無果。」這是謗業、謗因、謗果。然後又說：「四聖諦是騙人的，只是聖人方便施教啦！什麼解脫不解脫的！都只是勸人行善而已！」這是謗眞諦。有時又說：「世間沒有地獄啦！地獄只是聖人方便施教，恐嚇愚癡人不敢造惡業，所以事實上並沒有地獄！」這也是誹謗業果，印順法師一直都有這種傾向。有時會誹謗賢聖，因爲有人根本不相信世間有什麼賢人或聖人：「所有的宗教就只是勸人爲善，賢人、聖人都是他們自行施設的，世間根本沒有聖人、賢人！」這是誹謗賢聖之人。當人間出了賢人、聖人，他說：「我才不相信！還不一樣都是肉胎凡夫，還不是一樣父母生養的？」聽起來也好像沒有錯，但是會使沒智慧的人相信，這叫作誹謗賢聖。當他們心中這樣想，決定要作了，就是根本罪；決定之後設想要怎樣用種種施設的方便來講，這些設想都是愚癡業道方便罪；若自己沒有能力方便施設，就找來別人寫的誹謗業、因、果、眞諦、賢聖的書去讀誦，或者助印廣爲流通，不但自己信受邪書，還對大眾讚歎稱譽，這都是意業的愚癡惡業道的方便罪成就了。假使接受邪見以後去爲別人廣作種種分別，加以推演，增加別人的邪見，這是成已之罪。或是私下去說服別人信受邪見，也是成已之罪。

一般而言，作這種事情一定是有世俗利益才會去作的，俗話說：「**砍頭的生意有人作，賠錢的生意沒人作。**」只要能賺錢，被抓到了會砍頭也沒關係，一定會有人冒險去作；但若是保證不砍頭的生意，可是一定會賠錢，那就絕對沒有人會去作；所以接受邪見之後並且向別人分別演說，想方設法增加別人的邪見，他當然是因爲有名聲上的好處或得到財物，果然就去向人宣講：「**如來藏就是外道的神我，只有離念靈知意識心才是眞正常住不壞的佛法。**」廣爲別人演說，別人一聽就「悟了」，所以說：「感激啦！感激你幫我證得離念靈知，我開悟了，今天特來供養。」這是受邪財物，愚癡的心意業道的成已之罪已經成立了！得到財物後任意施與或者自己受用，歡喜受樂，無有慚愧不生悔恨，甚至自讚其身生大憍慢，這些也都是成已之罪。

以上說的身三業：殺、盜、淫，口四業：妄語、惡口、綺語、兩舌，意三業：貪、瞋、癡，總共有十種業道。有智慧的人應當遠離，反過來修習遠離十惡業道，就成爲十善業道。造了十惡業道時，若是有業也有道，必下地獄；若是有惡業而無惡道，多數是墮落於畜生與餓鬼道中。但若勤修十善業道，一定有福也有德，並且能得到證悟三乘菩提的因緣，永遠不入三惡道，乃至獲得無上正等正覺。所以十惡與十善之間，一出一入的差異非常大，有智慧者應當棄捨十惡業道，勤修十善業道。

【「或復有人於十業道，一時作二：妄語、兩舌。或一時三：所謂妄語、兩舌、惡口。又復有三：所謂邪見、惡口、妄語。如是說者即是無義，是名爲四。瞋之與貪，不得一時，其餘八事可得一時。云何一時？

六處遣使，自作二事：一者婬他妻婦、二者謂無業果；先作期要，一時得業。是十惡業，或得作色，無無作色；或有作色，及無作色。若無方便及成已者，則得作色，無無作色。若有莊嚴及成已者，則得作色及無作色。」

講記 十業道有同一個時間成就兩個惡業道的，譬如妄語而同時成就兩舌的惡業道；因爲兩舌時一定是說不如實語，兩舌時不可能講如實語。如果有人講如實語，使得某乙離開某甲，那不是兩舌，沒有兩舌之過失，因爲他說的是如實語。兩舌是說把一件事情拆成兩個部分，讓人聽起來產生誤會而與原意有出入。所以有人爲了誹謗賢聖，他會讓你在表面上看起來不算是妄語，因爲他沒有編造虛假的事實，但把一件事情只對你講前半段，對某乙又只講後半段，有時一件事情只說中間一段而不說前後段，把來龍去脈都省略掉，讓人誤會那件事情的眞相，使人不瞭解本相，目的就是要挑撥雙方。如果是說如實語，從頭到尾及中間全部都講，沒有遺漏，這就不是妄語也不是兩舌，所以兩舌一定是妄語的，這叫作一時作二，同一個時間作了妄語與兩舌等兩個惡業道。

有時會一時作了三個惡業道，譬如妄語、兩舌兼惡口；妄語的目的是想要達成兩舌的目的，所以一定會說不如實語；然後用不如實語來挑撥，成為兩舌時若效果不好，有時會再加上惡口：「某甲罵你豬狗不如。」惡口的業與道都成就了！這時，一時間已經成就三個惡業道了。

「又復有三，所謂邪見、惡口、妄語」：有時同樣的一件事情會同時造作三個惡業道，譬如由於邪見（這是意業的癡），由於邪見而惡口：「這個蕭平實竟然說我大妄語，眞是可惡的人，他根本就是魔！」有沒有這樣的話呢？（大眾答：有！）有啊！網路上有人貼出這樣的文章在罵我啊！說我是魔，這就是邪見再加上惡口；然後又接著說：「其實我們的離念靈知才是眞正的開悟。」大妄語業道又成就了，這正是一時成就三惡業道。如果一天到晚都在對別人說這一件事情，不斷的舉出來罵我（因為他的開悟聖者身分被我寫書證明是錯悟，他的聖者身分表相被我剝奪了，所以很不高興，就一天到晚對別人說這件事來罵我出氣），那就同時是綺語業道了！因為他不斷的敘述這些謗法謗人的事實與過程，都與眞實義不相干，都是戲論；既是戲論，當然也是無義語，這就是綺語。這時他具足了邪見、惡口、妄語、綺語的重罪了，而且一一罪都具足根本、方便、成已之罪。一時間就有四惡業道成就了。

「瞋之與貪，不得一時，其餘八事可得一時」：瞋心和貪心不會同時間出現的，其餘的八件事情，容許同一時間造作出來。瞋與貪爲什麼不會同時出現呢？當你想要從人家那邊得到財物時是心中有貪，當然會好言相求而不會生氣；想要把對方的財物轉移過來，又沒有正當的理由，只得好言相求，去討好、巴結，一定不會生起瞋心，所以瞋與貪不會一時間出現。其餘的八件事情就可能會同時出現了，換句話說，身有三業，口有四業，意有三業，十個惡業道中，最多可以有八個惡業道同時出現。怎麼樣叫作八個惡業道一時出現呢？譬如「六處遣使、自作二事」，就能八事同時成就。六處遣使，譬如某人是大官或國王，他同時有六個事情命令別人在做，都不是自己親手做：教某甲去向某乙辱罵，這就是惡口；又教另一人去向某丙挑撥離間，成就兩舌業道；又教另一人去向某丁說不誠實語，成就妄語業道；又叫另一人去向一個女人傳達幽會的時間、地點，這是成就綺語業道；同時又託他轉幾句私語曖昧語，也是綺語；這已經有四個惡業道了！這已是四處遣使做四件事情了。隨即又派人：「某某人幹了惡事，令我非常厭惡，你去指示令早行刑。」第五件惡業道了；也許他又想到：「某人家裡有一件我非常喜歡的古董珍寶，可是他不願意奉獻給我。」乾脆就派個人去偷，這樣就有六件惡業道了！這就是六處遣使。但那六個人奉他的命令正在做惡事時，國王自己同時在做兩件事：第一、婬他妻婦；因爲看見大臣、下屬的女人漂亮，他正在幽會時，心中還想著另一個女人，又派人去傳話相約；這時那個跟他幽會的女人說：「我們這樣做好不好？有沒有果報？」他說：「沒有什麼果報，那都是騙人的，只是聖人設教而方便施設罷了。」這時又加上另一個「**謂無業果**」，正是邪淫再加上愚癡。這樣子，六處遣使就已經犯了六個惡業道了，再加上自己的婬他妻婦、謂無業果的惡業及邪見，又是兩個惡業道，這已經是八事成就了！所以十惡業道是可以一時有八個惡業同時出現及成就的。雖然八個惡業同時出現其實很不容易，但因爲「**先做期要**」（要讀作邀，約定的意思）。先作要約，在所派遣的六個人在造業時，他自己同時也在做兩件惡業，八個惡業一時成就。

這個十惡業道有時會得到「有作色」而沒有「無作色」，有時得到「有作色」而同時得到「無作色」。這個意思就是說，有作色是他自己親手去作，結果就成爲有作色。有作跟無作有一個很大的差別：得到無作色的人，未來一定要受果報，得到有作色者不一定受果報的。也就是說：他以口業、以身業去造作了，就得到有作色，但他不一定有動機去造作惡業道，只是奉命而不得不去做而已。但是有動機而命人去作、或者自己親自去作，都會得到無作色，因爲已經熏習到他心中去了，來世不必再熏習造作就自然會造惡業道，心性就與惡道相應，就有無作之罪，當然會受果報。這就是未來世的業果色，未來的業果色如果有無作罪，他的無作色就要受償受報，不是只有餘報。譬如教別人去殺，他得無作色，別人得有作色，因此未來世的果報會有不同：他未來世要償命。雖然是別人動手去殺，但是他要償命，這在後面還會再說到。現在先來說明「有作色」與「無作色」怎麼定義，因爲這是戒律上很重要的部分，必須讓大家都瞭解。對一個修行人來講，戒律是非常重要的；戒若有所缺犯，道業就很難成就，所以惡業道犯了以後，到底是有作色還是無作色？大家都要很詳細的瞭解，千萬不要輕忽。

佛說：「如果沒有做前方便，後來也沒有成就」，譬如殺人、殺生，他要殺害眾生之前並沒有先作種種前方便，而且也沒有殺成功，這裡說的是「若無方便及成已者，則得作色，無無作色」。換句話說，他有殺心而沒有特地作諸方便及成就殺業，結果就導致未來承受不同的業果色。如果有殺心，也先作莊嚴——先作種種方便——然後到野外去尋找及殺生，也成就了，就會有無作色及作色。有的人不先作方便莊嚴，只是臨時起意，隨便在地上撿了木棍或石塊去把不期而遇的野豬殺掉，那就是沒有先方便莊嚴，但卻是成已。如果有方便莊嚴及成已——有作方便——果然也把野豬殺掉了，他就得到作色和無作色，因爲熏進心中去了。這裡面的差異在意業和有沒有實行的決心與熏習。假使沒有意業，不是事先籌謀，是臨時起意的，猶如法律上講的動機；臨時起意殺人或過失殺人，都與預先籌劃去殺人的判刑不一樣，原因就在這裡；如果沒有先作方便，後來殺業也沒有成功，只是意業而沒有作方便，也沒有成就，因爲他完全沒有去作，所以只是心行，無關口業及身業，所以他得到的是作色，沒有無作色：還沒有熏進心田中。沒有無作色就不必受報，有無作色就得要受報。

如果作了莊嚴，也已經成就了，這就表示他有無作色。心是無作的，單只有心仍然不能作任何事的，心無形無色，怎能殺害眾生？當然是由身以及口才能造作惡業，心本身不能成就惡業，所以身與口去成就的惡業，也就是十惡業道前七個業道，都只有身與口才能造作，加上心意才能成就業與道（若只是心意則只有業而無道），才會得到無作色；若有心意動機，但無莊嚴、也無成已，就只有業而無道，當然就只有有作色，沒有無作色。如果沒有成就而只有心造作，那麼心會得到的未來世惡業果報不會具足成就；所以眾生得到的業果色主要是從無作色來的，無作就是不必再造作熏習實行的事了，已經會自動成就業果的。所以如果沒有先作方便，後來殺生也沒有成就，那他只有作色，就是心中有爲有作，但還沒有熏進識田中，就沒有無作色。沒有無作色就不受報償，不必在未來世要還人家一命。如果先作莊嚴，後來也已經成就，表示說他事先有動機去籌劃而造作完成，一定已經熏進識田中了，當然來世會有無作色及有作色。這個作與無作，後面還會繼續說，如果還不很清楚，佛在稍後還會再從別的方面再講解。

【「是十業道，有輕有重：若殺父母及辟支佛，偷三寶物，於所生母及羅漢尼作非梵行，妄說壞僧，是名爲重。」】

講記 十惡業道中，並不是所有的業犯了都得下地獄，其中有的輕、有的重；重的會下地獄，輕的生到餓鬼道或畜生道去受報。既然有輕有重，當然要先談論重的部分。如果是殺害父親、母親，這是世間之最重，因爲在世間最有恩於眾生的人就是父母。在出世間法來講，殺害辟支佛及阿羅漢，也是最重罪，這都是地獄罪。但是諸位可以放心：你們如今沒有機會殺害辟支佛與阿羅漢，因爲現在遇不到阿羅漢與辟支佛。譬如南傳佛法中說覺音論師是阿羅漢，可是他寫的《清淨道論》，你從頭讀到尾就能證明他根本都還沒有斷我見，所以就算過去五百年前你曾經把他殺了，最多只是一般的殺人罪，並沒有殺到阿羅漢、辟支佛。現在你想找到一個阿羅漢、辟支佛，更是困難了，簡直是沒希望。除非在大乘法中，或有可能；如今二乘法與南傳佛法中還沒有看到有人證聖。

殺阿羅漢、辟支佛是地獄罪，偷三寶物也是地獄罪，這些都要特別小心。偷三寶物是很容易成就的：沒有莊嚴也無偷心，但往往會是成已。有時你到寺院去做事情，拿筆寫完了，習慣性的就把筆往上身衣服口袋一插，就不知不覺的帶回家了。有人回家後發覺了說：「唉！沒有關係啦！只不過是一支筆。」但是大有關係！三寶物千萬動不得，一分一毫都不能動，這要很小心的。以前我尚未破參，在某寺院中常常不小心回家才看見口袋中多出一支原子筆來，就先放在車子上，第二趟一定送回去，不敢忘掉，三寶物千萬不要隨便亂動。我的習慣是這樣：常常因爲做到晚上才可能做完，一定會留在寺中用晚齋，但那是吃了三寶的食物，我就每一、兩個月打齋一次，就不怕虧負了三寶。在很多小地方都應該要注意，不經意的偷了三寶物，很常見的。以前有個大道場，他們買土地，那位大法師很信任一個女眾，但這個女眾簽約時高報了地價，中飽私囊，後來是被查到了！查到了倒是好的，不然的話，將來地獄罪是逃不掉的；這是很嚴重的事情，在道場中學佛學了十幾年，竟然連這個都不懂，不曉得學到哪裡去了！偷三寶物是地獄罪，三寶的錢也敢偷，這很嚴重的。但是有時禪師講話你不要只聽表面而當眞，有時人家來請問：「如何是佛？」是問眞如心、如來藏，他說：「偷佛錢，買佛香。」說是把佛的錢偷去買香來供佛；禪師是這麼講的，實際上你眞的要去偷嗎？你可別偷了，那是有絃外之音的；你們破參的人就知道禪師的密意在哪裡了，一般人當然不懂。就是說三寶物一分一毫都不許去動，如果去動到三寶物，來世絕對吃不了、要兜著走，兜到未來無量世還要繼續兜著走，因此這個重罪大家要很小心，三寶之物不要隨便去動腦筋。

關於邪淫，什麼樣的邪淫是要墮地獄的？前幾週電視新聞報導一個人於畜生女身上行淫，有人看不過去就說他虐待動物，請電視新聞把他報導出來；但那種邪淫不是地獄罪，最多只是去畜生道受報。可是若對所生母邪淫，或於羅漢女邪淫，可就是無間地獄罪了！所生母是報恩田，於報恩田竟然敢這樣侮辱，當然要下無間地獄；若不到無間地獄，至少也要到號叫地獄、大號叫地獄去受罪。如果是在羅漢女身上作非梵行，那更逃不掉，絕對是很接近無間地獄的；因爲比丘尼證得阿羅漢的果位，諸天天主尚且還得要恭敬禮拜供養，竟然有人可以在她身上強暴，這當然是要下地獄的，因爲這是世間法中的最重罪。

「妄說壞僧」，這件事情大家要很小心，不論一般道場或我們同修會中，都得要很小心。僧，你們讀過《眞假開悟》了！僧寶並不是只有一種表相上的出家僧，在表相上剃髮著染衣，離世俗家而住在寺院中受了出家戒，這就是僧；他們即使只是凡夫僧，你也不能冤枉他們；若沒有證據而冤枉他們，也是重罪，得下地獄的，雖然他們只是凡夫。這是因爲僧寶必須崇隆，否則佛法不易或無法住世，所以要小心。談到外面的大法師們，我們一定要說明他們的法義錯了、爲什麼錯了，要舉出事例、講出理由。如果有人傳說他們幹了不如法的事，你若沒有拿到證據，就不要說；除非你有證據，否則你就不要講。但是握有證據而公開講了，雖然不是地獄罪，還是有罪的，這叫作有根誹謗。如果你想要講某一位表相僧寶有罪，只有一個狀況可以講而沒有罪：他已經失掉聲聞戒的戒體了！如果他失掉了戒體，你怎麼講他都無所謂，因爲他已經不是僧寶了：表相看來是僧寶，其實不是。什麼叫作失掉戒體呢？誹謗方廣正法，破菩薩十重戒。誹謗正法，譬如否定如來藏，謗爲外道的神我或梵我，是謗菩薩藏的一闡提業；又如跟著藏密喇嘛學雙身法，身爲比丘卻與女弟子暗中上床合修雙身法，這些都是無間地獄罪，他的比丘戒與菩薩戒的戒體已經都不存在了，意思是說他已經不是僧寶了，那時你說他的所有不如法事，都不會有事，而且有大功德，因爲可以救很多人不再被他們誤導而進外道法中。但是你得要有確實的證據，否則你千萬不要講，可別聽了人家一講，你就跟著轉述！否則就得下地獄。所以要說一件事以前，你要先確定證據在手，有絕對把握他們都喪失戒體了，實質上已不是僧寶了！否則就不能說，因爲這是壞僧，壞僧就得下地獄。

如果是個居士不如法，你能不能隨便講？那也不行。因爲我們《識蘊眞義》現在開始連載了，萬一外面有哪個居士讀了《識蘊眞義》，他很利根，依法觀行的結果而斷了我見、斷了三縛結，他就是初果聖人了！有膽就繼續謗謗看吧！要是對他無根毀謗，照樣得下地獄。你們沒有聽過《瑜伽師地論》中解說十八地獄是怎麼個狀況，不知道嚴重性；若如同增上班的已悟同修們一般，知道了十八地獄的內涵，萬一犯了地獄罪，晚上睡覺絕對睡不安穩，腳底都是涼涼的。如果是在我們同修會的大乘法中，更不要輕易開口亂說話，因爲問題更嚴重：明心了的人，不但是七住位菩薩而已，而且還是初果人：身雖在家卻仍是初果聖人。因爲明心者的三縛結一定斷除的，有人不信就隨便把他冤枉看看吧！眞的不好承當啊！因爲這也是壞僧。因此，凡夫僧謗不得，菩薩僧更謗不得，特別是勝義菩薩僧！菩薩有凡夫僧也有勝義僧，勝義僧不一定現出家相；玄奘菩薩是出家相，但這位老菩薩（導師指著身後的觀世音菩薩聖像），你們看祂現什麼相？戴天冠、佩瓔珞，長髮披身，天衣飄飄，連三地心的玄奘菩薩都得皈依祂呢！所以初地到十地的諸地菩薩都很難說，有時也許有某一位地上菩薩爲了某個緣故，示現在畜生道中當一條龍，這也有可能的；所以壞僧的事，其實是很容易犯的，可是大家都不太警覺到，尤其是外面的初機學人以及未悟言悟者，他們都不曾警覺到。

壞僧，還有一個部分是比較廣義的，就是破和合僧：譬如在一般寺廟中，寺中僧寶六和敬修持得很好，但是某甲去到那邊揑造一些是非，向某乙法師說：「某丙法師說你有不好的事情，但是你別去問他說，不然你就害了我。」某乙法師聽了也沒有去查證，就想：「某丙法師在背後誹謗我。」但其實沒有，這就是兩舌。他又去向某丙法師講某乙法師而不自覺的挑撥了，也請他不要去問。完了！僧團分裂了，因爲某乙、某丙法師可能會向別的法師們談這件事，平常走得比較近的人就開始聚集，就分成兩派，僧團就分裂了；這就是謗僧、壞僧，把僧團分裂成兩個，破了和合僧，這也是壞僧，也是地獄罪，而且是無間地獄，這些都是十重戒所規範的部分。這個戒一般而言，跟其餘的菩薩戒是有一點不同，這部戒經所施設的重戒，與《梵網經、地持經、瑜伽論》菩薩戒的十重戒不太一樣。雖然如此，既然已經列出來了，我們就要遵守。所以說十惡業道中有輕有重，輕的偶然犯了，或對首懺、或對眾懺、或自責其心，都可以解決掉，都看輕重差別。但如果是犯了十重戒，佛前對眾懺也沒有用，必下地獄。只有什麼時候免下地獄呢？只能每天佛前懺悔，懺到佛現身摩頂時，戒罪才能滅除，才不需要下地獄；但是仍有性罪不可免除，未來世仍會有惡果回報到自己身上。所以十重罪請大家要詳細思惟、詳細的觀察，要時時刻刻警覺在心。

【「善男子！是十業道各有三種：一從貪生、二從瞋生、三從癡生。若爲貪利故害命者，是名從貪；若殺怨家是名從瞋；殺老父母，是名從癡。劫盜他財亦復三種：自爲己身妻子眷屬，貪他財物而往劫奪，是名從貪；盜怨家物，是名從瞋；劫奪下姓，是名從癡。邪婬亦三：若爲自樂，行非梵行，是名從貪；婬怨眷屬，是名從瞋；於所生母作非梵行，是名從癡。妄語三種：若爲財利自受快樂，是名從貪；爲壞怨故，是名從瞋；若畏他死，是名從癡。兩舌三種：爲財利故，是名從貪；爲壞怨故，是名從瞋；破壞和合邪見之衆，是名從癡。惡口三種：爲財利故罵詈婦兒，是名從貪；故向怨家說所惡事，是名從瞋；說他往昔先人過罪，是名從癡。無義語亦三種：若爲歡樂歌叫諠譁，是名從貪；爲勝他故歌叫諠譁，是名從瞋；爲增邪見歌叫諠譁，是名從癡。從貪生者是名爲妒，從瞋生者是名爲瞋，從癡生者是名邪見。」】

講記　十惡業道都各有三種出生的原因，就是意業的貪瞋癡而落實到口業和身業，因此十惡業道中的一一業道各有三種引生的原因。如果是貪別人所有的財物而殺害別人，使人喪失性命，這就是從貪而生的殺業道。如果不是爲了貪財利，而是去殺害怨家、殺害仇人，則是從瞋心而產生的殺業道。如果是殺害報恩田的老父、老母，這種人是因爲愚癡而造作了殺害的業道。又如有人精神不正常，殺害了家中老父、老母，這也是因爲癡；甚至於在家中不服父母親的管教而殺害父母親，這也是從癡而生的業道。所以殺生的惡業道共有三種引生因：從貪而生，從瞋而生，以及從癡而生，這是身殺業的三種因。

身所造的惡業道有三種：殺、盜、淫，第二種是盜。但身業的竊盜或者搶劫業道也有三種引生因，但主要不是講偷竊，而是強行取財，叫作劫盜；劫盜他財也有三種引生因，第一種是爲了自己或妻子、子女、眷屬的受用，因而貪著別人所有的財物，前往搶劫奪回，這是從貪心而產生的身業中的劫盜業道。如果是偷偷的竊取或者強行劫盜怨家的財物，這是從瞋心所產生的劫盜業道，他的目的就是要報復，想要讓對方痛苦。如果是自己有強大的勢力，運用自己的勢力去劫奪不如自己的人們所有的財物，這叫作愚癡；不如自己的人是應該被自己加以保護及救濟的，卻反而去搶劫，所以說他是愚癡的人，他的劫盜的業道就是從癡而引生的。

身業的邪淫業道也有三種：如果是為了自己貪著淫觸之樂，而在別人的眷屬身上行邪淫之行，這叫作從貪而生的身邪淫業道，所以貪是邪淫業道的引生因。如果是故意去淫污怨家的眷屬，這是想要故意讓怨家起瞋恨痛苦的行為，是從瞋心引生想要報復的心理而產生的邪淫業道。如果是對親生母親行邪淫，這個人是愚癡的人；他可能是心智有問題，或者被無明所籠罩而造作這種邪淫惡行，這是從愚癡為因而產生的。以上三類的殺、盜、淫業道，都各有三種引生因：貪、瞋、癡。

再來說口有四種惡業道，同樣也各有貪、瞋、癡所生的不同。妄語，譬如有人為了獲得廣大的供養而得更好的享用，這是為了財利而求自受快樂，所以就故意示現上人相；明明只是一個凡夫，為了貪求利養或貪求名聞而故意示現為有修有證的上人，甚至於公然接受別人稱呼為上人，這就是為財利自受快樂，這是從貪引生的大妄語惡業道。如果是為了毀壞怨家的名聲而說不如實語，去破壞怨家的名聲，使怨家被眾人輕視，自己因為這個緣故而產生了快樂，這叫作從瞋所生的妄語業道。如果是恐怕別人有強大的勢力能害自己乃至喪身捨命，恐畏他人害死自己，因此而說妄語，成就妄語業道，這也是從癡引生的。為什麼會有這種事情？譬如某人成立道場、出來弘法，但是後來被黑道掌控，每個月要求一百萬的財物，但是某甲沒有辦法每月都得到一百萬元財物供養，黑道人物也許要求他：「**那你就公開宣稱你開悟了、你是聖人，自然供養源源而來。**」如果披著僧衣而自稱開悟，眾生都會很崇拜的，一個月收取一百萬元供養並不是難事。但是他想：「**這個大妄語罪犯了就得下地獄，不能接受。**」他不肯接受作大妄語的惡事，惡人當然就要殺他，所以就「畏他死」：恐怕別人會殺害他而死亡，後來只好被逼之下對外宣稱他是證悟的聖僧。若有人這樣作，這種妄語就是從癡而生的業道。為何說是從癡生？因為有智慧的人寧可被殺，也不要去下地獄；因為有的地獄一天是我們人間的一個大劫，有的更長；照這樣算來，他在地獄的一生要受多少苦？那還得了！所以有智之人寧願被殺，因為被殺死也只不過是一時之痛，最多不會痛過一天吧！如果向心臟刺下去，撐不過一分鐘就死亡了，痛楚就過去了，下一世卻可以快樂無憂；但是如果怕死，公然大妄語，那是未來無量世受苦，數不清有多少世的極大痛苦。有智慧的人這麼一衡量，脖子伸出來說：「你殺我好了！」絕對不肯大妄語。所以畏他殺害身命而公然大妄語，這當然是從癡而生；所以大妄語仍然有從貪、從瞋、從癡而生的三種不同。

兩舌業道也有三種引生的不同：如果爲了獲得財物、或爲世間法上的利益而挑撥是非，這是從貪心而生的；這種事情在商場上很常見，在道場中不會有，因爲在道場中絕對不會爲了財利而作兩舌的。若是爲了毀壞怨家的名聲或社會地位而去挑撥是非，針對他人和他的事業夥伴加以挑撥，想要使雙方不和合，這就是從瞋心而生的兩舌。如果是破壞和合邪見之眾：也就是說人家本來是很和好的一個團體，然後某甲去把它破壞；破壞別人的和合，那是愚癡而生，因爲破壞別人的和合，對自己沒有利益，對眾生也沒有利益；但那個團體若是個邪見之眾的團體，那你用不著去破壞他們，用不著挑撥離間的手段；如果是邪見的道場，你要讓它壞散而去跟他們作挑撥，那你也是愚癡。也許有些人不服氣：邪見之眾本來就應該要把他們挑撥離間，讓他們壞掉，爲什麼不允許作？

因爲這不是有智慧的人該作的，有智慧者只破斥他們的邪見，不作挑撥是非的事。所以有的道場會派人來我們團體中挑撥是非，但我們不去他們那邊挑撥是非，因爲你只要把他們的邪見破斥了，事情就解決了，何必去挑撥是非呢！何必多增加自己的口業呢！所以對邪見之眾的和合去加以破壞，也是愚癡人才會作的，有智慧的人只用般若智慧去破壞他們的邪法就夠了。所以兩舌也有從貪、瞋、癡所生的三種惡業道。

惡口業道也有三種引生的原因：若是爲了貪著財物或世間法的利益，對老弱婦孺大聲叱罵，這是從貪所生的惡口業道。若是故意在怨家面前當眾宣揚他的糗事，使他難堪，這種惡口是從瞋心所生的惡業道；這種事情在世間也很常見，在修道之人中就很少了。如果是專門出去宣說別人的祖宗十八代幹了種種惡事，想要讓他人名聲毀壞，這種事情是從愚癡而產生的惡口業道；別人的祖先不好，干他個人什麼事？說明白一點好了：澳洲白人的祖先大部分是罪犯，但那些罪犯生下的孩子都同樣是心性邪惡的罪犯嗎？並不是啊！所以只有沒智慧的人才會用祖宗的惡事來毀謗他人，所以這種惡口業道是從癡所引生的。

綺語——無義語——也有三種引生因：有人是爲了貪著快樂而大聲唱歌、大聲叫喚、大聲的交談，引起別人注意他的才華，或者稱讚他的口才而得名聲，這是從貪而生的綺語。有人則是爲了想要勝過別人，想要表現自己在別人之上，想要把別人壓下來，所以故意唱歌或大聲喧鬧，或說一些能表現自己的話，想要把別人壓制下去，心中起瞋硬要壓制別人，這是從瞋所生的綺語。也有人寫歌或寫詞，用來高聲唱給別人聽，但是他沒有正確的知見，他所寫出來的歌詞內容都屬於邪見，但卻認爲是高超的、勝妙的，是大家應該要修學的，這種人不但增加自己的邪見，也爲增加別人的邪見而歌叫喧譁，這種綺語是從愚癡所出生的。

身有三業：殺、盜、淫，口有四業：妄語、兩舌、惡口、綺語。不論是身或口所做的各種惡業道，如果是從貪所引生的就稱爲嫉妒的惡業道，若是從瞋所引生的就稱爲瞋心的惡業道，若是從愚癡而引生的就叫作邪見的惡業道。這十惡業道，綜歸來說，無非就是從貪、瞋、癡所生。如果有貪、瞋、癡而只在心裡面，沒有付諸於實行，沒有在口業、身業上面實現，那僅只是貪、瞋、癡的業，就只有業而無道，仍沒有惡業的道出生，死後就不會落入惡道中。如果是落實到口業、身業，那就成就了十惡業道中的業和道了，就無法免除墮落三惡道的果報了。所以從意業貪而生的口業、身業若是因爲嫉妒別人有錢，就想出不正當的辦法把自己變成比別人更有錢，這就是因爲嫉妒而生貪，因意的貪業而引生惡道法。有人是純粹因爲瞋心所以造作了身業、口業；有人根本不是因爲貪與瞋，他就只是愚癡而引生惡業道。可是從癡而生的邪見，在世間法上當然有，但是佛門之中更多！至於一切外道就全部都是因癡而引生的，他們都是因爲邪見業而產生邪見業道。我們若確實知道十惡的業與道的差別，也知道十惡業道無非是從意業的貪、瞋、癡而轉生的：由於意業的貪、瞋、癡而產生了口四業、身三業的惡業道，就能避免誤犯，就能從十惡業道的根本意業下手來修正，就能成就十善業道而具足福德資糧，就能幫助我們速得斷除我見乃至開悟見道。

如果在外面道場犯了這些惡業道，那還情有可原；但來到我們這裡可就不許再犯了！因爲我們施設的佛道次第，諸位讀過我們的書就已經瞭解了：從外門六度萬行而斷我見、明心，進入七住位，開始了內門廣修六度萬行；內門廣修之後，我更期待大家一世之中修到初地，不但如此，二地、三地的修證內容也都幫你們安排好了，也都確實可以到達，就看你怎麼修了。來到這裡斷三縛結了、明心了、見性了，修三賢行，要完成初地心，有多少事情要作呢？大家想想看！那要忙死了。即使你退休在家專修都夠你忙的，更何況大部分人都還有職業在身，朝九晚五；下了班回家還要照顧家庭、奉養父母，剩下的才是自己的時間，這麼多的時間到底夠不夠你修行用？你一定會說：「時間眞的太少了，你怎麼說多？」但我告訴你很多。怎麼叫多呢？辦公時、居家時，於一切身口意行當中專在法上用功，當你專在法上用功時，請問：「戒法與你相干不相干？」已經跟你無關了！你就根本不必去管戒律了！當你專心在法上用功而專心修集福德、專心除性障，這時戒法跟我們有什麼關係？根本不可能去犯到的，這樣修行就得力了。

所以古時有些禪師出家以後，師父要爲他傳戒，他說：「我才不要受戒，出家乃大丈夫事，應該弄清楚佛道是什麼，要先求證道，何須屑屑於細行？」他說受戒、持戒都是細行，不是大行，所以不想受戒，不想在戒法上用心。他們就直接去學禪，悟了以後還被稱爲大禪師，後來補受戒法，也能爲人傳戒呢！這就是說，你們來到同修會中，心量要很廣，要專心在法上用功，法就是指悟以後要學的一切種智。除了種智，入初地心的條件還有兩個：一個是除性障，永伏性障如阿羅漢；還有另一個條件是要修集入地所需的廣大福德。我們《明心與初地》小冊子改版了，現在增加了續講；你們如果想要入初地，別問我怎麼修，問那本冊子就夠了，裡面都說了！所以，我們應該專心在修集福業、認眞學法以及消除性障上面來用功。

這個十惡、十善業道詳細的說明了，我們根據佛說的原理來告訴諸位；你如果忘了也沒關係，只要專心在修集福德、修除性障及修習一切種智上面用功就夠了，「戒律於我何有哉？」戒根本就與我們不相干，因爲你自己在三賢位所應該修的法上面用功時，從意業的貪瞋癡下手，根本就不可能使身口的惡業產生，當然不可能會犯戒。如果會犯戒，就表示你不夠用功，不懂在意業的貪瞋癡斷除上用功，所以才會有身口惡業出生，那就是在世間法上用心去了，那麼道業的進步就會變得很慢，所以十善、十惡業與道，都應該從根本的意業下手，能從意業下手，哪還有機會再犯身口業道呢？

能夠遇到好的法是很不容易的，並不是每一世都可以遇到；現在有幸遇到了，你應該如何精進用功？得要像海綿一樣努力吸收，因爲每一世都能遇到有一個善知識既是經師、也是論師、也能告訴你戒律、還能寫一些論出來辨正法義的，這種善知識很不容易遇到；既然遇到了，你就得要努力的像海綿一樣趕快吸收。可是吸收妙法深義並不容易，你別說：「哼！《楞伽經詳解》我讀過一遍了。」我告訴你，一遍絕對不夠，至少要讀三遍，能讀五遍就最好。《楞伽經詳解》如是，《眞假開悟》、《燈影》那些書也一樣，都可以使你們迅速增長增上慧學的，這些絕對不是一般的佛書。台南共修處法義組寫的那兩本也是非常棒的，得要好好去讀，人家可眞是下了苦功的。所以大家在這上面用心都來不及了，哪有時間在世間事相上用心？所以你說：「戒法我不太懂。」不太懂也沒關係，你就在意業上用心把握住，身口的惡道就不會犯了！並且要在入地所必須的三個條件上努力用功：努力把一切種智趕快吸收，努力修集入地所需的大福德，因為那個福德要很大；還要努力修除自己的性障，因為想要入地，心量要很廣大。

要大到什麼地步？簡單的說一句就是：要大到別人不敢相信的地步。（大眾笑……）就是這樣，冤家誹謗你、傷害你，你還是願意接納他，還願意重用他、幫他悟，這個心量沒有人能相信。如果有這個心量，這輩子才有可能入地；若沒有這個心量卻想要入地，沒有機會的，只有等到死時埋入地裡面去！（大眾笑……）埋入地了還是不算入地！（大眾笑…）我說眞的！不開玩笑，大家要在入地的三個法上用心。如果這三個法眞的沒辦法用功，那就只好用戒相來匡正自己。如果悟後還需要戒相來匡正自己，那就是修行不得力了！這是我的肺腑之言，奉獻給大家。

【「修十善已，一一事中得三解脫。是十惡業，決定當得地獄果報，或有餓鬼或有畜生；餘果則得人中短命，貧窮乏財，婦不貞廉；有所言說人不信受，無有親厚常被誹謗，耳初不聞善好之言；能令外物四大衰微無有眞實，惡風暴雨爛臭敗壞；土地不平無有七寶，多有石沙荊棘惡刺；時節轉變無有常定，果蓏少實味不具足。若欲破壞如是等事，應當至心修行十善。是十善法三天下具，或有戒攝，或非戒攝。北鬱單曰唯有四事，地獄有五，餓鬼、畜生、天中具十，非戒所攝。欲界六天無有方便，唯有根本、成已二事。夫業道者一念中得。如其殺者、可殺俱死。是則不得根本業果；若作莊嚴、事竟不成，唯得方便，不得根本；作莊嚴已，便得殺者，得根本罪。如其殺已，不追成已，無『無作罪』。若殺者一念中死，可殺之者次後念死，殺者不得根本業罪。若遣使殺，使得作罪；口敕之者，得『無作罪』；若惡口敕，亦得『作罪』及『無作罪』。若其殺已，心善、無記，亦得『作罪』及『無作罪』。】

講記　修學十善業道以後，於一一事中都可以得到三解脫。爲什麼修學十善業道能得三解脫？請大家不要從字面來看，不要依文解義；因爲修學十善業道其實不能見道的啊！怎麼能得三解脫？可是這段經文明明講：修十善業道以後一一善業道都可以得三解脫。那當然就得要探究這三解脫是什麼道理？這個三解脫是講身口意得解脫，得什麼樣的解脫？得脫欲界生死。爲什麼脫欲界生死？因爲身口意三業都是純善，既無貪、也無瞋、也無癡，當然會超過欲界天的境界，這就是解脫於欲界。如果從比較廣義來講，修十善業道而離貪就超過欲界生：不再生於欲界中。如果離瞋，瞋是色界法；雖然欲界中一樣有瞋，但瞋這個法最多只到色界；如果瞋離了或斷了，那就已過色界天的境界。如果愚癡斷了——廣義的愚癡是斷我見與我執——那也是可以超過無色界的，那就出離三界了，所以十善業道就看你修的是狹義的十善業道，或者廣義的十善業道了。如果貪、瞋、癡三業是廣義的，這樣修十善業道，一一事中都可以得到三解脫。從前面的經文看來，佛說的十善業道也是廣義的，因爲都與第一義諦有關聯。

反過來說，如果是造作十惡業道，那就一定會得到地獄的果報，若是比較輕微的十惡業道，就會墮入餓鬼、畜生道中，就更與解脫及佛菩提無緣了。總而言之，造作十惡業道，就必定墮入三惡道中；三惡道惡報完以後，剩下的往世極微小善業果報，就是生在人間時短命夭折而且貧窮少財物，甚至娶來配偶還不貞廉。不貞就是紅杏出牆，不廉就會積聚私房錢自用：家庭很困苦了，她還在摳錢。墮入地獄道後回到人間是有順序的，不是在地獄受完罪以後馬上回到人間，而是在地獄受完純苦重報以後先去餓鬼道受生，多劫領受種種苦難而報盡了，再去畜生道多劫領受苦報受，報盡了才能回來人間，都是依這個順序輾轉回到人間的；而且 佛說初回人間時前五百世盲聾瘖啞：或當瞎子，或當聾子，耳朵聾了就只好當啞巴；甚至於不瞎不聾，就只是喉嚨發不出聲音。而且前五百世生在邊地不聞佛法，所以地獄罪千萬不要輕易去碰它。

對學佛人而言，地獄業中以壞僧爲最容易犯，謗三寶、謗法的事千萬別作，所以說話時一定要很小心。如果說話很小心，小心到變習慣了就不會誤犯，表示你的心地已經轉變清淨了，這就是從事行上來修心、除性障、改變習氣種子。前五百世的人間惡報受過了還有餘報：壽命不長。別人活八十歲、九十歲，他老兄只能活到四十歲；甚至十幾歲就夭折了，人中短命；而且貧窮、缺乏錢財，出嫁以後配偶一天到晚拈花惹草，賺了錢也不肯拿回家用，那都是有緣故的。縱使修得宿命通，往前看到前一世、十世、百世：「我又沒有造惡業，爲什麼會這樣？」但那可能是一百大劫、兩百大劫以前所造的惡業，直到這一世才受餘報。老實說，那些有宿命通的人如果能看見前三世、前五世，那就很值得他炫耀了！但是在了義佛法中不算什麼，還不如沒有神通的勝義菩薩入定以後撞來撞去、碰來碰去，卻能看見很多劫前的事，所以世人的宿命通遠不如勝義菩薩種子現前時可以看見而了知某些因果，不會再犯。

所以十惡業道對於修行人來講，千萬不可輕易去碰；因爲十惡業道作了以後，不但會有三惡道的果報和餘果，並且在人間**有所言說，人不信受**。有人明明每一句話都是老實話，偏偏就是別人都不信受、都懷疑他；並且沒有親厚之人，因爲往世造十惡業道時把眾生得罪光了，而且眾生如來藏中種子流注時會產生一個直覺：這個人說話不可信。雖然他很小心的每一句話都講實話，但別人仍然不信，當然無有親厚。並且很多惡事都不是他做的，偏偏有人無心之中就會懷疑他。所以被毀謗時要有智慧檢查：有時被毀謗是因，有時被毀謗是往世因而在此世結果。我們每說一句話都要很小心，沒有根據就不能說，因爲沒有根據而說就是毀謗了。這個毀謗如果是因，未來世就不好玩了！因爲來世**凡有所說，人不信受**。所以弘法時若不是了義而且究竟的、甚深的聞所未聞法，就會有不同的現象出現：有的法師出來弘法，隨便說幾句話就有人家送錢來了；但有的法師爲了建一個小寺廟安身，出門去托缽的結果還不夠他建廟安身之用。這就是大家對他信與不信的問題。所以這一世若造十惡業道，常常無根毀謗或有根而故意宣揚別人的過失，未來世出來說法時眾人大多不信他，即使身上穿著僧衣，他的僧衣也會沒什麼威德，沒有人相信他、支持他：**無有親厚**。別人都想要誹謗他，他耳朵所聽到的都不是讚歎隨順的話。這就是十惡業道中的四種口業的果報。

造了十惡業道以後，並且會使山河大地的物資衰微，導致人們所種稻穀會有很多是只有空殼而無眞實。古時的眞字與貞節的貞是通用的，貞實就是**眞正的結實**，是說稻穀中飽滿不虛的。所以收割稻穀晒乾以後要用鼓風機吹一吹，因爲有很多穀子只是空殼，裡面沒有米粒，那叫作**無有貞實**。如果眾生多造十惡業道，人們的收成就不會好，有很多的空殼：由於十惡業道而導致眾生的福報減少，於是米貴人饑。並且還會有許多的惡風暴雨，導致物資爛臭敗壞。我們台灣常常被稱爲寶島，大家都應該感恩，今年老天只把你需要的水送給你，大風送去日本、送去大陸，今年那個颱風，大陸死了多少人，傷了多少人，所以不要抱怨說：「雨爲什麼要下那麼大？」已經夠好了！如果台灣沒有颱風送雨來，能維持一年到頭有水嗎？不行的。我們要檢討自己，不要濫墾、濫伐，要保護山林，以後再有颱風送雨來時就可以說：歡迎！歡迎！因爲我們這裡有很多人在利樂眾生；且不談同修會證道的事，光說慈濟就好，他們這樣到處去救濟眾生，難道不是善業道嗎？雖然有領頭的法師在否定正法、謗如來藏、弘揚常見外道法，但那是她個人的事，而信眾們不都是善心在修善事嗎？光憑這一點，應該就足夠讓老天爺說：「我用颱風送水給你們就好，然後就把大風滅了。」所以我們今年沒有惡風也沒有暴雨，只是把我們乾掉的水庫灌滿水而已。如果我們不濫墾，雨下再大也不算是暴雨，只要能把我們水庫灌滿就好。但是台灣世間法中的人們若繼續造十惡業道：貪污腐敗、無根誹謗、顚倒是非，並且繼續濫墾濫伐而使動物們不能生存，台灣未來就不會有好日子了！所以匡正人心非常的重要，我們也應該更努力的去作。

如果眾生造十惡業道，也會導致土地不平、七寶不現：造了十惡業道就使福報減少了，當然要受惡報，土地也無法穩定下來，因此產生了許多石沙荊棘惡刺而無沃土，再加上時節轉變、無有常定：譬如有些農作物要經過寒冷凍一凍才能生長，結果該冷時不冷；到了夏天又超乎尋常的熱，把一些農作物給曬壞了！這就是時節轉變、無有常定，所種的水果、田裡的瓜菜都變成沒有果、實了，原來應有的味道也不具足，這就是眾生造十惡業道所帶來的果報。如果想要破壞這些惡事，就應該反過來遠離十惡業道，努力修行十善業道。

十善業道在娑婆世界的三大天下中都有：有時屬於戒法，戒律所攝；但有時雖然有十善業道，卻與戒律無關。佛特地爲我們說明：十善業道在北鬱單曰只有四個，不具足十個；因爲北鬱單曰的人們有福報，要什麼物資就有什麼物資，都不必辛勤工作，所以不需爲貪口腹之欲而殺生，不需爲貪錢財而盜劫別人的財物，不需爲了世間生活所需而對眾生惡口；也不需因貪而起瞋心，因爲所需要的資生之具隨處都有，積聚起來也無法賣錢，所以不用積聚財富，就不需要起貪去瞋別人。北鬱單曰不需要殺害眾生，一切飲食都具足。他們也沒有邪淫之罪，因爲他們男女並不互相繫屬，男人遇見某位女人，互相看對眼就一起歡喜去了！他們沒有家庭繫屬，所以就沒有邪淫之罪，其他的六個惡業自然也不會有。正因爲男女互相繫屬，所以才有邪淫罪可攝。他們那邊日子太好過了，所以很少煩惱，所以都不修學佛法，也沒有佛法可說。因此北鬱單曰的人們只有四個十善業道：不殺、不盜、不惡口、不瞋。

地獄中有五種十善業道，但都與戒律無關，是因爲他們的果報本來如此。地獄有哪五個自然的善法呢：不殺、不盜、不淫、不綺語、不兩舌。地獄眾生能殺誰？能逃命就很好了，還能想到殺人嗎？地獄的眾生又能對誰劫盜？大家都沒有財物，能向誰搶劫？而且受苦、逃難都來不及了，還會想到去盜劫別人？別人也同樣沒有財物。地獄眾生也不可能有邪淫，連正淫都不可能有，因爲每天惶惶然只是逃避苦難，都沒有時間想到淫欲的事了。他們也不會綺語，沒有時間說無意義的話；他們所有的時間就是逃難，當然更不會挑撥是非，大家只有共患難而無時間挑撥是非；而且共患難時互相憐惜，不可能會挑撥是非。所以他們有五個善業：不殺、不盜、不淫、不綺語、不兩舌。但是都跟戒律無關，而是他的果報本來如此，要這樣在惡道中受苦來償盡惡業。

餓鬼、畜生及天中就具足十善業道。餓鬼好不容易得到一口濃痰，若懂得修行，可以撥一部分送給別人，所以他們也可以修布施的善業。餓鬼比人中苦很多，但是偶然得到食物時也會有一點快樂，所以他們可以修十善業道。畜生也可以修，所以菩薩本生譚中常常示現在畜生道中利樂眾生。人及欲界天中也可以具足十法，不過人不攝在這裡面，因爲北鬱單曰、地獄、餓鬼、畜生及天中所修的十善業道都不是戒律所攝的，而是果報本來如此，所以說**非戒所攝**。只有人中受戒而行十善業道才是戒律所攝，但是北鬱單曰等所修的十善業道卻都不是戒律所攝的。

戒律有三個法：根本、方便、成已三罪。犯戒中有這三個罪，但不一定具足：或有得方便罪，或有得根本、成已罪。這三個罪會影響到未來世的果報，是菩薩們應該知道的，佛開示說：欲界六天中沒有方便罪，只有根本罪和成已罪。欲界六天的天人，他們不可能有竊盜的方便罪，只有根本罪和成已罪。欲界六天的財物各有所屬，欲界天人想要得到任何財物，都看各人的福報而有勝劣差別，但不會沒有福報，所以他們想要得到自己的財物都隨時可得，但是想要得到別人的財物也是隨時可得的，因爲欲界天人不會防範別人來竊盜，所以欲界天人如果想要偷別的天人財物也是隨手可得，不需要施設方便就可以偷得，所以他們在竊盜罪中都沒有方便罪，但是有根本罪及成已罪。根本罪就是起心動念決定要偷竊，偷到手而帶走就是成已之罪；所以 佛說欲界六天沒有方便，只有根本、成已兩罪。欲界六天的邪淫罪也是一樣，如果有天人看見別人所有的天女而起貪，都不是因爲先做種種方便罪而成就，當時喜歡了就當時歡喜完事，所以有根本罪及成已罪，沒有方便的罪。

業道，不論十善業道或十惡業道，都是一念中得。譬如十惡業道的殺業：某甲受盡欺凌而想要殺死某乙報復，終於有機會可以殺害某乙，可是殺害時因爲某乙極力掙扎，結果兩個人同歸於盡：殺者與可殺者俱死。這時某甲不得根本業果，因爲是同時死；如果某甲後死，他就得根本罪；如果得根本罪而某乙死了，他就一定要下地獄；但因他同時俱死，就與殺人有異，同歸於盡所以不得根本罪。

「若作莊嚴，事竟不成；唯得方便，不得根本」：若在殺害別人之前，先作了種種方便而想要殺害對方；但是即將被殺者命不該絕，所以殺業無法成功；譬如某甲設了一個陷阱，但對方臨時有事、改道而行，所以某甲作了種種方便來莊嚴殺人這件事，畢竟沒有成功，所以他只得殺業道的方便罪，不得根本罪；要成功了才會獲得根本罪。如果他作了種種方便來莊嚴殺害別人的事情，後來殺業的事相成就了，對方被殺死了，他便成就了根本罪。主要是在於釐定他的殺業是不是具足成就？是不是犯重？一般而言，所有的戒經都偏重在事相上來制定的，所以根本罪的成就要有成已之罪才能成就；這是從凡夫的立場來說，但如果是以勝義菩薩僧的戒法精神來看凡夫菩薩的戒法，只要起心動念決定要殺，雖然沒有作種種方便來莊嚴殺業，也沒有付諸於實行，殺業已經成就了！這叫作有業而無道：雖不受報，但是心田中的意業業種已經成就了！這意思是告訴我們：菩薩的戒重在心地，是心地戒；聲聞戒重在口行和身行，如果只有意業而沒有落實到口行和身行，聲聞戒的戒罪就不成立。所以聲聞戒與菩薩戒的精神有很大不同，因此從凡夫菩薩戒來講：殺人與被殺者同時俱死，根本業不成就，就不必下地獄。但是菩薩戒特重心意的業而作種種不同的界定，佛在後面還會有許多的舉例和說明，讓大家都可以詳細的瞭解。

接下來說：如果有人殺害了別人，但是他並不知道是被自己殺死的，譬如被外力所干擾而導致精神不正常，正當殺時不知自己正在殺人；或如暗夜中、兵荒馬亂時，拿著一支銳利的刀子保護自己，只是在逃難的緊急狀況中跑來跑去，他無意殺人，但不小心刺到了一個人，對方也許半小時、一小時乃至明天死了，但他不曉得已經刺到人了，所以殺業成已，不追成已：不會去追認作自己所殺的。所以他有成已罪，但沒有無作罪，是有作罪而沒有無作罪。因為殺業成就了，他未來世將會在緣熟時被人誤殺，殺他的人也不知道已經把他殺死，所以他只得有作罪，沒有無作罪；也就是說他沒有殺心而殺死了人，事後無法追究弄清楚是自己所殺的，所以他沒有無作罪。有作罪、無作罪的區分，就在有沒有殺心；因為他**不追成已**，沒有殺心，也不能確定是自己所殺，心中也沒有懷疑死者是不是被自己所殺，所以叫作不追成已。

「**如其殺已，不追成已，無無作罪。**」如果心中有疑：死者可能被我不小心刺到，可能是被我所殺的。這是心中疑殺。疑己所殺，就是追成己業；雖然還沒有確定，但極可能是自己所殺，也算追成己殺，這樣就會有無作罪。但若是先後都沒有殺心，也完全不知道，也不認爲是被自己所殺，所以就沒有無作罪，這是有作罪成就而沒有無作罪。果報是未來世會被對方在無意間殺害，那時對方也是沒有殺心而殺了他。

「若殺者一念中死，可殺之者次後念死，殺者不得根本業罪。」如果殺人者在一念中死了：當他刀子刺出去殺人時，對方還沒有死，他自己卻正好被箭或其他尖銳物從勝義根刺殺，當場死亡；但被他殺的人刺到心臟或其他地方，可能十分鐘後才死亡，但他自己卻在殺人的一念間先死了，他就不得殺人的根本罪；因爲他自己死在前面，被殺者死在後面。又如被殺者極力反抗，雖然被殺了一刀，但是當場拿到重物從殺者的頭上反擊而當場打死行兇者，被殺的人反而後死，那麼殺人者就沒有根本罪也沒有根本業；因爲他死時，所造的殺業仍不成就，所以他沒有根本業罪，只得有作罪而沒有無作罪。由於根本罪、方便罪、和成已罪的差異不同，會導致所墮的地獄層次有所差別；不具足就不到無間地獄或者更下層次的地獄，具足就接近到無間地獄；所以同樣是殺業罪，還要看有沒有作罪、無作罪。所以殺者先死而被殺者後死的情況下，殺者的殺業沒有根本罪：有有作罪，沒有無作罪。

「若遣使殺，『使』得作罪；口敕之者，得無作罪。若惡口敕，亦得『作罪』及『無作罪』。」如果是派遣別人去殺害他人，被派遣的使者只得到有作罪，而主使者得到無作罪，因爲他有殺心而主使別人去做了；可是實際上殺業的成就卻是使者所作，所以動手者得有作罪，不得無作罪，因爲他不是惡心而殺，只是奉命而殺。如果是惡心而惡口令人去殺，主使者除了無作罪之外，又多了一個有作罪。譬如古時的縣太爺下命令：「**這個犯人行刑時候到了，動手殺死吧！**」使者就動手而殺，下命令者得到無作罪，因爲他有殺心，所以只得無作罪，不得有作罪。如果縣官與罪犯或被冤枉者本來有仇，他恨不得馬上除掉對方，所以他對受刑者很生氣，因此行刑時惡口大叫而辱罵：「**你早就該死了，還讓你活到現在。馬上爲我殺！**」以惡口下命令來殺，他有殺心才會惡口，惡口的本身是助殺的行爲，落在口業而不只是意業中有殺心而已，所以要加上有作罪，與劊子手同樣都有有作罪，所以罪就重了。

「若其殺已，心善、無記，亦得作罪及無作罪。」如果殺人時是在心善或無記的狀態，那就具足作罪和無作罪。怎麼叫作心善或無記？譬如有人認爲把某人抓來殺害，是爲眾生除害：是爲了保護眾生、保護好人而把惡人謀殺了，他是心善而殺、認爲殺得有理；這是有殺心的，所以得到有作罪與無作罪。只要有殺心而去作了，就一定會有無作罪；而且實際上也自己動手去殺了，所以又得到有作罪；換句話說，只要經過方便籌謀而殺死惡人了，根本罪、方便罪、成已罪就都具足了。但因爲他是心善而殺，可能不會到底層的地獄，最多可能只是在上面幾層受苦；乃至也有可能是成爲善行而不受墮落惡道之苦，反而生天的；但是未來無量世以後仍將會被對方所殺，表面看來將會是大善人行善一世而遭受惡報。心善而殺，雖得有作罪與無作罪，但不一定下地獄的，譬如經中記載一位在家菩薩雖有殺心，但只是爲了守護弘揚正法的比丘，所以他拿起刀劍與破法者拼命，後來被破法者殺死了，往生到淨土去而成爲　不動如來座下第一弟子，被守護的說法比丘後來往生卻成爲第二弟子。雖然同樣是殺，同樣是得有作罪及無作罪，但他卻是不下地獄的；但因爲雙得有作及無作罪，性罪的果報是將來緣熟相遇時，還是會被死亡的惡人索回一條命，這就是善心殺人而得有作與無作罪的未來世果報。但是未來若再遇到同樣的狀況，菩薩還是會再動手殺死惡人，承受應得的罪業而仍然並不後悔。無作罪在什麼時候才會完全不存在？在等覺菩薩、諸佛位中都不會有無作罪。菩薩究竟地的十地時還會有無作罪的，該下令殺生時還是會主動去作，該殺惡人時還是會動手的。只有在等覺菩薩到後身菩薩位及諸佛位中不會有無作罪，因爲福德具足時，沒有任何眾生需要他下令或親自動手殺，因爲福慧都滿足了。

如果是無記而殺，就如剛剛舉例的無意間殺死了人，根本無所謂善惡，只是不小心而殺死人了，並沒有善惡之心，也不知道有人被自己殺了；但是在不知道中卻是已經殺死了人，因爲成已而得到有作罪；可是事件後來弄清楚時，他知道是自己不小心殺死了人；當時雖然沒有殺心，但因爲成已，所以得無作罪，追成已殺嘛！殺時無記，後來追溯成爲自己所殺，所以無作罪就成立了，這裡面有很多微細的變化，其中因果很難讓我們完全了知，所以 佛說一切因果：「**唯佛與佛乃能盡知。**」因果事相是最難理解的，菩薩等覺地都還不敢說已完全了知，所以我們就遵從 佛的開示原理去理解。以上是殺業的部分，但是殺業還有許多淆訛不明的地方，我們再請 佛開示：

【「若有說言：『過去已滅，未來未生，現在無住，云何名殺？一念不殺，微塵不壞；若一不殺，多亦不能；云何言殺？』是義不然！何以故？雖復現在一念不殺，能遮未來使不起故，故得名殺。以是義故，不可以見一處無殺，舉一切處悉便無殺。有人刺手，則便命終；或有截足，而命全者；頭則不爾，刺截俱死，若有作已得大罪者，是名業道。三業自得，七業自他；若無『作』者，亦無『無作』。或有說言：『身業三事，有〈作、無作〉，口不如是。』是義不然！何以故？若口有『作』無『無作』者，口敕殺已，不應得罪，是故口業亦應有『作』及以『無作』；心則不爾，何以故？賢聖之人不得罪故。何因緣故名『作、無作』？是業墮於三惡道故，生於人中壽命短故，所有六入常受苦故；餘果相似。

根本正果，或有相似或不相似，受果報時在活地獄、黑繩地獄；餓鬼、畜生、人中三處受於餘果。若於一人作殺莊嚴，作莊嚴已，有二人死，當知唯於本所爲人得『作、無作』。】

講記　如果有人這麼講：「過去的五陰已經滅了」，譬如上一分鐘、上一剎那的五陰已經滅了，「下一分鐘、下一剎那或明天的五陰還沒有出生，而現在這一剎那、這一分鐘的五陰也是念念生滅而不是常住的，既然沒有一個眞實的五陰可殺」，因爲過去已滅，你殺不到；未來五陰還沒有生，你也沒有殺到；現在你殺到的這個五陰，也是念念生滅而不住的，「那麼到底是殺了什麼而說有殺人的事情？」這樣看來，殺人應該等於沒有殺人。若有人這麼講，就是誤會了佛法，用事相來解釋實相眞理。人家是證悟了如來藏，從如來藏來看五陰的念念生滅，而說眾生被殺了其實沒有被殺，那是從如來藏實際來看的；所以你們破參以後，事相上看見有豬羊雞鴨等等被殺了，你會說：「牠們哪兒有被殺，牠的如來藏根本就毀壞不了啊！牠還是繼續去投胎，還是會再有一個五陰，所以你殺了牠，其實沒有殺。」這是從理上、實際理地來看待的，所以說沒有殺生這回事，才叫作三輪體空：沒有殺者，沒有被殺，也沒有殺事。但是理上如此，卻不能把理的境界拿來解釋事相；只有誤會「佛法者才會把理拿來在事相上亂作解釋，就跟著證悟的人一樣說沒有殺，所以他就假藉這個三輪體空的理由去犯殺業：「我殺了也等於沒殺，我吃了眾生肉也等於沒吃。」這就是誤會佛法的人。

誤會者又這麼講：「一念不殺」，只要有一念不殺，雖然已經動手把人家殺了也沒有關係，心中沒有殺意就好。他說：「只要一念不殺，就沒有任何微塵被毀壞，何況是五陰呢？如果一念不殺，當然多念也不會有殺，因爲這一念殺心並不常住，這一念殺心正在過去，哪有殺可說？而過去的那一念殺心已經過去了，未來起殺心的那一念還沒有起來，現在這一念殺心正在過去，如何可以說現在、過去、未來一念有殺生？你怎麼可以說有殺生這回事？」他也可以解釋說：「我對一個眾生不是殺，對別的眾生也就不是殺，哪裡還會有殺生這件事？」由於眾生心無量無邊，想法就會有無量無邊的種類，所以各種狡辯的情形都會出現。因此他認爲：「殺了眾生也是沒有罪、沒有果報的。」有一種外道就說無因無果，但是佛說這一些道理都不正確。

譬如現在一念不殺，可是現在不殺的一念卻可以遮止未來的念，使得殺心不起；既然現前一念不殺可以遮未來殺生的邪念生起，那麼當然可以說現前正在殺生者確實有殺生這回事。如果不是確實有殺，怎麼可以說**「由現在的這一念不殺而能遮止未來殺生的念頭生起」**？所以殺害眾生確實還是有殺生的事存在。**「由這道理的緣故，就不可以說一處無殺，就一切處都無殺。」**因為在這個地方他不殺人，也許到了別的地方他就會殺人了！又譬如，他在人家手上刺了一刀，沒有要他死的意思，結果那個人後來可能就死了！譬如破傷風，古時是沒有救的，只在手上刺一下就死了：**「有人刺手，則便命終。」**但有時惡心想要把人砍死，所以把某人的腳砍斷，這麼大的傷害卻還能活下來，所以殺業也不是全然的相同。若是在被害者頭上深深的刺進去，或是把頭砍斷了，都是會死亡的，所以說**刺截俱死**。古時京劇不是有一齣戲說，惡人從某人頭上用一枝長鐵釘釘進去而死掉了，仵作老是查不到，後來才被查出來；如果是練家子，有功夫，拿一根筷子往一個人頭上刺下去，也一樣會死掉。

古時沒有辦法醫治腦部的傷害，一定會死掉，所以說刺、截俱死。

如果做了殺生這件事情而使人死亡，這就是獲得大罪的人，不但有業、也有道，有道就一定要墮落三惡道的。所以不能說：五陰過去已滅，未來未生，現在無住，殺了人而不算殺。禪師們說沒有殺人，菩薩們說殺人三輪體空，那是從理上的現觀來說的，但是事上殺業畢竟成就了：根本罪成就、方便罪成就、成已罪也成就，怎能說沒有殺業呢？殺業既然成就了，就得大罪，就叫作業道。意思是說：業道的成就，一定是同有意業、口業、身業的，身口意合起總共就有十個業、道。

「**三業自得，七業自他。**」十個業道中的三種業是從自己身上而得，這叫作業而不是道，另外七種有業也有道。「三種業由自己身上得」，是屬於意業所做，這個意業是從菩薩戒來說而不從聲聞戒來講。聲聞戒縱使心中起殺心，只要身、口不犯，就沒有殺業；但菩薩戒不同，只要意業中起了貪、瞋、癡而生起殺心，業就成就了！但是沒有道，因爲口與身還沒有付諸於實行。所以意業中的三業都是從自己而得的，但是口四業、身三業則是從別人身上而得罪，因爲一定是在別人身上造作出來，業與道才會成就，所以說口四業和身三業是從別人身上而得罪；若不藉口四業、身三業來實行，就不會在別人身上造成死亡或傷害，所以口四身三等七業得之於別人身上。如果以凡夫來講，或者以三賢位中的十住與十行位來講，如果沒有「有作罪」就不會有「無作罪」；因爲這是從戒相的事持上面來說，不從理持來說的；可是「三業自得」是從理持來講的，是偏在諸地菩薩而說的。因此只要起了貪瞋癡意業，那麼意業便成就了，這是從自己身上而得罪業；但是意根專屬的惡業，在聲聞戒上並不成立，所以沒有罪可說。菩薩戒重在心地，因此後面這兩句是依凡夫和賢位的菩薩們來講，不是依聲聞法來講的；這是說，如果作罪有成立時，無作罪就不成立了。譬如殺業，如果沒有把人加以殺害，意業中的有作罪就不成立。有作罪不成就，無作罪就跟著不成就。可是如果從菩薩來講，殺人的事情雖然還沒有殺成，但他還是有「無作罪」，雖然「有作罪」沒有成立，沒有成已罪，但是他的無作罪還是在的，所以從凡夫或從諸地聖位菩薩來講，意義是不同的。

如果有人這麼說：「**身業這三件事**」，身業是殺盜淫三種惡行，「都有有作罪和無作罪；口業就不一定，不會像身業具足有作罪和無作罪。」但是這個道理不正確，假使口業只有有作罪而沒有無作罪，那麼為了私事而惡心下命令殺人時，就不應該得到有作罪和無作罪；可是惡口命令屬下動手殺人時也會得到有作罪和無作罪，所以他們說口業不一定具足有作罪和無作罪，道理是不正確的。「心所造的業就不是這樣了，心不會具足有作罪和無作罪，原因是凡夫的心會得有作罪與無作罪，賢聖不一定有。」譬如賢聖有時不小心誤殺了人，他得到有作罪而沒有無作罪；又如賢聖都不會動口命殺或親自動手殺人，所以一定不會有有作罪；有作罪既不成就，當然也就沒有無作罪了！所以說「賢聖之人不得罪故」。為什麼加上賢字呢？賢位菩薩從初迴向位開始，絕對不可能生起殺害眾生的意業，也絕不可能生起竊盜和邪淫的意業。在十住位內，被引誘或被逼迫時，還有這個可能的；但是初迴向位開始的菩薩，寧可自己死掉也不願意去犯，除非為了住持正法而不得不忍辱負重，所以賢位菩薩中也有不得有作罪及無作罪的人。

「**何因緣故名作、無作？**」是什麼因緣而說作罪和無作罪呢？意思是說「所造的身口惡業將會使他來世墮於三惡道中的緣故」，所以施設作罪與無作罪。將來三種惡道的果報受完後，順著地獄、餓鬼、畜生的次第受報完了，「轉生到人間來時，壽命也會很短促的緣故，而他在人間所有的六入覺觀都會常常領受種種苦報的緣故，所以才會施設作罪和無作罪的差別。並且因為具足作罪與無作罪，未來所受的餘果都會相似。」換句話說，除了墮落地獄接受極重的純苦惡報以外，一定會有同樣的餘報：要去餓鬼道受無量苦，歷盡多劫之後再轉到畜生道受無量苦，再歷盡多劫才能生到人中，生在人中的果報是五根不具足：盲聾瘖啞。並且將會生在邊地不聞佛法，這都是餘報。正報則是地獄的果報，說輾轉，是因為地獄報完仍不能馬上回到人間，一定要受餘報：餓鬼道、畜生道。還有餘報就是出生人間後的剛開始五百世中都是盲聾瘖啞，而且生在邊地不聞佛法。殺、盜、邪淫的身業三種重罪具足了作罪和無作罪，所以餘報相似，才會施設作罪和無作罪。

「**根本正果，有時相似，或者有時不相似。**」什麼是相似？又為什麼叫作根本正果？根本正果的意思是說所犯的罪是重罪，具足了根本罪、方便罪及成已之罪，並且這個罪是重罪，譬如有人以殺心想要殺害一隻野生動物，但是不容易抓得到；所以他施設種種莊嚴方便來幫助捕捉野生動物，造作了莊嚴方便以後還眞的殺害成功了，這就是根本、方便、成已罪都具足，但是因爲所殺的是動物，不是道器的人類或天人，所以這個罪不屬於最重罪，不必就一定下地獄。如果殺人就成爲重罪而一定要下地獄，所以同樣具足根本、方便和成已之罪，一個是殺人，另一個是殺野生動物，獲得的根本正果就不相似了！乃至同樣是殺人，根本正果也不相似的。譬如殺了一個凡夫而下地獄，可能是在寒冰地獄而不會墮落紅蓮地獄。如果他殺的是父母，那就不只是紅蓮，而是無間地獄；所殺同樣是凡夫，但是因爲根本業有輕重之分，所以正報就有大大的不同。如果是殺害賢聖，那也是無間地獄罪，譬如殺害了斷我見的初果聲聞或菩薩；若是殺害證悟的菩薩，罪又更重了（因爲證悟的菩薩不只是斷我見，更進一步的證得法界實相心，他的功德與智慧更非初果人所能比擬），將來墮落無間地獄時的受報時劫就一定不同，轉生餓鬼與畜生道時的餘報也會有所不同；所以同樣是殺人，根本正果常常不相似。

除了根本正果的相似與不相似以外，受果報也有不同，所以同樣是殺人，如果殺害佛弟子或殺害破壞佛法的外道，同樣都有殺心而殺，根本、方便、成已也都三罪具足，但是都會下地獄嗎？即使都下地獄時待遇也不會一樣：或者在活地獄，或者在黑繩地獄，乃至有人到了大火熱地獄……等各不相同；所以因爲三業、對象以及根本、方便、成已的種種不同，所得果報的根本正果就不一定會相同了，各人所受的果報當然更不一定相同。下地獄是正果，餘果就是餘報：要輪轉於餓鬼、畜生、人中，在這三個地方再受餘果。所以有人生在邊地非洲的窮苦處，連三餐都不容易滿足，何況能聽聞佛法呢？有人說：「有啊！現在慈濟功德會有在非洲救濟眾生。」但他們在那邊救濟，有沒有說佛法？我看機會是很少啦！即使聽得到，也將只是表相或謗法的「佛法」。甚至於出生時就盲聾瘖啞，或者遇到戰亂橫禍而盲聾瘖啞，這都是受餘果。五百世的餘果受盡了以後才能重新生到有佛法的地方，那就是中國。這個中國不是講中華民國或中華人民共和國，是說生在有佛法的地方。印度人說印度是世界的中央，似乎也有道理，因爲正好在熱帶，是中央；古時他們說有佛法的地方才是中央之國，其餘都叫作邊地，相對於邊地而說他們是中國。

受餘報的最輕微事件是處處可見的：譬如你很喜歡某人，想度他來學正法，希望幫他開悟，但他老是聽不進去。那表示他正在受餘報，過去世如果謗法、謗賢聖，或捏造事實來毀謗；下了地獄以後，輪轉於餓鬼、畜生，最後才來到人間當人；前五百世過了才能生在中國聽聞佛法，聽聞正法時只算是新學菩薩，只是初機的學佛人。如果你對他說眞的可以開悟，或者說眞的可以眼見佛性，他始終聽不進去，這表示他還在輕微的餘報過程當中。如果過去世都沒有學過佛，那他是新學菩薩而聽不進去，就不屬於受餘報者。如果過去無量劫以前曾經學佛，而現在聽不進去，表示他現在正在受往世謗法的餘報。如果有人告訴你，說他夢見或者定中看見過去多少劫以前曾經學佛，但是現在你告訴他了義正法時他卻聽不進去，你就知道他其實正在受餘報。所以他看見過去無量劫前學佛的事，不值得高興，因爲這表示他正在受謗法的餘報。如果餘報受完了，一聽到可以證悟，他一定馬上會心生歡喜而急著要學，這才是沒有餘報的人。這段經文就是在告訴我們善業道與惡道的因果道理，這《優婆塞戒經》可別白聽了，要能藉此而了知眾生正在什麼樣的狀況中：從他現在的狀況就能瞭解到他過去世的因果。以果來推因，要會活用。因此正報就是地獄，凡是身三業或口四業之重罪，都是以地獄為正報的，除非是輕罪；正報受完了，餘報就是餓鬼、畜生以及人中的盲聾……等。

最後說殺業：如果在某人身上作了種種殺業的莊嚴，也就是為了想要殺害某人而作了很多的方便業，想要順利完成殺業，但是作了很多方便之後卻害死了兩個人，同時害死了另一個無辜的人。這個殺業，佛說：「當知只對本來就想殺害的人而得到有作罪及無作罪。」也就是說，對那個被誤殺的人仍然沒有得到作罪與無作罪的戒罪。雖然根本、莊嚴、成已三罪具足，但只有性罪而無戒罪的作與無作罪。因為對另一個同時被害死的人並無殺心的緣故。

【「若有說言：『色是無記，命亦無記；如是無記，云何殺已而得殺罪？』是義不然，何以故？如是身命是善惡心器，若壞是器，遮於未來

善惡心故，是故得罪。若王敕殺，侍臣稱善，是王與臣罪無差別。獵亦如是，若有垂終，其命餘殘有一念在，若下刀殺，是得殺罪；若命已盡而下刀者，不得殺罪。若先作意，規欲撾打，然下手時彼便命終，不得殺罪。若作毒藥與懷妊者，若破歌羅羅，是人則得作、無作罪。若自刑者不得殺罪，何以故？不起他想故，無瞋恚心故，非他自因緣故。或有說言『若心在善、不善、無記，悉得殺罪；猶如火毒，雖復善心、不善、無記，觸食之者，悉皆死』者。是義不然！何以故？世間有人，捉火不燒，食毒不死；非惡心殺亦復如是，不得殺罪，如諸醫等。或有說言：『婆藪仙人說咒殺人，殺羊祀天，不得殺罪。』是義不然，何以故？斷他命故，癡因緣故。若見人死心生歡喜，當知是人得成已罪；見他殺已，心生歡喜出財賞之，亦復如是。若使他殺，受使之人到已，更以種種苦毒而殺戮之；口敕之者唯得作罪，受使之人兼得二罪：作以無作。」】

講記　假使有人這麼說：「眾生的色身是無記法，因為眾生的色身本身無關善惡；會有善惡是因為覺知心才會有善惡，因為思量作主的意根心才會有善惡，眾生的色身本身並沒有善惡性可說，所以是無記性的；同理，眾生的命根本身也是無記性，命根並不造善惡業。既然命根和色身都是無記性，為什麼說殺了眾生的色身使他命根失壞而會得到殺罪？」假使有人提出這樣的質疑，佛說：「他的說法不對，為什麼呢？因為色身和命根雖然都是無記，但是色身和命根卻是心運用的工具，如果壞了色身與命根，就能遮止未來的善惡心生起，由此緣故，殺害了眾生的色身、毀壞命根就得殺罪了。」所以不能因為色身是無記、命根也是無記，所以把眾生殺害了，不得殺罪。這個道理不能成立。

「如果國王下令殺人，旁邊侍奉他的大臣們歡喜讚歎說：『殺得好！』那麼國王與大臣們的罪是沒有差別的。」因為那些大臣們有殺心，既然口中稱善（公然說國王下令殺得好），那就是有殺心，與國王一樣要殺死某人；所以讚歎殺的人與下令殺的人，罪就沒有差別了。「殺業如此，狩獵眾生時也是一樣的道理。如果獵人遇到一隻動物，那隻動物即將要死了，剩下最後一絲的命（剩下最後的一念仍然存在），覺知心還沒有斷滅，獵人恐怕牠又醒過來逃走，所以就下刀殺死牠，那就得到殺罪了。」因為牠還沒死。當然，死還有得探究處，並不是說他心跳、呼吸停了就叫死，這時還不到正死位，因爲這裡說的未死是說「其命餘殘，有一念在」。人剛死時覺知心還沒有斷，心跳、呼吸都停了，但覺知心還在。如果獵人以爲那隻動物只是悶絕，認爲那隻動物應該下手殺害，免得牠萬一醒過來又跑走了；假使這隻動物能聽懂人的語言，牠就知道獵人正要殺牠，因爲息脈俱斷以後不久的時間內，覺知心還在，還能聽聲；並不是息脈停了以後，就是眞正的死。所以覺知心還在：**「其命餘殘有一念在，若下刀殺，是得殺罪。」**

「若命已盡」，就是說覺知心已經不存在了。覺知心如果還在，就有可能復活；所以有人息脈停了以後，醫生宣布死亡；因爲西醫常常會把眾生物化了，他們認爲呼吸、心跳停了就是死了，就不再當作是人了！我們不是這樣看待的：呼吸、心跳停了，意根與意識都還暫時存在，只是不能對生人反應罷了！覺知心只要還在，他隨時都有可能復活；所以有人說某人死了又復活，其實往往不是死，只是很深的接近死亡的悶絕。所以如果有人呼吸、心跳停了，醫師要幫他做器官移植，手術刀下手就直接割除了，其實仍是殺人，因爲**「其命餘殘有一念在」**，意思是當事人還沒有眞正死亡，覺知心仍在領受痛觸，只是不能表示他心中的意思而已。如果這時候下刀殺了，他就是得殺罪了。「若命已盡」，是說覺知心已經斷了，那就確定他的意根會決定離開，不然捨壽前的覺知心不會斷滅，這時才可以說已經沒有剩餘的一念存在，這時才算是進入正死位了，才叫作眞正的死。正死位是從覺知心不再生起的這時開始算起的，所以佛法說的正死位，指的是覺知心斷滅開始時；所以息脈斷了以後還有覺知心的念頭存在，就還沒有進入正死位。息脈斷了以後覺知心也斷了，「無任何念存在了，這時下刀殺了仍然不得殺罪。」因爲亡者覺知心已經全滅而不會覺得痛了：已經是屍體而不是有情了。

「假使有人先生起作意計劃要把某人打死，可是正在下手打時，拳頭還沒有打到身體，在前一剎那，被打者已經命終，覺知心已經不在了，這時打者不得殺罪。」因爲死者覺知心滅失在前，是捨壽在前而打擊在後。就像法律一樣，人已經死了而加以刀殺，叫作毀屍而不是殺人。但是法律對於死的定義與佛法中的定義不一樣，佛法認爲：覺知心還在時下刀而殺，就叫作殺人；覺知心不在了，就叫作毀壞屍體，不叫作殺人。

「**如果製作毒藥給懷孕的人墮胎**」，墮胎藥也是毒藥，「假使破壞了歌羅羅（又名羯羅藍，就是剛懷孕七天內的受精卵），供給墮胎藥和實行墮胎的人，就得到殺業道的作罪和無作罪。」這種殺罪，因為生命還處於受精卵位，還不能成為覺知心造作善惡業的器具，還無法被覺知心所用，所以這個罪比殺人罪輕，但仍然是殺罪；所以賣墮胎藥讓別人墮胎，也會得到殺業的作罪與無作罪。因為受精卵將來會成為人或成為有情，所以殺的作罪成就；因為已經成已，成已就是有作罪成就。他在心中也有把未成形的人殺害的意思，所以意業成就而有根本罪，就會得到無作罪。你如果開設西藥房，不要賣墮胎藥；有人來問時就說剛好賣光了。如果賣老鼠藥，一樣得殺業的作罪和無作罪，因為賣的人就是要讓買的人達成殺害老鼠的目的，所以有根本、有方便、有成已，所以作罪與無作罪都具足成就。雖然殺一老鼠是輕罪，不是重罪，罪不及地獄，但他還是屬於殺的業道。這意思是讓大家瞭解：什麼是有作罪，什麼是無作罪。實行而成就了就是有作罪，有殺意就是根本罪的無作罪。

「**如果是自刑**」：自殺。以前有人問我這個問題：「自殺有沒有犯殺業？」我一向都答：「自殺不犯殺業。」有些人不認同，現在有佛說的根據了！自殘者不得殺罪。所以佛眞的開明：人可以有要求生存的權利，但是也可以有不想生存的權利。所以殺害自己不得殺罪，因爲「**不起他想**的緣故」。殺罪是從別人身上成就的，是使別人死亡才叫作殺罪；自殘者既沒有在別人身上成就殺業道，固然有殺心，但不是要殺別人：「**不起他想**」也「**無瞋恚心**」，不是因爲生氣自己而把自己殺害；都是因爲羞愧或日子難過，所以把自己殺害，所以無瞋恚心。並且「**非他自因緣故**」：殺業是由自己去成就在別人身上，他只是在自己身上殺，沒有他業，所以「**自刑者不得殺罪**」，可見我這幾年的答覆是正確的。

佛說：「如果有人這麼說：『假使覺知心和意根是處在善、不善或無記狀態中，不管是善心而殺害眾生，不善心而殺害眾生，或者無記心時殺害了眾生，全部都得殺罪。譬如火或毒藥，縱使以善心、不善心或無記心而觸到，被火燒死或吃了毒藥都一樣會死；不管善心、無記心或惡心，把他丟進火裡一樣都會燒死，所以不管是善心、不善心、無記心時成就殺業道者都得殺罪。』這個道理講不通！因爲世間有人練過某些功夫，可以把手伸進火中而不會被燒，也有人吃毒藥而不會死，反之，如果在無記心或善心位時誤殺了人，不會得到殺罪，譬如醫師救人開刀手術失敗的道理是一樣的。」譬如曹操，你若用砒霜毒他是毒不死的，因爲他從很少量開始練習每天服毒而產生抗體，就好像現在打疫苗一樣，對某一特定物質有抵抗力；同理，既然有人練功而捉火不燒、食毒不死，非惡心而殺生也是同樣的道理，雖然殺了，不得殺罪。譬如醫生以刀殺人卻把人給救了，他們是以善心而殺，所以下刀殺人仍沒有罪。醫生們每天手術房下刀殺人因爲沒有罪，所以叫開刀、手術，不叫作殺人。雖然本質還是下刀殺，但他把人開膛剖肚，目的是要救人，並沒有殺心，所以善心而殺，不得殺罪。又譬如某人長了惡瘤，有人善心拿刀子幫他剖開、擠掉膿汁，把他救活了；非惡心而下手殺，所以不得殺罪。所以外道說善心殺、不善心殺、無記殺，都得殺罪，道理講不通。

佛說：「或者有人這麼說：『婆藪仙人外道，口中唸咒把人殺掉，不得殺罪；殺羊來祭祀諸天，也不得殺罪。』這道理錯誤，因爲已經斷了別人的生命故，又因爲是愚癡因緣而造殺業故。」外道們爲自己辯護，這道理也講不通，因爲他們唸咒殺人，是驅使鬼神去殺人，唸咒的外道正是下命令者，成就根本罪，有了無作罪；鬼神也有樂殺之心，也是執行者，事實上已經成就殺人之業了，所以當然得作與無作的殺罪。外道們殺羊祀天，附佛法的密宗外道殺畜生或殺人，用人肉或畜生肉供養鬼神假冒的護法神、佛菩薩，然後自己把肉吃掉，洋洋得意的炫耀自己有這種吃了別人就度別人的大功德，一樣成就了殺業的根本、方便、成已，具足作與無作之惡業道，反而欺矇世人說被殺的眾生因爲被他所殺、所吃而得度了，其實已斷他命而致殺業成就，一定得到殺罪；差別之處只是外道殺羊祀天，而密宗喇嘛殺人或殺羊祭祀鬼神假冒的佛菩薩、護法神，但本質都相同，同樣是把別人命根殺斷了，所以外道與附佛法外道的藏密喇嘛們當然都得殺罪；他們自以爲沒有殺罪，但同樣是「斷他命故」以及愚癡因緣而殺故，所以還是有殺罪。

假使有人看見別人被殺死了，他心生歡喜拍手叫好：「死得好！死得好！」他雖沒有殺人的根本罪、方便罪，但也得到殺罪的成已之罪，只有愚癡人才會這樣輕易的成就殺罪。同理，假使有人誹謗正法、誹謗賢聖，某甲原來就對正法及賢聖很厭惡，聽了就鼓掌叫好：「罵得眞好！罵得太棒了！」鼓掌叫好或口中讚歎，他同樣得到成已之罪，只是沒有根本罪與方便罪，但成已之罪已確定了。如果看見有人把眾生害死了，他心生歡喜的說：「殺得好！我賞你錢財。」也同樣得殺罪。鼓勵別人殺生時同樣得殺罪，所以如果看見有人在殺動物，譬如有人很怕蛇，看見有蛇被殺就說：「殺得好！殺得好！」殺罪就成立了，所以千萬不要隨意起心動念，否則，自己沒有殺，也沒有教人去殺，輕易就得到了殺罪，自己卻還不知道呢！那眞冤枉！同理，如果別人正在破壞正法、誹謗賢聖，某甲因爲不喜歡那位賢聖鐵面無私，就出財贊助，他同樣得破壞正法的罪業；不論是事後隨喜或支助錢財，都同樣得成已罪；雖然不是發起者，但是口中讚歎、出錢財幫助或暗中幫助，都得成已罪而沒有根本罪及莊嚴之罪。我們學這戒法應該沒有白學，學了以後，就知道自己未來在佛菩提道中該怎麼修行；特別是要注意：口中隨喜也得破法的成已之罪，事後出錢贊助也得成已之罪。

如果派遣別人去殺，但是被派遣者到了以後，不肯直接殺了結案，因爲他痛恨那個人，所以就先藉機報復，在殺死之前先作種種苦毒凌遲，然後才殺死；這時，種種苦毒凌遲的罪都與下命令殺害的人無關，下令殺人者只得有作罪，但是被派遣行殺的劊子手得到無作罪與有作罪，因爲他既有殺心而具足根本罪，又施設種種方便而有方便罪，並且把人殺死而有成已之罪，所以具足有作與無作之罪。口敕之人則只得到有作罪，因爲他有殺心而動口了，但只有根本罪，而無方便及成已罪，所以沒有無作罪。被派遣去殺人的劊子手本來應該只得有作罪，但因他有殺心惡心而且加以凌遲，所以有作罪與無作罪具足。假使劊子手不起殺意，只是執行職務，就不得無作罪，只得作罪，因爲是他動手殺害的。從這裡來看，起心動念眞的要很小心，因爲會影響到一個人引生惡業道、或善業道。如果只是有時心念一閃而過，倒也還好！但若一而再、再而三的起念思惟，就已經是莊嚴罪了！莊嚴罪就是方便罪，設計種種辦法要使它完成，所以這個起心動念成就了殺業的莊嚴罪。莊嚴之罪成就以後就不會是只有惡業，惡道就會被引生出來，來世墮落餓鬼或畜生道的果報就跑不掉了；所以起心動念非常重要，在大乘法中的修行特別要注意心念的狀態。這不像二乘法的五戒：只要身、口都不造業就沒事。受菩薩戒者是修佛菩提的勝道，目的是要成佛；但成佛最重要的地方是心，不在口業及身業。心控制住了，口與身就可以控制了，最多只是有意業想要殺，顧慮到惡果而不實行，就不會有道，就不會落入惡道中；所以身口不做惡事時，十惡業道中最多只有惡業而不會有惡道。持五戒可以保住人身，道理就在這裡：有業而無道就不會落入惡道，當然可以保住人身。但是有惡業而無惡道，仍然是不可能成佛的，一定要連業行及業行習氣也都除掉，十惡業道都全部盡除，意的三業絲毫都不存在時，十惡業道當然已經全部斷盡，那就是心清淨了，解脫果、乃至佛菩提果都可以證得；所以前面講的十惡業道斷盡，十善業道成就後乃至可以獲得佛果，原因就在這裡。

【「若發惡心奪取他物，是人亦得作、無作罪。若數時取，若寄時取，因市易取，亦得偷罪。若自不取、不貪、不用，教他令取，是人亦得作、無作罪。若欲偷金，取時得銀；出外識已，還置本處，是人不得偷盜之罪。若欲偷金，得已即念無常之想，心生悔恨，欲還本主而復畏之；設餘方便，還所偷物；雖離本處，不得偷罪。奴僕財產，先悉生意與主同共，後生貪想，輒取主物，取已生疑而便藏避；復思是物同共無異，雖離本處不得偷罪。若人行路為賊所剝，既至村落，村主問言：『汝失何物？我當償之。』若說過所失，取他物者，是得偷罪。若有發心施他二衣，受者取一，云不須二，輒還留者，是得偷罪。若人發心，欲以房舍、臥具、醫藥、資生所須，施一比丘；未與之間，更聞他方有大德來，輒迴施之，是得偷罪。若取命過比丘財物，誰邊得罪？若羯磨已，從羯磨僧得；若未羯磨，從十方僧得；若臨終時，隨所與處，因之得罪。若偷佛物，從守塔人主邊得罪。若暴水漂財物、穀米、果蓏、衣服、資生之物，取不得罪。」

講記　竊盜的罪是怎麼分輕重的？身業有三，竊盜與邪淫都是身業所攝。關於竊盜罪，假使有人心中發起惡心：以存心要讓受害者很難過的心態去當面奪取財物（就是當強盜），他就得到有作罪和無作罪。如果不是以惡心而奪取或偷竊，只是生活上的需要而去偷小財物，讓人不會覺得很痛苦，他只得有作罪而不得無作罪。有惡心就得根本罪與方便罪而使有作罪與無作罪具足。如果數數而取，比如今天偷一袋麵粉，明天偷幾棵蔥，後天偷幾斤米，對有錢的主人來說是不痛不癢的，這當然不會是很重大的取，物主不會立刻知道，就叫做偷，當然不是惡心而取。惡心而取往往是大搬家，知道一定會讓物主很痛苦，所以無惡心而偷偷竊取，只是為了生活需要或貪小便宜，就只得有作罪而沒有無作罪。「若寄時取」，本來把一個物件寄託在別人家，後來不告而偷偷的取回來，也沒有惡意要求對方賠償，這也是偷，不屬於惡心。「市易取」是說偷斤減兩，或者作工程時偷工減料，這也是偷，都屬於偷罪而不屬於劫盜。盜是強取、惡心而取，知道物主在家看守，他卻不顧物主的制止而惡心強行奪走，讓物主很難過，是強取、奪取，這與不知不覺之偷取不同。

如果自己不偷不搶也不用，卻教別人去拿他人所有的財物回去受用，這也得有作罪與無作罪。為何這麼嚴重呢？因為有偷竊他人財物之心的緣故。這是因為他是主使者，不但有根本罪的無作罪，也動口教人去偷而使物主損失財物，所以又得有作罪。可是反過來：有人潛進別人家中，本來的目的是要偷金子，可是他偷出來一看，只是偷到銀子，他不想要，就把它拿回去偷偷放好。他有沒有得偷盜之罪呢？沒有！只要隨即還回去就沒罪了，因爲根本、方便、成已都已經不成就了，當作是沒作過，所以無罪。又如有人起念偷金子，偷得之後心想：「**黃金也是無常，死後也帶不走，還是空手而去，這樣而造偷竊的重業就很不值得。**」他心中悔恨而想要把它送回去放好，可是又怕被人發覺而沒面子，就巧設種種方便，趁著物主不注意時趕快放回去；雖然金子曾經被他偷離本處而有方便罪，但他悔罪而巧設方便放回去了，根本及方便罪就都消失了，所以不得偷罪。換句話說，做了補救而使所犯的所有過失不曾或不能成就，戒罪與性罪就消失了！若是不小心謗了正法，就該趕快公開懺悔：「**我誹謗錯了，後不復作。**」這就如同「**雖離本處，不得偷罪**」，因爲補救完成了，傷害已經不存在了！這才是聰明人！

古人蓄養奴僕，都看作是家人；雖然身分不同，卻是家屬。現在民法的親屬篇中也有這樣的規定，法律上叫作家屬。家屬不一定要有血緣關係；只要是以永久共同生活爲目的而永遠住在一起的，就叫做家屬。

若是認定為家屬的奴僕，主人的財產中有一部分是與奴僕共有的，不單是由主人完全所有的。所以，家屬對這個家庭的財產也是擁有部分所有權的，古時是如此的。現在法律對財產的所有權已經有所區分，只有四個順位的繼承權。但古時家屬的地位與現代不一樣，主人的財產他們也有分，所以財產是互相共有的。有時主人會給奴僕某些財產，但仍然是共有的；而主人的財產也是與奴僕共有的，所以，「**奴僕財產，先悉生意與主同共**」，既然大家共有，但是後來奴僕起了貪心，心中想要把某些財物據為己有，就在主人不注意時直接取來據為己有，他心中有疑：「**我這樣私下拿了過來就應該算是我所有的吧？**」所以就藏了起來，讓別人都找不到。可是後來又想：「**我就算藏起來了，但這東西應該我也有分、主人也有分，仍然是我與主人共有的。**」這就改變意思了，沒有要把它竊為自己單獨所有的意思了，也沒有必要遮藏了；這時雖然已經偷離本處了，但他已經沒有據為己有的意思了，所以就公開的放在自己安住的房間裡，這樣就不得偷罪了，這是取來使用罷了。但如果一直都密藏得很好，讓人家永遠都找不到，是把自己與主人共有之物據為己有的意思，這就是疑為主物而竊藏了，就不是起意認為是與主人同共擁有的，已成為將主人之物據為己有的偷竊意思了，就得到偷竊之罪。

假使有人因為旅行而到遠處遊行，他的財物在路上被強盜全部剝奪了。古時印度常常有律法規定：村主負責所管轄範圍的治安，對盜賊有生殺之權；村中若有盜賊，村主就要負責賠償。這時他向村主求償，村主問他說：「你被賊人所剝奪了，丟了哪些財物？我來償還你。」被搶者明明只有被搶一兩黃金，他卻說：「我被搶了十兩黃金。」這是「**說過所失**」：他所說的已經超過他所失掉的，他不誠實的向村主取得十兩黃金，就得偷盜罪。又如發心要送給別人兩件衣服，但對方說：「我用不著兩件，只要給我一件就好。」你就把另一件留下來帶回去，那也得偷竊罪。這叫作出口成願，話講出去了就要履行。有人不肯接受這個觀點，他說：「明明是我的東西，是他不要，我帶回來為什麼得偷罪？」這是因為**出口成願**，講出去的話已經收不回來，只能更正而不能說是沒有說過；講出去了就要履行，你必須兩件都送給他；如果他堅持不想要兩件，可以反過來回送給你，但你不可以因為他不需要就直接帶一件回去，否則就成爲偷竊之罪。古時禪師們常常會這樣作。

如果有人發心想要贈送房屋、床鋪、醫藥、生活上所需要的物資給一位比丘，他已經發心而把贈與供養的意思說明了，但是在即將供養這位比丘之前，聽說有某某大師要來，他改變心意：「我不如大供養那位大師，比供養這位比丘更有福報。」就去供養另一位大師，那麼他因此就得到偷盜罪。這個偷盜罪，下輩子慢慢去還吧！眞的不好還的。因爲雙方都是比丘，所以來世眞的很不好還。但是，如果本來是要去護持否定正法、破壞正法的道場，現在聽說那是破壞正法的，又聽說另有一個道場才是正法，你就迴施於正法，這狀況是不一樣的，因爲 佛指示過：對於破壞正法、不守戒行的比丘，應該默擯及遠離，還要加以破斥。所以此二事不可等視齊觀，不能相同的看待。

如果出家人攝取已經往生的比丘生前所有的財物，這是從什麼人那邊得了罪呢？罪會產生，一定有對象，沒有對象就不會有罪，所以前面說有三種戒罪：根本罪、方便罪、成已罪。乃至說：如果沒有成已之罪，根本罪就不成立。這也是因爲罪的成就，一定是有受損的一方：身體受損、財物受損、名譽受損等等。所以得到罪業時，一定已經有被得罪者。譬如前面講的：本來想要施給某甲比丘，後來卻因爲遇見大德比丘前來而轉施大德比丘。既然已經說好要施給某甲比丘，後來又轉施給某乙比丘，這就從某甲比丘那邊得罪了，因此而說施主得了偷盜罪：凡是得罪，都一定有被得罪的一方。同樣的，出家人可以獲得其他出家人往生後所遺留的財物，但若從命過比丘取得財物時，如果所取並不如法，是從誰邊得罪呢？這裡分成兩個部分來說：

如果已經有過羯磨了（羯磨是主持誦戒及所結界的道場中的事務），意思是說：如果已經有了共修團體或道場，其中主持誦戒及管理道場事務的僧人就是羯磨僧。如果有命過比丘所遺留的財物，必須經過羯磨時由主持羯磨的比丘來作決定歸屬的。如果已經有羯磨之後，沒有依照戒律由羯磨僧分配而取得，而是擅自取得的話，就是擅取命過比丘的財物，就從羯磨僧那邊獲得戒罪。如果無法舉行羯磨，就得要依戒律精神共同分配。如果沒有如法取得命過比丘的財物，就是從十方僧獲得戒罪，因爲還沒有經過羯磨而無羯磨僧的話，這命過比丘的財物是屬於十方僧所有的，若是不如法取得，就從十方僧得罪。如果命過比丘在臨命終時曾經指定要贈與某比丘，但是那位比丘來不及取受，有人先行取走了，他就是從受遺贈的比丘那邊得到偷竊的戒罪。

如果是去佛寺供佛之後的供品想要取回，應該向寺院的管理者取得同意；若是去佛塔供佛，要向守護佛塔的人要求取回。如果沒有先說明就直接取回，或者守塔人不同意，就不可以取回。如果直接或強行取回了，這個偷盜罪是從寺主或守塔人那邊得罪的。剛才有人遞上紙條來問：「**我在自己家裡佛堂供佛的食物，照這道理來講，供佛後我自己就不能用了，也不能拿來送給別人，那是不是要放著爛壞了？**」是你自己家中的佛堂，你就是守塔人；你向佛像問訊或禮拜了以後，就算是贖回了。如果覺得不安，再上個香，以香贖回也可以的；假使已經上過香了，不想重複上香，也可以用一朵漂亮的花，或者一小盤有香味的花來贖回；這裡講的是守塔人，而你就是家中佛堂的守堂人。如果將來有機會去朝聖，一定會遇到佛塔，如果是有守塔人的，供後就留著，不要取走；如果沒有守塔人，你覺得放著壞了很可惜，那就以香、以花贖回。在聖地，現在都有印度政府派人管理，所以去那邊供了以後，你就留著；除非所供物品價值連城，被守塔人取走了不如取回來供在自家佛堂供佛，你就用香花贖回，因爲守那裡的守塔人已經都是不信奉佛法的外道或世俗人了，不可能幫你繼續供奉在佛塔中的；若不是極有價值，你就留著，讓他們去受用，守佛塔的人也會比較歡喜，整理得清潔，讓佛塔比較莊嚴。供了佛像以後就是佛物，供佛物若是在有人管理的佛塔中供養，供後若沒有如法贖回，就是從守塔人主邊得罪。

如果是暴水、大水漂流來的財物、穀米、水果、衣服，或從田裏漂來的瓜類及一切資生之物，因爲無從查起，所以取了並不得罪。如果有貴重物品漂來，譬如好家具，上面剛好釘有地址或姓名，可以查知是誰所有的，取了就得罪了。如果沒有閒工夫弄清楚，可以送到警察局去招領；三個月期滿若沒有人領，你就可以領回去持有，取而不得罪。

【「若於非時、非處、非女、處女、他婦，若屬自身，是名邪婬。唯三天下有邪婬罪，鬱單曰無。若畜生、若破壞、若屬僧、若繫獄、若亡逃、若師婦、若出家人，近如是人名爲邪婬。出家之人無所繫屬，從誰得罪？從其親屬、王所得罪。惡時、亂時、虐王出時、怖畏之時，若令婦妾出家剃髮，還近之者，是得婬罪。若到三道，是得婬罪。若自若他，在於道邊、塔邊、祠邊、大會之處，作非梵行，得邪婬罪。若爲父母兄弟國王之所守護，或先與他期，或先許他，或先受財，或先受請，木、泥、畫像及以死尸，如是人邊作非梵行，得邪婬罪。若屬自身而作他想，屬他之人而作自想，亦名邪婬。如是邪婬亦有輕重，從重煩惱則得重罪，從輕煩惱則得輕罪。」

講記　在家人若在非時、非處、非女、處女、他婦身上行淫，都是邪淫。非時，譬如不屬於睡眠之時的白天，不論是對他人的或自家的妻婦，都屬於非時行淫，都是邪淫。非處是說臥房以外的處所，在臥房以外的處所行淫，有礙觀瞻，也會使外人對佛弟子有很不好的觀感，所以非處也不許行淫。非女，有人可能在想非女到底是什麼？但是非女是很常見的，並且他們有時還會爲自己主張權利而舉辦遊行；譬如同性戀者一對二人之中有一人非女而自覺屬於女方，或者非男而自覺是男方，若是同性者行淫都是邪淫。還有一種情況也是對非女行邪淫，是與二根人行淫；白天看來他是一個女人，隱藏了男性身分，到晚上他把男性身分顯露出來而變成男人，與二根人行淫也是邪淫。對處女爲什麼不可以行淫？因爲不合乎禮法；這就是說，還沒有結婚就先行周公之禮（先上車，後買票），這是於處女行淫而說是邪淫，換句話說，還沒有結婚就不可以行淫。他婦是說已經繫於別人的婦女，她已經于歸了，假使勾引她而成就了，也是邪淫。女眾也一樣，勾引配偶以外的男人而紅杏出牆了，也是邪淫。最後一句比較晦澀：「**若屬自身。**」這是說：在非時、非處自慰，也是邪淫。若屬自身，還有另外一種，譬如從小練就軟骨功，可以於自己口道行淫，這也是「若屬自身」的邪淫。邪淫之罪，只有閻浮提等三天下才有，鬱單曰沒有。因爲鬱單曰的男女都沒有互相繫屬，他們不結婚，看中意了就在一起，辦完事了互相沒有虧欠，各自離去。他們沒有家庭制度，男女不互相繫屬，所以沒有所謂邪淫可說。

如果有人於畜生身上行淫，或破壞他人的性器官，或對「**屬僧之女**」行淫，都是邪淫。屬於僧寶所有的女眾叫作近住女，也就是沙彌尼之前的式叉摩那；這是住進寺院準備出家的女人，或者常住於寺院中爲寺務工作而屬於僧寶所使用之女人，是專門在寺院中做事的女性，她一生都不準備出家，於這種人身上行淫也是邪淫。如果有女人犯罪被關進監獄中，獄卒藉權勢去威逼女犯共同行淫，就是對繫獄者邪淫。又如有女人因故逃亡隱匿，收留者在這過程中威脅她，說要舉發她，以此手段來達到行淫的目的，是惡性重大的邪淫。或於師婦（師婦就是師長的配偶）身上行淫，也是重大的邪淫。或對出家人行淫，譬如對比丘尼強暴，是極惡性的邪淫罪。**「近如是人」**，近是指捉身或擁抱出家人，也是邪淫；若進而乃至**「到於三道」**，更是邪淫了。

出家人都沒有繫屬，因爲出家以後不是歸屬哪個人所有。在家人男眾歸一位女眾所有，女眾歸一位男眾所有。所以在屬於他人婚姻的人身上行淫就得邪淫罪，是從對方配偶身上得邪淫罪。若淫污人家未出嫁的女兒，那就是於女兒的父母、兄長乃至於國王身上得罪，因爲這個處女是由這些人所守護的。可是女眾若出家了，並不屬於誰所有，也不歸誰所守護，如果於比丘尼身上行淫，是從哪裡得罪呢？佛說是從他的在家親屬得罪，也從國王那裡得罪；以現在的這個時代來說，是從法律得罪；但這個法律不是講民法、刑法，是講佛法戒律。因爲如果不是強暴，而是兩廂情願的話，世間法律是管不到的，只有佛法的法律管得到，將來捨報時由護法神處置，也由因果律處置。王所，等於現代的國家法律；只在強暴的狀況下，才是從國家的法律得罪。如果是兩廂情願，那就只有在佛教律法上面得罪，應該說是從三寶邊得罪。

如果是在惡劣或戰亂的年代，或者有暴虐之王出現在世間時，或遇到很恐怖的時節因緣，當時爲了保護自己的妻子或小妾，希望她們避免被玷污了，所以使她們出家剃髮，一般人就不敢輕易對她們強暴了。但是婦妾出家後，他自己卻「**還近之**」，近之就是捉身或擁抱，這樣就得到淫罪的輕罪。如果不只捉身、擁抱，若到三道（假使已到達三道內），也得淫罪的重罪。爲什麼不是邪淫罪呢？因爲她們已經出家受戒了，就算是出家人；雖然意志上並未出家，但已受出家具足戒，當然仍是出家人，所以是犯淫戒而非在家人才有的邪淫戒；若犯了淫戒，要受出家人行淫犯戒的果報。三道是講陰道、口道和穀道。穀道懂嗎？（許多人表示不懂）你們都沒學過道家的法。吃了米穀以後，從哪裡出去？（大眾點頭表示領解）那就是穀道。

如果自慰時，或與配偶或者與他人行淫時，是在道路邊、佛塔邊、祠邊（就是祭祀佛菩薩的小廟），乃至大會之處的道場中行淫，都是邪淫罪。這是佛弟子們必須非常重視的戒罪，因爲邪淫大部分屬於重罪，只有極小部分是輕垢罪。可是到了末法時期的現在，嚴重邪淫的極重罪已經被合理化了，那就是西藏密宗；他們甚至於還污辱諸佛菩薩：把佛菩薩的聖像雕刻成雙身行淫之狀，他們就在「佛堂」的雙身「佛」像前面邪淫，而說是無上瑜伽、樂空雙運、大樂光明；他們密宗祖師自己施設金剛戒（三昧耶戒），說是受了他們獨有的不可不行邪淫的金剛戒以後，就成爲金剛乘行者，行邪淫時就無罪，這是把極重罪的嚴重邪淫合理化。把邪淫合理化以後，本來應該是要遮遮掩掩的，但他們反而振振有詞：「我們是最高的佛法，比你們顯教還要高。」這樣講時，臉不紅、心不羞。這是極重邪淫、大邪淫，這叫作污佛。不但如此，還有更過分的輪座雜交，印順法師說爲左道密宗。左道密宗是與東密作區別，東密就是唐密，從唐朝傳到日本的密宗，日本位在中國東方所以叫作東密。

西藏密宗又名西密，他們與東密完全不同，所以叫做左道密宗，也就是說他們走到旁門左道去了。輪座雜交是藏密的根本大法，在第四灌頂時一定要如此修，否則就是不如法；第四灌頂時得要準備九位二十歲以內的女人供上師行淫，上師再把行淫後的其中一位女人交給被灌頂的徒弟，依照他的教導而交合。第四密灌後，若是十個喇嘛共修，就在壇城中的雙身「佛」像前，每個喇嘛各坐一個法座，就得要有十位明妃（十位修學藏密已經被作密灌的女弟子）配合雜交，每個明妃都要輪流和所有的喇嘛們交合。他們這樣在寺院中公然主張邪淫合乎佛法，眞是污辱佛法、污衊佛教。藏密喇嘛們這樣毀佛，那些大山頭的大法師們還繼續堅持要跟他們往來！還要再繼續支持他們！請問諸位！你能接受嗎？（眾答：不接受！）我想沒有一位願意接受，這不單是邪淫的最重罪，而且以外道法全面取代佛法，並且還說是最高層次的佛法，眞可笑！

在家人邪淫罪本來不到無間地獄，但是出家人身分而又輪座雜交，捨壽後就得要到無間地獄去了。西密四大派的喇嘛們都一樣，並且有一派說話眞不老實，他們黃教對外都說：「我們黃教沒有這個雙身法。」結果都是騙人的，現在被我們證實是謊言了，他們再也不敢說沒有像其他三大派一樣的修雙身法了！其實西密的每一宗派都是這樣，只是因為在台灣，我們受儒家思想的薰陶，我們厭惡雜交邪淫，所以中國地區不認同雙身法，因此他們來到台灣時一方面怕被信徒向法院提出破壞家庭的告訴；另一方面是因為如果明目張膽的傳、明目張膽的雜交，一定會被佛教界大眾所鄙棄，所以他們在台灣把雙身法傳得很隱密，但是仍然繼續在傳，並且事實上有許多密宗女眾已經被喇嘛們私下玷污了。

這樣的宗教，能算是宗教嗎？其實西藏密宗根本不能稱為宗教，他們的法義本質只是俗人淫欲享樂的藝術而已，正是出家人貪著在家法，但是卻接受世間無知者的廣為恭敬和供養；而那些大法師們人力支持他們，所為何來？目的又何在？背後的原因究竟是什麼？這都是很值得大家深入加以探討的，有智慧的人思之即知，不必明言。這些喇嘛們做的事情是邪淫罪中的最重罪，這是無間地獄罪，已經不只是在道邊、塔邊、祠邊、大會之處作非梵行的一般地獄罪了。而且印順法師書中寫的藏密輪座雜交，從世間禮法來看，已經是無慚無愧可說了。像這種人間最下賤的人，竟然自吹自擂的說是比佛法更高的法，公然藐視佛教信徒的智慧，也公然竊取佛教的資源來誘惑眾生下墮三途；這種以外道法公然取代佛法的嚴重破法行爲，卻一直受到四大山頭的大法師們支持，我們眞的無法諒解、無法接受，所以我們才會寫出《狂密與眞密》四輯來。希望此後與藏密喇嘛往來的大法師會漸漸的減少，因爲我們每半年就寄《狂密與眞密》一輯給各道場，想要讓他們都瞭解藏密的荒誕不經。

其實有些寺院仍然是很清淨的，不但沒有被藏密的雙身法染污，甚至於覺得：「印在書籍封面的雙身像圖片不適合存在寺院中。」他們不樂於看見《狂密與眞密》第二輯的封面，所以退回來還我們，其他三輯則繼續留著；我們能認同他們的想法，表示他們心態是很健康的，可惜的是不讀就不知道雙身法的邪謬所在。我們接著打算對一般人做少量而持續性的流通，開始準備要把第一輯請大家到處去放，但是不要同一個時間都去放置，每一次也只是放一本就好，以免被密宗的人大量收去毀掉；這是因爲各道場已知道藏密的邪謬，可是一般佛弟子們大多還不知道，我們有必要讓大家都遠離左道密宗的藏密，因爲台灣的密宗弟子們被蒙蔽太久了！所以藏密喇嘛們都是大邪淫的極重破戒者：他們的法義自始至終都是圍繞著雙身法的理念而修的。

如果有婦女被他的父母、兄弟之所守護，或被國王（被法律）之所守護，而有人於這些婦女或處女身上行淫，也是得邪淫罪。如果暗中對別人的妻婦或處女，先期約時地行淫，或先向對方允諾給予財物，或先接受別人財物而依指定去玷汙某一位婦女，或者先接受他人的請託要去玷汙某一位婦女，這樣也是得邪淫罪。乃至有人用木頭雕刻、泥巴塑成、或者彩色畫成婦女形象而行淫，乃至於女屍身上行淫，也都是邪淫罪。電視新聞不是有報導嗎？現在有人發明了塑膠美女，若去買來行淫者也是行邪淫。

如果**「屬自身而作他想」**，就是說和自己的配偶行淫時，心中作性幻想，把配偶幻想作伊莉莎白泰勒、瑪麗蓮夢露，或者女性把她的配偶幻想作亞蘭德倫……等，這是對繫屬自己的配偶幻想作另一個自己所迷戀的人，這也是邪淫。或者投機取巧假藉名義而行邪淫，想避免邪淫罪：

明明是與別人配偶行淫，故意想作是自己的配偶，想要推卸邪淫的戒罪與性罪，這也不能成立，一樣算是邪淫。以上所說的邪淫罪，各有輕重差別，如果是從重煩惱而產生的，就是邪淫的重罪；若從輕煩惱而產生的就是輕罪。什麼是重煩惱？就是極貪心或極惡心。譬如心中建立一個邪見：「我就是要玩盡天下女人。」其實還不曉得誰玩誰呢？其實是他自己被人家玩，卻想玩盡天下女人，這叫作極貪心。依極貪心而做的事情都是重罪，但是其中仍有差別。

譬如家裡很有錢，他以金錢交易，每天晚上去玩女人，這屬於邪淫的輕垢罪，不是重罪。邪淫的重罪：一個玩過又一個，都是欺騙人家的處女感情；或者專門勾引有配偶的婦女紅杏出牆，破壞別人的家庭和樂，都不是用錢財去買來的，這叫作重煩惱。又如藏密受過第四灌的喇嘛們，常常思索著勾引年輕美麗的女弟子合修雙身法的樂空雙運、大樂光明，也往往能夠成功達到目的，這樣一世之中一直在做這種大邪淫的惡事。又如爲了報復仇人而惡意姦淫其配偶或女兒，乃至加以姦殺，這三種都是邪淫中的重罪。邪淫中的最重罪，是藏密喇嘛們設計勾引隨他學法的比丘尼與他合修雙身法，這是無間地獄罪，因為不只是自己嚴重邪淫，也害出家人毀破重戒。

這些都是極重罪，因為不但先有動機而有根本罪，而且要巧設種種方便來莊嚴，才能成就，就有方便罪了；後來因此而成就了，當然也有成已罪，所以都是邪淫的重罪，因為都是從重煩惱所發生的邪淫罪。如果是與配偶行淫時作性幻想，那是輕罪；若是隨緣而作，本無動機，也沒有作種種方便來莊嚴，但是卻被勾引而成就邪淫了，也是輕罪。可是，很多的輕垢累積而不能悔除，將會成就邪淫的重罪。因為邪淫罪在欲界中很容易犯，特別是男眾，所以大家都要很小心看待。

佛菩提二主要道次第概要表——二道並修，以外無別佛法

佛菩提道——大菩提道

十信位修集信心——一劫乃至一萬劫

資糧位

初住位修集布施功德（以財施爲主）。
二住位修集持戒功德。
三住位修集忍辱功德。
四住位修集精進功德。
五住位修集禪定功德。
六住位修集般若功德（熏習般若中觀及斷我見，加行位也）。

（外門廣修六度萬行）

七住位明心般若正觀現前，親證本來自性清淨涅槃。
八住位起於一切法現觀般若中道。漸除性障。
十住位眼見佛性，世界如幻觀成就。

一至十行位，於廣行六度萬行中，依般若中道慧，現觀陰處界猶如陽焰，至第十行滿心位，陽焰觀成就。

一至十迴向位熏習一切種智；修除性障，唯留最後一分思惑不斷。第十迴向滿心位成就菩薩道如夢觀。

（內門廣修六度萬行）

見道位

初地：第十迴向位滿心時，成就道種智一分（八識心王一一親證後，領受五法、三自性、七種第一義、七種性自性、二種無我法）復由勇發十無盡願，成通達位菩薩。復又永伏性障而不具斷，能證慧解脫而不取證，由大願故留惑潤生。此地主修法施波羅蜜多及百法明門。證「猶如鏡像」現觀，故滿初地心。

二地：初地功德滿足以後，再成就道種智一分而入二地；主修戒波羅蜜多及一切種智。滿心位成就「猶如光影」現觀，戒行自然清淨。

遠波羅蜜多

解脫道：二乘菩提

→ 斷三縛結，成初果解脫

→ 薄貪瞋癡，成二果解脫

→ 斷五下分結，成三果解脫

入地前的四加行令煩惱障現行悉斷，成四果解脫，留惑潤生。分段生死已斷，煩惱障習氣種子開始斷除，兼斷無始無明上煩惱。

近波羅蜜多

大波羅蜜多

圓滿波羅蜜多

修道位

三地：二地滿心再證道種智一分，故入三地。此地主修忍波羅蜜多及四禪八定、四無量心、五神通。能成就俱解脫果而不取證，留惑潤生。滿心位成就「猶如谷響」現觀及無漏妙定意生身。

四地：由三地再證道種智一分故入四地。主修精進波羅蜜多，於此土及他方世界廣度有緣，無有疲倦。進修一切種智，滿心位成就「如水中月」現觀。

五地：由四地再證道種智一分故入五地。主修禪定波羅蜜多及一切種智，斷除下乘涅槃貪。滿心位成就「變化所成」現觀。

六地：由五地再證道種智一分故入六地。此地主修般若波羅蜜多——依道種智現觀十二因緣一一有支及意生身化身，皆自心眞如變化所現，「非有似有」，成就細相觀，不由加行而自然證得滅盡定，成俱解脫大乘無學。

七地：由六地「非有似有」現觀，再證道種智一分故入七地。此地主修一切種智及方便波羅蜜多，由重觀十二有支一一支中之流轉門及還滅門一切細相，成就方便善巧，念念隨入滅盡定。滿心位證得「如犍闥婆城」現觀。

七地滿心斷除故意保留之最後一分思惑時，煩惱障所攝色、受、想三陰有漏習氣種子全部斷盡。

八地：由七地極細相觀成就故再證道種智一分而入八地。此地主修一切種智及願波羅蜜多。至滿心位純無相觀任運恆起，故於相土自在，滿心位復證「如實覺知諸法相意生身」故。

九地：由八地再證道種智一分故入九地。主修力波羅蜜多及一切種智，成就四無礙，滿心位證得「種類俱生無行作意生身」。

十地：由九地再證道種智一分故入此地。此地主修一切種智——智波羅蜜多。滿心位起大法智雲，及現起大法智雲所含藏種種功德，成受職菩薩。

等覺：由十地道種智成就故入此地。此地應修一切種智，圓滿等覺地無生法忍；於百劫中修集極廣大福德，以之圓滿三十二大人相及無量隨形好。

煩惱障所攝行、識二陰無漏習氣種子任運漸斷，所知障所攝上煩惱任運漸斷。

究竟位

妙覺：示現受生人間已斷盡煩惱障一切習氣種子，並斷盡所知障一切隨眠，永斷變易生死無明，成就大般涅槃，四智圓明。人間捨壽後，報身常住色究竟天利樂十方地上菩薩；以諸化身利樂有情，永無盡期，成就究竟佛道。

斷盡變易生死成就大般涅槃

圓滿成就究竟佛果

佛子蕭平實 謹製

（二〇〇九、〇二 修訂）

（二〇一一、〇二 增補）

佛教正覺同修會〈修學佛道次第表〉

第一階段

* 以憶佛及拜佛方式修習動中定力。
* 學第一義佛法及禪法知見。
* 無相拜佛功夫成就。
* 具備一念相續功夫—動靜中皆能看話頭。
* 努力培植福德資糧，勤修三福淨業。

第二階段

* 參話頭，參公案。
* 開悟明心，一片悟境。
* 鍛鍊功夫求見佛性。
* 眼見佛性〈餘五根亦如是〉親見世界如幻，成就如幻觀。
* 學習禪門差別智。
* 深入第一義經典。
* 修除性障及隨分修學禪定。
* 修證十行位陽焰觀。

第三階段

* 學一切種智真實正理—楞伽經、解深密經、成唯識論…。
* 參究末後句。
* 解悟末後句。
* 透牢關—親自體驗所悟末後句境界，親見實相，無得無失。
* 救護一切眾生迴向正道。護持了義正法，修證十迴向位如夢觀。
* 發十無盡願，修習百法明門，親證猶如鏡像現觀。
* 修除五蓋，發起禪定。持一切善法戒。親證猶如光影現觀。
* 進修四禪八定、四無量心、五神通。進修大乘種智，求證猶如谷響現觀。

佛教正覺同修會 共修現況 及 招生公告　2016/1/16

一、共修現況：（請在共修時間來電，以免無人接聽。）

台北正覺講堂 103 台北市承德路三段 277 號九樓　捷運淡水線圓山站旁
Tel..**總機** 02-25957295（晚上）（**分機：九樓**辦公室 10、11；知客櫃檯 12、13。 **十樓**知客櫃檯 15、16；書局櫃檯 14。 **五樓**辦公室 18；知客櫃檯 19。**二樓**辦公室 20；知客櫃檯 21。）
Fax..25954493

第一講堂　台北市承德路三段 277 號九樓

禪淨班：週一晚上班、週三晚上班、週四晚上班、週五晚上班、週六下午班、週六上午班（皆須報名建立學籍後始可參加共修，欲報名者詳見本公告末頁）

增上班：瑜伽師地論詳解：每月第一、三、五週之週末 17.50～20.50 平實導師講解（僅限已明心之會員參加）

禪門差別智：每月第一週日全天　平實導師主講（事冗暫停）。

佛藏經詳解　平實導師主講。已於 2013/12/17 開講，歡迎已發成佛大願的菩薩種性學人，攜眷共同參與此殊勝法會聽講。詳解 釋迦世尊於《佛藏經》中所開示的眞實義理，更爲今時後世佛子四眾，闡述佛陀演說此經的本懷。眞實尋求佛菩提道的有緣佛子，親承聽聞如是勝妙開示，當能如實理解經中義理，亦能了知於大乘法中：如何是諸法實相？善知識、惡知識要如何簡擇？如何才是清淨持戒？如何才能清淨說法？於此末法之世，眾生五濁益重，不知佛、不解法、不識僧，唯見表相，不信眞實，貪著五欲，諸方大師不淨說法，各各將導大量徒眾趣入三塗，如是師徒俱堪憐憫。是故，平實導師以大慈悲心，用淺白易懂之語句，佐以實例、譬喻而爲演說，普令聞者易解佛意，皆得契入佛法正道，如實了知佛法大藏。

此經中，對於實相念佛多所著墨，亦指出念佛要點：以實相爲依，念佛者應依止淨戒、依止清淨僧寶，捨離違犯重戒之師僧，應受學清淨之法，遠離邪見。本經是現代佛門大法師所厭惡之經典：一者由於大法師們已全都落入意識境界而無法親證實相，故於此經中所說實相全無所知，都不樂有人聞此經名，以免讀後提出問疑時無法回答；二者現代大乘佛法地區，已經普被藏密喇嘛教滲透，許多有名之大法師們大多已曾或繼續在修練雙身法，都已失去聲聞戒體及菩薩戒體，成爲地獄種姓人，已非眞正出家之人，本質只是身著僧衣而住在寺院中的世俗人。這些人對於此經都是讀不懂的，也是極爲厭惡的；他們尚不樂見此經之印行，何況流通與講解？今爲救護廣大學佛人，兼欲護持佛教血脈永續常傳，特選此經宣講之。每逢週二 18.50~20.50 開示，不限制聽講資格。會外人士需憑身分證件換證入內聽講（此是大樓管理處之安全規定，敬請見諒）。桃園、台中、台南、高雄等地講堂，亦於每週二晚上播放平實導師所講本經之 DVD，不必出示身分證件即可入內聽講，歡迎各地善信同霑法益。

第二講堂　台北市承德路三段 267 號十樓。

禪淨班：週一晚上班、週六下午班。

進階班：週三晚上班、週四晚上班、週五晚上班（禪淨班結業後轉入共修）。

佛藏經詳解：平實導師講解。每週二 18.50~20.50（影像音聲即時傳輸）。本會學員憑上課證進入聽講，會外學人請以身分證件換證進入聽講（此為大樓管理處安全管理規定之要求，敬請諒解）。

第三講堂　台北市承德路三段 277 號五樓。

進階班：週一晚上班、週三晚上班、週四晚上班、週五晚上班。

佛藏經詳解：平實導師講解。每週二 18.50~20.50（影像音聲即時傳輸）。本會學員憑上課證進入聽講，會外學人請以身分證件換證進入聽講（此為大樓管理處安全管理規定之要求，敬請諒解）。

第四講堂　台北市承德路三段 267 號二樓。

進階班：週一晚上班、週三晚上班、週四晚上班、週五晚上班（禪淨班結業後轉入共修）。

佛藏經詳解：平實導師講解。每週二 18.50~20.50（影像音聲即時傳輸）。本會學員憑上課證進入聽講，會外學人請以身分證件換證進入聽講（此為大樓管理處安全管理規定之要求，敬請諒解）。

第五、第六講堂　為**開放式講堂**，不需以身分證件換證即可進入聽講，台北市承德路三段 267 號地下一樓、地下二樓。已規劃整修完成，每逢週二晚上講經時段開放給會外人士自由聽經，請由大樓側面梯階逕行進入聽講。**聽講者請尊重講者的著作權及肖像權，請勿錄音錄影，以免違法；若有錄音錄影被查獲者，將依法處理。**

正覺祖師堂　大溪鎮美華里信義路 650 巷坑底 5 之 6 號（台 3 號省道 34 公里處 妙法寺對面斜坡道進入）電話 03-3886110　傳眞 03-3881692 本堂供奉 克勤圓悟大師，專供會員每年四月、十月各二次精進禪三共修，兼作本會出家菩薩掛單常住之用。除禪三時間以外，每逢單月第一週之週日 9:00~17:00 開放會內、外人士參訪，當天並提供午齋結緣。教內共修團體或道場，得另申請其餘時間作團體參訪，務請事先與常住確定日期，以便安排常住菩薩接引導覽，亦免妨礙常住菩薩之日常作息及修行。

桃園正覺講堂（第一、第二講堂）：桃園市介壽路 286、288 號 10 樓（陽明運動公園對面）電話：03-3749363（請於共修時聯繫，或與台北聯繫）

禪淨班：週一晚上班、週三晚上班、週四晚上班、週五晚上班。

進階班：週六上午班、週五晚上班。

佛藏經詳解：平實導師講解。每週二晚上，以台北正覺講堂所錄 DVD 放映；歡迎會外學人共同聽講，不需出示身分證件。

新竹正覺講堂 新竹市東光路 55 號二樓之一　電話 03-5724297（晚上）

第一講堂：

禪淨班：週一晚上班、週五晚上班、週六上午班。

進階班：週三晚上班、週四晚上班（由禪淨班結業後轉入共修）。

佛藏經詳解：平實導師講解。每週二晚上，以台北正覺講堂所錄 DVD 放映。歡迎會外學人共同聽講，不需出示身分證件。

第二講堂：

禪淨班：週三晚上班、週四晚上班。

佛藏經詳解：每週二晚上與第一講堂同時播放佛藏經詳解 DVD。

台中正覺講堂 04-23816090（晚上）

第一講堂 台中市南屯區五權西路二段 666 號 13 樓之四（國泰世華銀行樓上。鄰近縣市經第一高速公路前來者，由五權西路交流道可以快速到達，大樓旁有停車場，對面有素食館）。

禪淨班：週三晚上班、週四晚上班。

進階班：週一晚上班、週六上午班（由禪淨班結業後轉入共修）。

增上班：單週週末以台北增上班課程錄成 DVD 放映之，限已明心之會員參加。

佛藏經詳解：平實導師講解。每週二晚上，以台北正覺講堂所錄 DVD 放映。歡迎會外學人共同聽講，不需出示身分證件。

第二講堂 台中市南屯區五權西路二段 666 號 4 樓

禪淨班：週一晚上班、週三晚上班、週六上午班。

進階班：週五晚上班（由禪淨班結業後轉入共修）。

佛藏經詳解：每週二晚上與第一講堂同時播放佛藏經詳解 DVD。

第三講堂、第四講堂：台中市南屯區五權西路二段 666 號 4 樓。

嘉義正覺講堂 嘉義市友愛路 288 號八樓之一　電話：05-2318228

第一講堂：

禪淨班：週一晚上班、週四晚上班、週五晚上班。

進階班：週三晚上班（由禪淨班結業後轉入共修）。

佛藏經詳解：平實導師講解。每週二晚上，以台北正覺講堂所錄 DVD 放映。歡迎會外學人共同聽講，不需出示身分證件。

第二講堂 嘉義市友愛路 288 號八樓之二。

台南正覺講堂

第一講堂 台南市西門路四段 15 號 4 樓。06-2820541（晚上）

禪淨班：週一晚上班、週三晚上班、週四晚上班、週五晚上班、週六下午班。

增上班：單週週末下午，以台北增上班課程錄成 DVD 放映之，限已明心之會員參加。

佛藏經詳解：平實導師講解。每週二晚上，以台北正覺講堂所錄 DVD 放映。歡迎會外學人共同聽講，不需出示身分證件。

第二講堂　台南市西門路四段 15 號 3 樓。

佛藏經詳解：每週二晚上與第一講堂同時播放佛藏經詳解 DVD。

第三講堂　台南市西門路四段 15 號 3 樓。

進階班：週三晚上班、週四晚上班、週六上午班（由禪淨班結業後轉入共修）。

佛藏經詳解：每週二晚上與第一講堂同時播放佛藏經詳解 DVD。

高雄正覺講堂　高雄市新興區中正三路 45 號五樓 07-2234248（晚上）

第一講堂（五樓）：

禪淨班：週一晚上班、週三晚上班、週四晚上班、週五晚上班、週六上午班。

增上班：單週週末下午，以台北增上班課程錄成 DVD 放映之，限已明心之會員參加。

佛藏經詳解：平實導師講解。每週二晚上，以台北正覺講堂所錄 DVD 放映。歡迎會外學人共同聽講，不需出示身分證件。

第二講堂（四樓）：

進階班：週三晚上班、週四晚上班、週六上午班（由禪淨班結業後轉入共修）。

佛藏經詳解：每週二晚上與第一講堂同時播放佛藏經詳解 DVD。

第三講堂（三樓）：

進階班：週四晚上班（由禪淨班結業後轉入共修）。

香港正覺講堂　☆**已遷移新址**☆

九龍觀塘，成業街 10 號，電訊一代廣場 27 樓 E 室。

（觀塘地鐵站 B1 出口，步行約 4 分鐘）。電話：(852) 23262231

英文地址：Unit E, 27th Floor, TG Place, 10 Shing Yip Street, Kwun Tong, Kowloon

禪淨班：雙週六下午班 14:30-17:30，已經額滿。

雙週日下午班 14:30-17:30，2016 年 4 月底前尚可報名。

進階班：雙週五晚上班（由禪淨班結業後轉入共修）。

增上班：單週週末上午，以台北增上班課程錄成 DVD 放映之，限已明心之會員參加。

妙法蓮華經詳解：平實導師講解。雙週六 19:00-21:00，以台北正覺講堂所錄 DVD 放映；歡迎會外學人共同聽講，不需出示身分證件。

美國洛杉磯正覺講堂　☆已遷移新址☆

825 S. Lemon Ave Diamond Bar, CA 91798 U.S.A.
Tel. (909) 595-5222（請於週六 9:00~18:00 之間聯繫）
Cell. (626) 454-0607

禪淨班：每逢週末 15：30~17：30 上課。

進階班：每逢週末上午 10：00~12：00 上課。

佛藏經詳解：平實導師講解。每週六下午 13：00~15：00，以台北正覺講堂所錄 DVD 放映。歡迎各界人士共享第一義諦無上法益，不需報名。

二、招生公告　**本會台北講堂及全省各講堂，每逢四月、十月下旬開新班，每週共修一次**（每次二小時。開課日起三個月內仍可插班）；**但美國洛杉磯共修處之禪淨班得隨時插班共修。各班共修期間皆爲二年半，欲參加者請向本會函索報名表**（各共修處皆於共修時間方有人執事，非共修時間請勿電詢或前來洽詢、請書），**或直接從本會官方網站**(http://www.enlighten.org.tw/newsflash/class)**或成佛之道網站下載報名表**。共修期滿時，若經報名禪三審核通過者，可參加四天三夜之禪三精進共修，有機會明心、取證如來藏，發起般若實相智慧，成爲實義菩薩，脫離凡夫菩薩位。

三、新春禮佛祈福 農曆**年假**期間停止共修：自農曆新年前七天起停止共修與弘法，正月 8 日起回復共修、弘法事務。新春期間正月初一～初七 9.00～17.00 開放台北講堂、正月初一～初三開放新竹講堂、台中講堂、台南講堂、高雄講堂，以及大溪禪三道場（正覺祖師堂），方便會員供佛、祈福及會外人士請書。美國洛杉磯共修處之休假時間，請逕詢該共修處。

密宗四大派修雙身法，是外道性力派的邪法；又以生滅的識陰作為常住法，是常見外道，是假的藏傳佛教。

西藏覺囊巴以他空見弘揚第八識如來藏勝法，才是真藏傳佛教

佛教正覺同修會　弘法行事表

2014/08/19

1、**禪淨班**　以無相念佛及拜佛方式修習動中定力，實證一心不亂功夫。傳授解脫道正理及第一義諦佛法，以及參禪知見。共修期間：二年六個月。每逢四月、十月開新班，詳見招生公告表。

2、**《佛藏經》詳解**　平實導師主講。已於 2013/12/17 開講，歡迎已發成佛大願的菩薩種性學人，攜眷共同參與此殊勝法會聽講。詳解釋迦世尊於《佛藏經》中所開示的眞實義理，更爲今時後世佛子四眾，闡述 佛陀演說此經的本懷。眞實尋求佛菩提道的有緣佛子，親承聽聞如是勝妙開示，當能如實理解經中義理，亦能了知於大乘法中：如何是諸法實相？善知識、惡知識要如何簡擇？如何才是清淨持戒？如何才能清淨說法？於此末法之世，眾生五濁益重，不知佛、不解法、不識僧，唯見表相，不信眞實，貪著五欲，諸方大師不淨說法，各各將導大量徒眾趣入三塗，如是師徒俱堪憐憫。是故，平實導師以大慈悲心，用淺白易懂之語句，佐以實例、譬喻而爲演說，普令聞者易解佛意，皆得契入佛法正道，如實了知佛法大藏。每逢週二 18.50~20.50 開示，不限制聽講資格。會外人士需憑身分證件換證入內聽講（此是大樓管理處之安全規定，敬請見諒）。桃園、新竹、台中、台南、高雄等地講堂，亦於每週二晚上播放平實導師講經之 DVD，不必出示身分證件即可入內聽講，歡迎各地善信同霑法益。

有某道場專弘淨土法門數十年，於教導信徒研讀《佛藏經》時，往往告誡信徒曰：「後半部不許閱讀。」由此緣故坐令信徒失去提升念佛層次之機緣，師徒只能低品位往生淨土，令人深覺愚癡無智。由有多人建議故，平實導師開始宣講《佛藏經》，藉以轉易如是邪見，並提升念佛人之知見與往生品位。此經中，對於實相念佛多所著墨，亦指出念佛要點：以實相爲依，念佛者應依止淨戒、依止清淨僧寶，捨離違犯重戒之師僧，應受學清淨之法，遠離邪見。本經是現代佛門大法師所厭惡之經典：一者由於大法師們已全都落入意識境界而無法親證實相，故於此經中所說實相全無所知，都不樂有人聞此經名，以免讀後提出問疑時無法回答；二者現代大乘佛法地區，已經普被藏密喇嘛教滲透，許多有名之大法師們大多已曾或繼續在修練雙身法，都已失去聲聞戒體及菩薩戒體，成爲地獄種姓人，已非眞正出家之人，本質上只是身著僧衣而住在寺院中的世俗人。這些人對於此經都是讀不懂的，也是極爲厭惡的；他們尚不樂見此經之印行，何況流通與講解？今爲救護廣大學佛人，兼欲護持佛教血脈永續常傳，特選此經宣講之，主講者平實導師。

3、**瑜伽師地論**詳解　詳解論中所言凡夫地至佛地等 17 師之修證境界與理論，從凡夫地、聲聞地……宣演到諸地所證一切種智之眞實正理。由平實導師開講，每逢一、三、五週之週末晚上開示，僅限已明心之會員參加。

4、**精進禪三**　主三和尚：平實導師。於四天三夜中，以克勤圓悟大師及大慧宗杲之禪風，施設機鋒與小參、公案密意之開示，幫助會員剋期取證，親證不生不滅之眞實心——人人本有之如來藏。每年四月、十月各舉辦二個梯次；平實導師主持。僅限本會會員參加禪淨班共修期滿，報名審核通過者，方可參加。並選擇會中定力、慧力、福德三條件皆已具足之已明心會員，給以指引，令得眼見自己無形無相之佛性遍佈山河大地，眞實而無障礙，得以肉眼現觀世界身心悉皆如幻，具足成就如幻觀，圓滿十住菩薩之證境。

5、**阿含經**詳解　選擇重要之阿含部經典，依無餘涅槃之實際而加以詳解，令大眾得以現觀諸法緣起性空，亦復不墮斷滅見中，顯示經中所隱說之涅槃實際—如來藏—確實已於四阿含中隱說；令大眾得以聞後觀行，確實斷除我見乃至我執，證得**見到**眞現觀，乃至**身證**……等眞現觀；已得大乘或二乘見道者，亦可由此聞熏及聞後之觀行，除斷我所之貪著，成就慧解脫果。由平實導師詳解。不限制聽講資格。

6、**大法鼓經**詳解　詳解末法時代大乘佛法修行之道。佛教正法消毒妙藥塗於大鼓而以擊之，凡有眾生聞之者，一切邪見鉅毒悉皆消殞；此經即是大法鼓之正義，凡聞之者，所有邪見之毒悉皆滅除，見道不難；亦能發起菩薩無量功德，是故諸大菩薩遠從諸方佛土來此娑婆聞修此經。由平實導師詳解。不限制聽講資格。

7、**解深密經**詳解　重講本經之目的，在於令諸已悟之人明解大乘法道之成佛次第，以及悟後進修一切種智之內涵，確實證知三種自性性，並得據此證解七眞如、十眞如等正理。每逢週二 18.50~20.50 開示，由平實導師詳解。將於《大法鼓經》講畢後開講。不限制聽講資格。

8、**成唯識論**詳解　詳解一切種智眞實正理，詳細剖析一切種智之微細深妙廣大正理；並加以舉例說明，使已悟之會員深入體驗所證如來藏之微密行相；及證驗見分相分與所生一切法，皆由如來藏—阿賴耶識—直接或展轉而生，因此證知一切法無我，證知無餘涅槃之本際。將於增上班《瑜伽師地論》講畢後，由平實導師重講。僅限已明心之會員參加。

9、**精選如來藏系經典**詳解　精選如來藏系經典一部，詳細解說，以此完全印證會員所悟如來藏之眞實，得入不退轉住。另行擇期詳細解說之，由平實導師講解。僅限已明心之會員參加。

10、**禪門差別智**　藉禪宗公案之微細淆訛難知難解之處，加以宣說及剖析，以增進明心、見性之功德，啓發差別智，建立擇法眼。每月第一週日全天，由平實導師開示，僅限破參明心後，復又眼見佛性者參加（事冗暫停）。

11、**枯木禪**　先講智者大師的《小止觀》，後說《釋禪波羅蜜》，詳解四禪八定之修證理論與實修方法，細述一般學人修定之邪見與岔路，及對禪定證境之誤會，消除枉用功夫、浪費生命之現象。已悟般若者，可以藉此而實修初禪，進入大乘通教及聲聞教的三果心解脫境界，配合應有的大福德及後得無分別智、十無盡願，即可進入初地心中。親教師：平實導師。未來緣熟時將於大溪正覺寺開講。不限制聽講資格。

註：本會例行年假，自 2004 年起，改爲每年農曆新年前七天開始停息弘法事務及共修課程，農曆正月 8 日回復所有共修及弘法事務。新春期間（每日 9.00~17.00）開放台北講堂，方便會員禮佛祈福及會外人士請書。大溪鎭的正覺祖師堂，開放參訪時間，詳見〈正覺電子報〉或成佛之道網站。本表得因時節因緣需要而隨時修改之，不另作通知。

佛教正覺同修會　贈閱書籍 目錄　2015/09/29

1.**無相念佛**　平實導師著　回郵 10 元
2.**念佛三昧修學次第**　平實導師述著　回郵 25 元
3.**正法眼藏—護法集**　平實導師述著　回郵 35 元
4.**真假開悟簡易辨正法&佛子之省思**　平實導師著　回郵 3.5 元
5.**生命實相之辨正**　平實導師著　回郵 10 元
6.**如何契入念佛法門**（附：印順法師否定極樂世界）平實導師著　回郵 3.5 元
7.**平實書箋**—答元覽居士書　平實導師著　回郵 35 元
8.**三乘唯識**—如來藏系經律彙編　平實導師編　回郵 80 元
（精裝本　長 27 cm　寬 21 cm　高 7.5 cm　重 2.8 公斤）
9.**三時繫念全集**—修正本　回郵掛號 40 元（長 26.5 cm×寬 19 cm）
10.**明心與初地**　平實導師述　回郵 3.5 元
11.**邪見與佛法**　平實導師述著　回郵 20 元
12.**菩薩正道**—回應義雲高、釋性圓…等外道之邪見　正燦居士著　回郵 20 元
13.**甘露法雨**　平實導師述　回郵 20 元
14.**我與無我**　平實導師述　回郵 20 元
15.**學佛之心態**—修正錯誤之學佛心態始能與正法相應　孫正德老師著　回郵35元
附錄：平實導師著**《略說八、九識並存…等之過失》**
16.**大乘無我觀**—《悟前與悟後》別說　平實導師述著　回郵 20 元
17.**佛教之危機**—中國台灣地區現代佛教之真相（附錄：公案拈提六則）
平實導師著　回郵 25 元
18.**燈　影**—燈下黑（覆「求教後學」來函等）　平實導師著　回郵 35 元
19.**護法與毀法**—覆上平居士與徐恒志居士網站毀法二文
張正圜老師著　回郵 35 元
20.**淨土聖道**—兼評**選擇本願念佛**　正德老師著　**由正覺同修會購贈**　回郵25元
21.**辨唯識性相**—對「紫蓮心海《辯唯識性相》書中否定阿賴耶識」之回應
正覺同修會 台南共修處法義組 著　回郵25元
22.**假如來藏**—對法蓮法師《如來藏與阿賴耶識》書中否定阿賴耶識之回應
正覺同修會 台南共修處法義組 著　回郵 35 元
23.**入不二門**—公案拈提集錦 第一輯（於平實導師公案拈提諸書中選錄約二十則，
合輯爲一冊流通之）　平實導師著　回郵 20 元
24.**真假邪說**—西藏密宗索達吉喇嘛《破除邪說論》真是邪說
釋正安法師著　回郵 35 元
25.**真假開悟**—真如、如來藏、阿賴耶識間之關係　平實導師述著　回郵 35 元
26.**真假禪和**—辨正釋傳聖之謗法謬說　孫正德老師著　回郵30元

27.**眼見佛性**—駁慧廣法師眼見佛性的含義文中謬説

游正光老師著　回郵25元

28.**普門自在**—公案拈提集錦 第二輯（於平實導師公案拈提諸書中選錄約二十則，合輯爲一冊流通之）平實導師著　回郵25元

29.**印順法師的悲哀**—以現代禪的質疑為線索　恒毓博士著　回郵25元

30.**識蘊真義**—現觀識蘊內涵、取證初果、親斷三縛結之具體行門。

—依《成唯識論》及《惟識述記》正義，略顯安慧《大乘廣五蘊論》之邪謬

平實導師著　回郵35元

31.**正覺電子報** 各期紙版本　免附回郵　每次最多函索三期或三本。

（已無存書之較早各期，不另增印贈閱）

32.**現代人應有的宗教觀**　蔡正禮老師 著　回郵3.5元

33.**遠惑趣道**—正覺電子報般若信箱問答錄　第一輯　回郵20元

34.**遠惑趣道**—正覺電子報般若信箱問答錄　第二輯　回郵20元

35.**確保您的權益**—器官捐贈應注意自我保護　游正光老師 著　回郵10元

36.**正覺教團電視弘法三乘菩提 DVD 光碟（一）**

由正覺教團多位親教師共同講述錄製 DVD 8 片，MP3 一片，共 9 片。有二大講題：一爲「三乘菩提之意涵」，二爲「學佛的正知見」。內容精闢，深入淺出，精彩絕倫，幫助大眾快速建立三乘法道的正知見，免被外道邪見所誤導。有志修學三乘佛法之學人不可不看。（製作工本費 100 元，回郵 25 元）

37.**正覺教團電視弘法 DVD 專輯（二）**

總有二大講題：一爲「三乘菩提之念佛法門」，一爲「學佛正知見（第二篇）」，由正覺教團多位親教師輪番講述，內容詳細闡述如何修學念佛法門、實證念佛三昧，以及學佛應具有的正確知見，可以幫助發願往生西方極樂淨土之學人，得以把握往生，更可令學人快速建立三乘法道的正知見，免於被外道邪見所誤導。有志修學三乘佛法之學人不可不看。（一套 17 片，工本費 160 元。回郵 35 元）

38.**佛藏經** 燙金精裝本　每冊回郵 20 元。正修佛法之道場欲大量索取者，請正式發函並蓋用大印寄來索取（2008.04.30 起開始敬贈）

39.**喇嘛性世界**—揭開假藏傳佛教譚崔瑜伽的面紗　張善思 等人合著

由正覺同修會購贈　回郵20元

40.**假藏傳佛教的神話**—性、謊言、喇嘛教　張正玄教授編著　回郵20元

由正覺同修會購贈　回郵20元

41.**隨　緣**—理隨緣與事隨緣　平實導師述　回郵20元。

42.**學佛的覺醒**　正枝居士 著　回郵25元

43.**導師之真實義**　蔡正禮老師 著　回郵10元

44.**淺談達賴喇嘛之雙身法**—兼論解讀「密續」之達文西密碼

吳明芷居士 著　回郵10元

45.**魔界轉世**　張正玄居士 著　回郵10元

46.**一貫道與開悟**　蔡正禮老師 著　回郵10元

47.**博愛**—愛盡天下女人　正覺教育基金會 編印　回郵 10 元

48.**意識虛妄經教彙編**—實證解脫道的關鍵經文　正覺同修會編印　回郵 25 元

49.**邪箭囈語**—破斥藏密外道多識仁波切《破魔金剛箭雨論》之邪說

陸正元老師著　上、下冊回郵各 30 元

50.**真假沙門**—依 佛聖教闡釋佛教僧寶之定義

蔡正禮老師著　俟正覺電子報連載後結集出版

51.**真假禪宗**—藉評論釋性廣《印順導師對變質禪法之批判

及對禪宗之肯定》以顯示真假禪宗

附論一：凡夫知見 無助於佛法之信解行證

附論二：世間與出世間一切法皆從如來藏實際而生而顯

余正偉老師著　俟正覺電子報連載後結集出版　回郵未定

52.**假鋒虛焰金剛乘**—揭示顯密正理，兼破索達吉師徒《般若鋒兮金剛焰》。

釋正安 法師著　俟正覺電子報連載後結集出版

★ 上列贈書之郵資，係台灣本島地區郵資，大陸、港、澳地區及外國地區，請另計酌增（大陸、港、澳、國外地區之郵票不許通用）。尚未出版之書，請勿先寄來郵資，以免增加作業煩擾。

★ 本目錄若有變動，唯於後印之書籍及「成佛之道」網站上修正公佈之，不另行個別通知。

函索書籍請寄：佛教正覺同修會　103 台北市承德路 3 段 277 號 9 樓
台灣地區函索書籍者請附寄郵票，無時間購買郵票者可以等值現金抵用，但不接受郵政劃撥、支票、匯票。大陸地區得以人民幣計算，國外地區請以美元計算（請勿寄來當地郵票，在台灣地區不能使用）。欲以掛號寄遞者，請另附掛號郵資。

親自索閱：正覺同修會各共修處。　★請於共修時間前往取書，餘時無人在道場，請勿前往索取；共修時間與地點，詳見書末正覺同修會共修現況表（以近期之共修現況表為準）。

註：正智出版社發售之局版書，請向各大書局購閱。若書局之書架上已經售出而無陳列者，請向書局櫃台指定洽購；若書局不便代購者，請於正覺同修會共修時間前往各共修處請購，正智出版社已派人於共修時間送書前往各共修處流通。 郵政劃撥購書及 大陸地區 購書，請詳別頁正智出版社發售書籍目錄最後頁之說明。

成佛之道 網站：http://www.a202.idv.tw　正覺同修會已出版之結緣書籍，多已登載於 成佛之道 網站，若住外國、或住處遙遠，不便取得正覺同修會贈閱書籍者，可以從本網站閱讀及下載。　書局版之《宗通與說通》亦已上網，台灣讀者可向書局洽購，售價 300 元。《狂密與真密》第一輯~第四輯，亦於 2003.5.1.全部於本網站登載完畢；台灣地區讀者請向書局洽購，每輯約 400 頁，售價 300 元（網站下載紙張費用較貴，容易散失，難以保存，亦較不精美）。

＊＊假藏傳佛教修雙身法，非佛教＊＊

正智出版社 籌募弘法基金發售書籍目錄　　2016/8/8

1.**宗門正眼**—公案拈提 第一輯 重拈　平實導師著　500 元
因重寫內容大幅度增加故，字體必須改小，並增為 576 頁 主文 546 頁。比初版更精彩、更有內容。初版《禪門摩尼寶聚》之讀者，可寄回本公司免費調換新版書。免附回郵，亦無截止期限。（2007 年起，每冊附贈本公司精製公案拈提〈超意境〉CD 一片。市售價格 280 元，多購多贈。）

2.**禪淨圓融**　平實導師著　200 元（第一版舊書可換新版書。）

3.**真實如來藏**　平實導師著　400 元

4.**禪—悟前與悟後**　平實導師著　上、下冊，每冊 250 元

5.**宗門法眼**—公案拈提 第二輯　平實導師著　500 元
（2007 年起，每冊附贈本公司精製公案拈提〈超意境〉CD 一片）

6.**楞伽經詳解**　平實導師著　全套共 10 輯　每輯 250 元

7.**宗門道眼**—公案拈提 第三輯　平實導師著　500 元
（2007 年起，每冊附贈本公司精製公案拈提〈超意境〉CD 一片）

8.**宗門血脈**—公案拈提 第四輯　平實導師著　500 元
（2007 年起，每冊附贈本公司精製公案拈提〈超意境〉CD 一片）

9.**宗通與說通**—成佛之道 平實導師著 主文 381 頁 全書 400 頁售價 300 元

10.**宗門正道**—公案拈提 第五輯　平實導師著　500 元
（2007 年起，每冊附贈本公司精製公案拈提〈超意境〉CD 一片）

11.**狂密與真密 一～四輯**　平實導師著　西藏密宗是人間最邪淫的宗教，本質不是佛教，只是披著佛教外衣的印度教性力派流毒的喇嘛教。此書中將西藏密宗密傳之男女雙身合修樂空雙運所有祕密與修法，毫無保留完全公開，並將全部喇嘛們所不知道的部分也一併公開。內容比大辣出版社喧騰一時的《西藏慾經》更詳細。並且函蓋藏密的所有祕密及其錯誤的中觀見、如來藏見……等，藏密的所有法義都在書中詳述、分析、辨正。每輯主文三百餘頁　每輯全書約 400 頁　售價每輯 300 元

12.**宗門正義**—公案拈提 第六輯　平實導師著　500 元
（2007 年起，每冊附贈本公司精製公案拈提〈超意境〉CD 一片）

13.**心經密意**—心經與解脫道、佛菩提道、祖師公案之關係與密意　平實導師述　300 元

14.**宗門密意**—公案拈提 第七輯　平實導師著　500 元
（2007 年起，每冊附贈本公司精製公案拈提〈超意境〉CD 一片）

15.**淨土聖道**—兼評「選擇本願念佛」　正德老師著　200 元

16.**起信論講記**　平實導師述著　共六輯　每輯三百餘頁　售價各 250 元

17.**優婆塞戒經講記**　平實導師述著 共八輯 每輯三百餘頁 售價各 250 元

18.**真假活佛**—略論附佛外道盧勝彥之邪說（對前岳靈犀網站主張「盧勝彥是證悟者」之修正）　正犀居士（岳靈犀）著　流通價 140 元

19.**阿含正義**—唯識學探源　平實導師著　共七輯　每輯 300 元

20.**超意境** CD 以平實導師公案拈提書中超越意境之頌詞，加上曲風優美的旋律，錄成令人嚮往的超意境歌曲，其中包括正覺發願文及平實導師親自譜成的黃梅調歌曲一首。詞曲雋永，殊堪翫味，可供學禪者吟詠，有助於見道。內附設計精美的彩色小冊，解說每一首詞的背景本事。每片 280 元。【每購買公案拈提書籍一冊，即贈送一片。】

21.**菩薩底憂鬱** CD 將菩薩情懷及禪宗公案寫成新詞，並製作成超越意境的優美歌曲。 1.主題曲〈菩薩底憂鬱〉，描述地後菩薩能離三界生死而迴向繼續生在人間，但因尚未斷盡習氣種子而有極深沈之憂鬱，非三賢位菩薩及二乘聖者所知，此憂鬱在七地滿心位方才斷盡；本曲之詞中所說義理極深，昔來所未曾見；此曲係以優美的情歌風格寫詞及作曲，聞者得以激發嚮往諸地菩薩境界之大心，詞、曲都非常優美，難得一見；其中勝妙義理之解說，已印在附贈之彩色小冊中。 2.以各輯公案拈提中直示禪門入處之頌文，作成各種不同曲風之超意境歌曲，值得玩味、參究；聆聽公案拈提之優美歌曲時，請同時閱讀內附之印刷精美說明小冊，可以領會超越三界的證悟境界；未悟者可以因此引發求悟之意向及疑情，眞發菩提心而邁向求悟之途，乃至因此眞實悟入般若，成眞菩薩。 3.正覺總持咒新曲，總持佛法大意；總持咒之義理，已加以解說並印在隨附之小冊中。本 CD 共有十首歌曲，長達 63 分鐘。每盒各附贈二張購書優惠券。每片 280 元。

22.**禪意無限** CD 平實導師以公案拈提書中偈頌寫成不同風格曲子，與他人所寫不同風格曲子共同錄製出版，幫助參禪人進入禪門超越意識之境界。盒中附贈彩色印製的精美解說小冊，以供聆聽時閱讀，令參禪人得以發起參禪之疑情，即有機會證悟本來面目而發起實相智慧，實證大乘菩提般若，能如實證知般若經中的眞實意。本 CD 共有十首歌曲，長達 69 分鐘，每盒各附贈二張購書優惠券。每片 280 元。

23.**我的菩提路**第一輯　釋悟圓、釋善藏等人合著　售價 300 元

24.**我的菩提路**第二輯　郭正益、張志成等人合著　售價 300 元

25.**鈍鳥與靈龜**—考證後代凡夫對大慧宗杲禪師的無根誹謗。

平實導師著 共 458 頁 售價 350 元

26.**維摩詰經講記** 平實導師述 共六輯 每輯三百餘頁 售價各 250 元

27.**真假外道**—破劉東亮、杜大威、釋證嚴常見外道見　正光老師著　200 元

28.**勝鬘經講記**—兼論印順《勝鬘經講記》對於《勝鬘經》之誤解。

平實導師述　共六輯　每輯三百餘頁　售價 250 元

29.**楞嚴經講記** 平實導師述 共 **15** 輯，每輯三百餘頁 售價 300 元

30.**明心與眼見佛性**—駁慧廣〈蕭氏「眼見佛性」與「明心」之非〉文中謬說

正光老師著　共 448 頁　售價 300 元

31.**見性與看話頭** 黃正倖老師 著，本書是禪宗參禪的方法論。

內文 375 頁，全書 416 頁，售價 300 元。

32.**達賴真面目**—玩盡天下女人 白正偉老師 等著 中英對照彩色精裝大本 800 元

33.**喇嘛性世界**—揭開假藏傳佛教譚崔瑜伽的面紗　張善思 等人著　200 元
34.**假藏傳佛教的神話**—性、謊言、喇嘛教　正玄教授編著　200 元
35.**金剛經宗通**　平實導師述　共九輯　每輯售價 250 元。
36.**空行母**—性別、身分定位，以及藏傳佛教。
　　　　珍妮．坎貝爾著 呂艾倫 中譯 售價 250 元
37.**末代達賴**—性交教主的悲歌　張善思、呂艾倫、辛燕編著 售價 250 元
38.**霧峰無霧**—給哥哥的信　辨正釋印順對佛法的無量誤解
　　　　游宗明 老師著　售價 250 元
39.**第七意識與第八意識？**—穿越時空「超意識」
　　　　平實導師述　每冊 300 元
40.**黯淡的達賴**—失去光彩的諾貝爾和平獎
　　　　正覺教育基金會編著　每冊 250 元
41.**童女迦葉考**—論呂凱文〈佛教輪迴思想的論述分析〉之謬。
　　　　平實導師 著 定價 180 元
42.**人間佛教**—實證者必定不悖三乘菩提
　　　　平實導師 述，定價 400 元
43.**實相經宗通**　平實導師述　共八輯　每輯 250 元
44.**真心告訴您(一)**—達賴喇嘛在幹什麼？
　　　　正覺教育基金會編著　售價 250 元
45.**中觀金鑑**—詳述應成派中觀的起源與其破法本質
　　　　孫正德老師著　分為上、中、下三冊，每冊 250 元
46.**佛法入門**—迅速進入三乘佛法大門，消除久學佛法漫無方向之窘境。
　　　　○○居士著　將於正覺電子報連載後出版。售價 250 元
47.**藏傳佛教要義**—《狂密與真密》之簡體字版　平實導師 著 上、下冊
　　　　僅在大陸流通　每冊 300 元
48.**法華經講義**　平實導師述　共二十五輯　每輯 300 元
　　　　已於 2015/05/31 起開始出版，每二個月出版一輯
49.**西藏「活佛轉世」制度**—附佛、造神、世俗法
　　　　許正豐、張正玄老師合著　定價 150 元
50.**廣論三部曲**　郭正益老師著　定價 150 元
51.**真心告訴您(二)**—達賴喇嘛是佛教僧侶嗎？
　　　　—補祝達賴喇嘛八十大壽
　　　　正覺教育基金會編著　售價 300 元
52.**廣論之平議**—宗喀巴《菩提道次第廣論》之平議　正雄居士著
　　　　約[illegible]成三輯　俟正覺電子報連載後結集出版　書價未定
53.**末法導護**—對印順法師中心思想之綜合判攝　正慶老師著　書價未定
54.**菩薩學處**—菩薩四攝六度之要義　陸正元老師著　出版日期未定。
55.**八識規矩頌**詳解　○○居士 註解　出版日期另訂　書價未定。

56.**印度佛教史**—法義與考證。依法義史實評論印順《印度佛教思想史、佛教史地考論》之謬說　正偉老師著　出版日期未定　書價未定
57.**中國佛教史**—依中國佛教正法史實而論。○○老師 著　書價未定。
58.**中論正義**—釋龍樹菩薩《中論》頌正理。
孫正德老師著　出版日期未定　書價未定
59.**中觀正義**—註解平實導師《中論正義頌》。
○○法師（居士）著　出版日期未定　書價未定
60.**佛藏經講記**　平實導師述　出版日期未定　書價未定
61.**阿含經講記**—將選錄四阿含中數部重要經典全經講解之，講後整理出版。
平實導師述　約二輯　每輯300元　出版日期未定
62.**寶積經講記**　平實導師述　每輯三百餘頁 優惠價300元　出版日期未定
63.**解深密經講記**　平實導師述 約四輯　將於重講後整理出版
64.**成唯識論略解**　平實導師著　五～六輯　每輯300元　出版日期未定
65.**修習止觀坐禪法要講記**　平實導師述　每輯三百餘頁
將於正覺寺建成後重講、以講記逐輯出版　出版日期未定
66.**無門關**—《無門關》公案拈提　平實導師著　出版日期未定
67.**中觀再論**—兼述印順《中觀今論》謬誤之平議。正光老師著 出版日期未定
68.**輪迴與超度**—佛教超度法會之真義。
○○法師（居士）著　出版日期未定　書價未定
69.**《釋摩訶衍論》平議**—對偽稱龍樹所造《釋摩訶衍論》之平議
○○法師（居士）著　出版日期未定　書價未定
70.**正覺發願文**註解—以真實大願為因 得證菩提
正德老師著　出版日期未定　書價未定
71.**正覺總持咒**—佛法之總持　正圜老師著　出版日期未定　書價未定
72.**涅槃**—論四種涅槃　平實導師著　出版日期未定　書價未定
73.**三自性**—依四食、五蘊、十二因緣、十八界法，說三性三無性。
作者未定　出版日期未定
74.**道品**—從三自性說大小乘三十七道品　作者未定　出版日期未定
75.**大乘緣起觀**—依四聖諦七真如現觀十二緣起 作者未定　出版日期未定
76.**三德**—論解脫德、法身德、般若德。　作者未定　出版日期未定
77.**真假如來藏**—對印順《如來藏之研究》謬說之平議　作者未定 出版日期未定
78.**大乘道次第**　作者未定　出版日期未定　書價未定
79.**四緣**—依如來藏故有四緣。　作者未定　出版日期未定
80.**空之探究**—印順《空之探究》謬誤之平議　作者未定 出版日期未定
81.**十法義**—論阿含經中十法之正義　作者未定　出版日期未定
82.**外道見**—論述外道六十二見　作者未定　出版日期未定

正智出版社有限公司 書籍介紹

禪淨圓融：言淨土諸祖所未曾言，示諸宗祖師所未曾示；禪淨圓融，另闢成佛捷徑，兼顧自力他力，闡釋淨土門之速行易行道，亦同時揭櫫聖教門之速行易行道；令廣大淨土行者得免緩行難證之苦，亦令聖道門行者得以藉著淨土速行道而加快成佛之時劫。乃前無古人之超勝見地，非一般弘揚禪淨法門典籍也，先讀為快。平實導師著 200元。

宗門正眼——公案拈提第一輯：繼承克勤圜悟大師碧巖錄宗旨之禪門鉅作。先則舉示當代大法師之邪說，消弭當代禪門大師鄉愿之心態，摧破當今禪門「世俗禪」之妄談；次則旁通教法，表顯宗門正理；繼以道之次第，消弭古今狂禪；後藉言語及文字機鋒，直示宗門入處。悲智雙運，禪味十足，數百年來難得一睹之禪門鉅著也。平實導師著 500元（原初版書《禪門摩尼寶聚》，改版後補充為五百餘頁新書，總計多達二十四萬字，內容更精彩，並改名為《宗門正眼》，讀者原購初版《禪門摩尼寶聚》皆可寄回本公司免費換新，免附回郵，亦無截止期限）（2007年起，凡購買公案拈提第一輯至第七輯，每購一輯皆贈送本公司精製公案拈提〈超意境〉CD一片，市售價格280元，多購多贈）。

禪—悟前與悟後：本書能建立學人悟道之信心與正確知見，圓滿具足而有次第地詳述禪悟之功夫與禪悟之內容，指陳參禪中細微淆訛之處，能使學人明自眞心、見自本性。若未能悟入，亦能以正確知見辨別古今中外一切大師究係眞悟？或屬錯悟？便有能力揀擇，捨名師而選明師，後時必有悟道之緣。一旦悟道，遲者七次人天往返，便出三界，速者一生取辦。學人欲求開悟者，不可不讀。　平實導師著。上、下冊共500元，單冊250元。

眞實如來藏：如來藏眞實存在，乃宇宙萬有之本體，並非印順法師、達賴喇嘛等人所說之「唯有名相、無此心體」。如來藏是涅槃之本際，是一切有智之人竭盡心智、不斷探索而不能得之生命實相；是古今中外許多大師自以爲悟而當面錯過之生命實相。如來藏即是阿賴耶識，乃是一切有情本自具足、不生不滅之眞實心。當代中外大師於此書出版之前所未能言者，作者於本書中盡情流露、詳細闡釋。眞悟者讀之，必能增益悟境、智慧增上；錯悟者讀之，必能檢討自己之錯誤，免犯大妄語業；未悟者讀之，能知參禪之理路，亦能以之檢查一切名師是否眞悟。此書是一切哲學家、宗教家、學佛者及欲昇華心智之人必讀之鉅著。　平實導師著　售價400元。

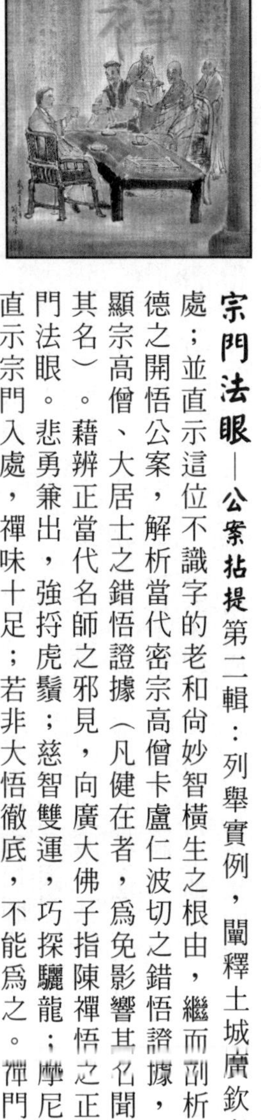

宗門法眼—**公案拈提**第二輯：列舉實例，闡釋土城廣欽老和尚之悟處；並直示這位不識字的老和尚妙智橫生之根由，繼而剖析禪宗歷代大德之開悟公案，解析當代密宗高僧卡盧仁波切之錯悟證據，並例舉當代顯宗高僧、大居士之錯悟證據（凡健在者，爲免影響其名聞利養，皆隱其名）。藉辨正當代名師之邪見，向廣大佛子指陳禪悟之正道，彰顯宗門法眼。悲勇兼出，強捋虎鬚；慈智雙運，巧探驪龍；摩尼寶珠在手，直示宗門入處，禪味十足；若非大悟徹底，不能爲之。禪門精奇人物，允宜人手一冊，供作參究及悟後印證之圭臬。本書於2008年4月改版，增寫為大約500頁篇幅，以利學人研讀參究時更易悟入宗門正法，以前所購初版首刷及初版二刷舊書，皆可免費換取新書。平實導師著 500元（2007年起，凡購買公案拈提第一輯至第七輯，每購一輯皆贈送本公司精製公案拈提〈超意境〉CD一片，市售價格280元，多購多贈）。

宗門道眼—**公案拈提**第三輯：繼宗門法眼之後，再以金剛之作略、慈悲之胸懷、犀利之筆觸，舉示寒山、拾得、布袋三大士之悟處，消弭當代錯悟者對於寒山大士……等之誤會及誹謗。亦舉出民初以來與虛雲和尚齊名之蜀郡鹽亭袁煥仙夫子——南懷瑾老師之師，其「悟處」何在？並蒐羅許多眞悟祖師之證悟公案，顯示禪宗歷代祖師之睿智，指陳部分祖師、奧修及當代顯密大師之謬悟，作爲殷鑑，幫助禪子建立及修正參禪之方向及知見。假使讀者閱此書已，一時尚未能悟，亦可一面加功用行，一面以此宗門道眼辨別眞假善知識，避開錯誤之印證及歧路，可免大妄語業之長劫慘痛果報。欲修禪宗之禪者，務請細讀。平實導師著 售價500元（2007年起，凡購買公案拈提第一輯至第七輯，每購一輯皆贈送本公司精製公案拈提〈超意境〉CD一片，市售價格280元，多購多贈）。

楞伽經詳解：本經是禪宗見道者印證所悟眞僞之根本經典，亦是禪宗見道者悟後起修之依據經典；故達摩祖師於印證二祖慧可大師之後，將此經典連同佛缽祖衣一併交付二祖，令其依此經典佛示金言、進入修道位，修學一切種智。由此可知此經對於眞悟之人修學佛道，是非常重要之一部經典。此經能破外道邪說，亦破佛門中錯悟名師之謬說，亦破禪宗部分祖師之狂禪：不讀經典、一向主張「一悟即成究竟佛」之謬執。並開示愚夫所行禪、觀察義禪、攀緣如禪、如來禪等差別，令行者對於三乘禪法差異有所分辨；亦糾正禪宗祖師古來對於如來禪之誤解，嗣後可免以訛傳訛之弊。此經亦是法相唯識宗之根本經典，禪者悟後欲修一切種智而入初地者，必須詳讀。平實導師著，全套共十輯，已全部出版完畢，每輯主文約320頁，每冊約352頁，定價250元。

宗門血脈—公案拈提第四輯：末法怪象—許多修行人自以爲悟，每將無念靈知認作眞實；崇尚二乘法諸師及其徒眾，則將外於如來藏之緣起性空—無因論之無常空、斷滅空、一切法空—錯認爲佛所說之般若空性。這兩種現象已於當今海峽兩岸及美加地區顯密大師之中普遍存在；人人自以爲悟，心高氣壯，便敢寫書解釋祖師證悟之公案，大多出於意識思惟所得，言不及義，錯誤百出，因此誤導廣大佛子同陷大妄語之地獄業中而不能自知。彼等書中所說之悟處，其實處處違背第一義經典之聖言量。彼等諸人不論是否身披袈裟，都非佛法宗門血脈，或雖有禪宗法脈之傳承，亦只徒具形式；猶如螟蛉，非眞血脈，未悟得根本眞實故。禪子欲知佛、祖之眞血脈者，請讀此書，便知分曉。平實導師著，主文452頁，全書464頁，定價500元（2007年起，凡購買公案拈提第一輯至第七輯，每購一輯皆贈送本公司精製公案拈提〈超意境〉CD一片，市售價格280元，多購多贈）。

宗通與說通：古今中外，錯誤之人如麻似粟，每以常見外道所說之靈知心，認作眞心；或妄想虛空之勝性能量爲眞如，或錯認物質四大元素藉冥性（靈知心本體）能成就吾人色身及知覺，或認初禪至四禪中之了知心爲不生不滅之涅槃心。此等皆非通宗者之見地。復有錯悟之人一向主張「宗門與教門不相干」，此即尚未通達宗門之人也。其實宗門與教門互通不二，宗門所證者乃是眞如與佛性，教門所說者乃說宗門證悟之眞如佛性，故教門與宗門不二。本書作者以宗教二門互通之見地，細說「宗通與說通」，從初見道至悟後起修之道、細說分明；並將諸宗諸派在整體佛教中之地位與次第，加以明確之教判，學人讀之即可了知佛法之梗概也。欲擇明師學法之前，允宜先讀。平實導師著，主文共381頁，全書392頁，只售成本價300元。

宗門正道—公案拈提第五輯：修學大乘佛法有二果須證：解脫果及大菩提果。二乘人不證大菩提果，唯證解脫果；此果之智慧，名爲聲聞菩提、緣覺菩提。大乘佛子所證二果之菩提果爲佛菩提，故名大菩提果，其慧名爲一切種智函蓋二乘解脫果。然此大乘二果修證，須經由禪宗之宗門證悟方能相應。而宗門證悟極難，自古已然；其所以難者，咎在古今佛教界普遍存在三種邪見：1.以修定認作佛法，2.以無因論之緣起性空—否定涅槃本際如來藏以後之一切法空作爲佛法，3.以常見外道邪見（離語言妄念之靈知性）作爲佛法。如是邪見，或因自身正見未立所致，或因無始劫來虛妄熏習所致。若不破除此三種邪見，永劫不悟宗門眞義、不入大乘正道，唯能外門廣修菩薩行。平實導師於此書中，有極爲詳細之說明，有志佛子欲摧邪見、入於內門修菩薩行者，當閱此書。主文共496頁，全書512頁。售價500元（2007年起，凡購買公案拈提第一輯至第七輯，每購一輯皆贈送本公司精製公案拈提〈超意境〉CD一片，市售價格280元，多購多贈）。

狂密與真密：密教之修學，皆由有相之觀行法門而入，其最終目標仍不離顯教經典所說第一義諦之修證；若離顯教第一義經典、或違背顯教第一義經典，即非佛教。西藏密教之觀行法，如灌頂、觀想、遷識法、寶瓶氣、大聖歡喜雙身修法、喜金剛、無上瑜伽、大樂光明、樂空雙運等，皆是印度教兩性生生不息思想之轉化，自始至終皆以如何能運用交合淫樂之法達到全身受樂爲其中心思想，純屬欲界五欲的貪愛，不能令人超出欲界輪迴，更不能令人斷除我見；何況大乘之明心與見性，更無論矣！故密宗之法絕非佛法也。而其明光大手印、大圓滿法教，又皆同以常見外道所說離語言妄念之無念靈知心錯認爲佛地之眞如，不能直指不生不滅之眞如。西藏密宗所有法王與徒眾，都尚未開頂門眼，不能辨別眞僞，以依人不依法、依密續不依經典故，不肯將其上師喇嘛所說對照第一義經典，純依密續之藏密祖師所說爲準，因此而誇大其證德與證量，動輒謂彼祖師上師爲究竟佛、爲地上菩薩；如今台海兩岸亦有自謂其師證量高於釋迦文佛者，然觀其師所述，猶未見道，仍在觀行即佛階段，尚未到禪宗相似即佛、分證即佛階位，竟敢標榜爲究竟佛及地上法王，誑惑初機學人。凡此怪象皆是狂密，不同於眞密之修行者。近年狂密盛行，密宗行者被誤導者極眾，動輒自謂已證佛地眞如，自視爲究竟佛，陷於大妄語業中而不知自省，反謗顯宗眞修實證者之證量粗淺；或如義雲高與釋性圓…等人，於報紙上公然誹謗眞實證道者爲「騙子、無道人、人妖、癩蛤蟆…」等，造下誹謗大乘勝義僧之大惡業；或以外道法中有爲有作之甘露、魔術……等法，誑騙初機學人，狂言彼外道法爲眞佛法。如是怪象，在西藏密宗及附藏密之外道中，不一而足，舉之不盡，學人宜應愼思明辨，以免上當後又犯毀破菩薩戒之重罪。密宗學人若欲遠離邪知邪見者，請閱此書，即能了知密宗之邪謬，從此遠離邪見與邪修，轉入眞正之佛道。

平實導師著 共四輯 每輯約400頁（主文約340頁）每輯售價300元。

宗門正義—公案拈提第六輯：佛教有六大危機，乃是藏密化、世俗化、膚淺化、學術化、宗門密意失傳、悟後進修諸地之次第混淆；其中尤以宗門密意之失傳，爲當代佛教最大之危機。由宗門密意失傳故，易令世尊本懷普被錯解，易令 世尊正法被轉易爲外道法，以及加以淺化、世俗化，是故宗門密意之廣泛弘傳與具緣佛弟子，極爲重要。然而欲令宗門密意之廣泛弘傳予具緣之佛弟子者，必須同時配合錯誤知見之解析、普令佛弟子知之，然後輔以公案解析之直示入處，方能令具緣之佛弟子悟入。而此二者，皆須以公案拈提之方式爲之，方易成其功、竟其業，是故平實導師續作宗門正義一書，以利學人。　全書500餘頁，售價500元（2007年起，凡購買公案拈提第一輯至第七輯，每購一輯皆贈送本公司精製公案拈提〈超意境〉CD一片，市售價格280元，多購多贈）。

心經密意—心經與解脫道、佛菩提道、祖師公案之關係與密意。二乘菩提所證之解脫道，實依第八識心之斷除煩惱障現行而立解脫之名；大乘菩提所證之佛菩提道，實依親證第八識如來藏之涅槃性、清淨自性、及其中道性而立般若之名；禪宗祖師公案所證之眞心，即是此第八識如來藏；是故三乘佛法所修所證之三乘菩提，皆依此如來藏心而立名也。此第八識心，即是《心經》所說之心也。證得此如來藏已，即能漸入大乘佛菩提道，亦可因證知此心而了知二乘無學所不能知之無餘涅槃本際，是故《心經》之密意，與三乘佛菩提之關係極爲密切、不可分割，三乘佛法皆依此心而立名故。今者平實導師以其所證解脫道之無生智及佛菩提之般若種智，將《心經》與解脫道、佛菩提道、祖師公案之關係與密意，以演講之方式，用淺顯之語句和盤托出，發前人所未言，呈三乘菩提之眞義，令人藉此《心經密意》一舉而窺三乘菩提之堂奧，迥異諸方言不及義之說，欲求眞實佛智者、不可不讀！主文317頁，連同跋文及序文…等共384頁，售價300元。

宗門密意—公案拈提第七輯：佛教之世俗化，將導致學人以信仰作爲學佛，則將以感應及世間法之庇祐，作爲學佛之主要目標，不能了知學佛之主要目標爲親證三乘菩提。大乘菩提則以般若實相智慧爲主要修習目標，以二乘菩提解脫道爲附帶修習之標的；是故學習大乘法者，應以禪宗之證悟爲要務，能親入大乘菩提之實相般若智慧中故，般若實相智慧非二乘聖人所能知故。此書則以台灣世俗化佛教之三大法師，說法似是而非之實例，配合眞悟祖師之公案解析，提示證悟般若之關節，令學人易得悟入。平實導師著，全書五百餘頁，售價500元（2007年起，凡購買公案拈提第一輯至第七輯，每購一輯皆贈送本公司精製公案拈提〈超意境〉CD一片，市售價格280元，多購多贈）。

淨土聖道—兼評日本本願念佛：佛法甚深極廣，般若玄微，非諸二乘聖僧所能知之，一切凡夫更無論矣！所謂一切證量皆歸淨土是也！是故大乘法中「聖道之淨土、淨土之聖道」，其義甚深，難可了知；乃至眞悟之人，初心亦難知也。今有正德老師眞實證悟後，復能深探淨土與聖道之緊密關係，憐憫眾生之誤會淨土實義，亦欲利益廣大淨土行人同入聖道，同獲淨土中之聖道門要義，乃振奮心神、書以成文，今得刊行天下。主文279頁，連同序文等共301頁，總有十一萬六千餘字，正德老師著，成本價200元。

起信論講記：詳解大乘起信論**心生滅門**與**心眞如門**之眞實意旨，消除以往大師與學人對起信論所說**心生滅門**之誤解，由是而得了知眞心如來藏之非常非斷中道正理；亦因此一講解，令此論以往隱晦而被誤解之眞實義，得以如實顯示，令大乘佛菩提道之正理得以顯揚光大；初機學者亦可藉此正論所顯示之法義，對大乘法理生起正信，從此得以眞發菩提心，眞入大乘法中修學，世世常修菩薩正行。平實導師演述，共六輯，都已出版，每輯三百餘頁，售價各250元。

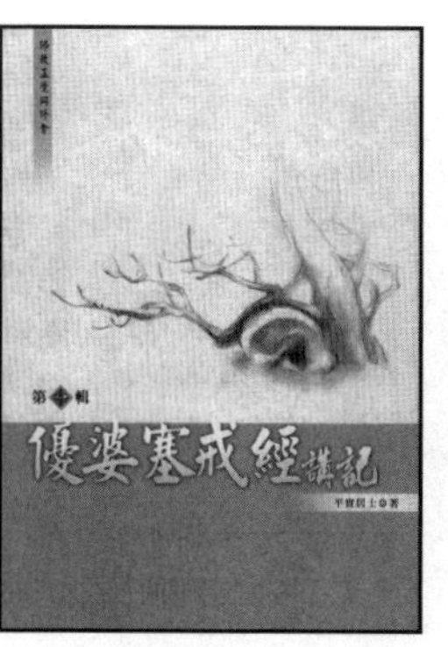

優婆塞戒經講記：本經詳述在家菩薩修學大乘佛法，應如何受持菩薩戒？對人間善行應如何看待？對三寶應如何護持？應如何正確地修集此世後世證法之福德？應如何修集後世「行菩薩道之資糧」？並詳述第一義諦之正義：五蘊非我非異我、自作自受、異作異受、不作不受……等深妙法義，乃是修學大乘佛法、行菩薩行之在家菩薩所應當了知者。出家菩薩今世或未來世登地已，捨報之後多數將如華嚴經中諸大菩薩，以在家菩薩身而修行菩薩行，故亦應以此經所述正理而修之，配合《楞伽經、解深密經、楞嚴經、華嚴經》等道次第正理，方得漸次成就佛道；故此經是一切大乘行者皆應證知之正法。平實導師講述，每輯三百餘頁，售價各250元；共八輯，已全部出版。

真假活佛—略論附佛外道盧勝彥之邪說：人人身中都有眞活佛，永生不滅而有大神用，但眾生都不了知，所以常被身外的西藏密宗假活佛籠罩欺瞞。本來就眞實存在的眞活佛，才是眞正的密宗無上密！諾那活佛因此而說禪宗是大密宗，但藏密的所有活佛都不知道、也不曾實證自身中的眞活佛。本書詳實宣示眞活佛的道理，舉證盧勝彥的「佛法」不是眞佛法，也顯示盧勝彥是假活佛，直接的闡釋第一義佛法見道的眞實正理。眞佛宗的所有上師與學人們，都應該詳細閱讀，包括盧勝彥個人在內。正犀居士著，優惠價140元。

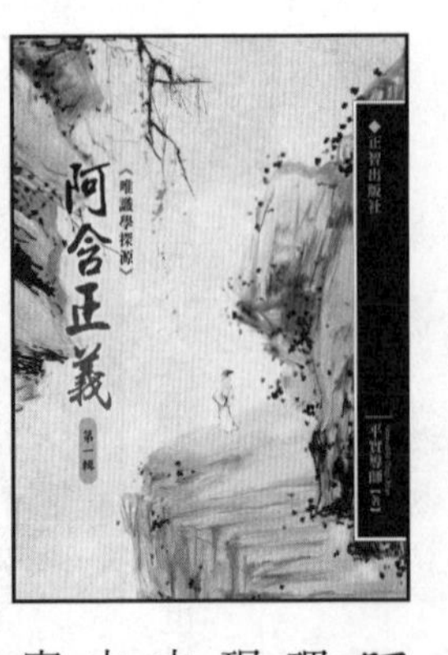

阿含正義—唯識學探源：廣說四大部《阿含經》諸經中隱說之眞正義理，一一舉示佛陀本懷，令阿含時期初轉法輪根本經典之眞義，如實顯現於佛子眼前。並提示末法大師對於阿含眞義誤解之實例，一一比對之，證實唯識增上慧學確於原始佛法之阿含諸經中已隱覆密意而略說之，證實 世尊確於原始佛法中已曾密意而說第八識如來藏之總相；亦證實 世尊在四阿含中已說此藏識是名色十八界之因、之本—證明如來藏是能生萬法之根本心。佛子可據此修正以往受諸大師（譬如西藏密宗應成派中觀師：印順、昭慧、性廣、大願、達賴、宗喀巴、寂天、月稱、……等人）誤導之邪見，建立正見，轉入正道乃至親證初果而無困難；書中並詳說三果所證的**心解脫**，以及四果**慧解脫**的親證，都是如實可行的具體知見與行門。全書共七輯，已出版完畢。平實導師著，每輯三百餘頁，售價300元。

超意境ＣＤ：以平實導師公案拈提書中超越意境之頌詞，加上曲風優美的旋律，錄成令人嚮往的超意境歌曲，其中包括正覺發願文及平實導師親自譜成的黃梅調歌曲一首。詞曲雋永，殊堪翫味，可供學禪者吟詠，有助於見道。內附設計精美的彩色小冊，解說每一首詞的背景本事。每片280元。【每購買公案拈提書籍一冊，即贈送一片。】

鈍鳥與靈龜：鈍鳥及靈龜二物，被宗門證悟者說爲二種人：前者是精修禪定而無智慧者，也是以定爲禪的愚癡禪人；後者是或有禪定、或無禪定的宗門證悟者，凡已證悟者皆是靈龜。但後來被人虛造事實，用以嘲笑大慧宗杲禪師，說他雖是靈龜，卻不免被天童禪師預記「患背」痛苦而亡：「**鈍鳥離巢易，靈龜脫殼難。**」藉以貶低大慧宗杲的證量。同時將天童禪師實證如來藏的證量，曲解爲意識境界的離念靈知。自從大慧禪師入滅以後，錯悟凡夫對他的不實毀謗就一直存在著，不曾止息，並且捏造的假事實也隨著年月的增加而越來越多，終至編成「鈍鳥與靈龜」的假公案、假故事。本書是考證大慧與天童之間的不朽情誼，顯現這件假公案的虛妄不實；更見大慧宗杲面對惡勢力時的正直不阿，亦顯示大慧對天童禪師的至情深義，將使後人對大慧宗杲的誣謗至此而止，不再有人誤犯毀謗賢聖的惡業。書中亦舉證宗門的所悟確以第八識如來藏爲標的，詳讀之後必可改正以前被錯悟大師誤導的參禪知見，日後必定有助於實證禪宗的開悟境界，得階大乘眞見道位中，即是實證般若之賢聖。全書459頁，售價350元。

我的菩提路第一輯：凡夫及二乘聖人不能實證的佛菩提證悟，末法時代的今天仍然有人能得實證，由正覺同修會釋悟圓、釋善藏法師等二十餘位實證如來藏者所寫的見道報告，已爲當代學人見證宗門正法之絲縷不絕，證明大乘義學的法脈仍然存在，爲末法時代求悟般若之學人照耀出光明的坦途。由二十餘位大乘見道者所繕，敘述各種不同的學法、見道因緣與過程，參禪求悟者必讀。全書三百餘頁，售價300元。

我的菩提路第二輯：由郭正益老師等人合著，書中詳述彼等諸人歷經各處道場學法，一一修學而加以檢擇之不同過程以後，因閱讀正覺同修會、正智出版社書籍而發起抉擇分，轉入正覺同修會中修學；乃至學法及見道之過程，都一一詳述之。其中張志成等人係由前現代禪轉進正覺同修會，張志成原爲現代禪副宗長，以前未閱本會書籍時，曾被人藉其名義著文評論 平實導師（詳見《宗通與說通》辨正及《眼見佛性》書末附錄…等）；後因偶然接觸正覺同修會書籍，深覺以前聽人評論平實導師之語不實，於是投入極多時間閱讀本會書籍、深入思辨，詳細探索中觀與唯識之關聯與異同，認爲正覺之法義方是正法，深覺相應；亦解開多年來對佛法的迷雲，確定應依八識論正理修學方是正法。乃不顧面子，毅然前往正覺同修會面見平實導師懺悔，並正式學法求悟。今已與其同修王美伶（亦爲前現代禪傳法老師），同樣證悟如來藏而證得法界實相，生起實相般若真智。此書中尚有七年來本會第一位眼見佛性者之見性報告一篇，一同供養大乘佛弟子。全書四百頁，售價300元。

維摩詰經講記：本經係 世尊在世時，由等覺菩薩維摩詰居士藉疾病而演說之大乘菩提無上妙義，所說函蓋甚廣，然極簡略，是故今時諸方大師與學人讀之悉皆錯解，何況能知其中隱含之深妙正義，是故普遍無法爲人解說；若強爲人說，則成依文解義而有諸多過失。今由平實導師公開宣講之後，詳實解釋其中密意，令維摩詰菩薩所說大乘不可思議解脫之深妙正法得以正確宣流於人間，利益當代學人及與諸方大師。書中詳實演述大乘佛法深妙不共二乘之智慧境界，顯示諸法之中絕待之實相境界，建立大乘菩薩妙道於永遠不敗不壞之地，以此成就護法偉功，欲冀永利娑婆人天。已經宣講圓滿整理成書流通，以利諸方大師及諸學人。全書共六輯，每輯三百餘頁，售價各250元。

菩薩底憂鬱CD將菩薩情懷及禪宗公案寫成新詞，並製作成超越意境的優美歌曲。1.主題曲〈菩薩底憂鬱〉，描述地後菩薩能離三界生死而迴向繼續生在人間，但因尚未斷盡習氣種子而有極深沈之憂鬱，非三賢位菩薩及二乘聖者所知，此憂鬱在七地滿心位方才斷盡；本曲之詞中所說義理極深，昔來所未曾見；此曲係以優美的情歌風格寫詞及作曲，聞者得以激發嚮往諸地菩薩境界之大心，詞、曲都非常優美，難得一見；其中勝妙義理之解說，已印在附贈之彩色小冊中。2.以各輯公案拈提中直示禪門入處之頌文，作成各種不同曲風之超意境歌曲，值得玩味、參究；聆聽公案拈提之優美歌曲時，請同時閱讀內附之印刷精美說明小冊，可以領會超越三界的證悟境界；未悟者可以因此引發求悟之意向及疑情，眞發菩提心而邁向求悟之途，乃至因此眞實悟入般若，成眞菩薩。3.正覺總持咒新曲，總持佛法大意；總持咒之義理，已加以解說並印在隨附之小冊中。本CD共有十首歌曲，長達63分鐘，附贈二張購書優惠券。每片280元。

勝鬘經講記：如來藏爲三乘菩提之所依，若離如來藏心體及其含藏之一切種子，即無三界有情及一切世間法，亦無二乘菩提緣起性空之出世間法；本經詳說無始無明、一念無明皆依如來藏而有之正理，藉著詳解煩惱障與所知障間之關係，令學人深入了知二乘菩提與佛菩提相異之妙理；聞後即可了知佛菩提之特勝處及三乘修道之方向與原理，邁向攝受正法而速成佛道的境界中。平實導師講述，共六輯，每輯三百餘頁，售價各250元。

楞嚴經講記：楞嚴經係密教部之重要經典，亦是顯教中普受重視之經典；經中宣說明心與見性之內涵極爲詳細，將一切法都會歸如來藏及佛性—妙眞如性；亦闡釋佛菩提道修學過程中之種種魔境，以及外道誤會涅槃之狀況，旁及三界世間之起源。然因言句深澀難解，法義亦復深妙寬廣，學人讀之普難通達，是故讀者大多誤會，不能如實理解佛所說之明心與見性內涵，亦因是故多有悟錯之人引爲開悟之證言，成就大妄語罪。今由平實導師詳細講解之後，整理成文，以易讀易懂之語體文刊行天下，以利學人。全書十五輯，全部出版完畢。每輯三百餘頁，售價每輯300元。

明心與眼見佛性：本書細述明心與眼見佛性之異同，同時顯示了中國禪宗破初參明心與重關眼見佛性二關之間的關聯；書中又藉法義辨正而旁述其他許多勝妙法義，讀後必能遠離佛門長久以來積非成是的錯誤知見，令讀者在佛法的實證上有極大助益。也藉慧廣法師的謬論來教導佛門學人回歸正知正見，遠離古今禪門錯悟者所墮的意識境界，非唯有助於斷我見，也對未來的開悟明心實證第八識如來藏有所助益，是故學禪者都應細讀之。游正光老師著　共448頁　售價300元。

見性與看話頭：黃正倖老師的《見性與看話頭》於《正覺電子報》連載完畢，今結集出版。書中詳說禪宗看話頭的詳細方法，並細說看話頭與眼見佛性的關係，以及眼見佛性者求見佛性前必須具備的條件。本書是禪宗實修者追求明心開悟時參禪的方法書，也是求見佛性者作功夫時必讀的方法書，內容兼顧眼見佛性的理論與實修之方法，是依實修之體驗配合理論而詳述，條理分明而且極爲詳實、周全、深入。本書內文375頁，全書416頁，售價300元。

禪意無限CD平實導師以公案拈提書中偈頌寫成不同風格曲子，與他人所寫不同風格曲子共同錄製出版，幫助參禪人進入禪門超越意識之境界。盒中附贈彩色印製的精美解說小冊，以供聆聽時閱讀，令參禪人得以發起參禪之疑情，即有機會證悟本來面目，實證大乘菩提般若。本CD共有十首歌曲，長達69分鐘，每盒各附贈二張購書優惠券。每片280元。

金剛經宗通
《第一輯》
平實導師◎著
Venerable Pings Xiao

金剛經宗通：三界唯心，萬法唯識，是成佛之修證內容，是諸地菩薩之所修；般若則是成佛之道（實證三界唯心、萬法唯識）的入門，若未證悟實相般若，即無成佛之可能，必將永在外門廣行菩薩六度，永在凡夫位中。然而實相般若的發起，全賴實證萬法的實相；若欲證知萬法的眞相，則必須探究萬法之所從來，則須實證自心如來—金剛心如來藏，然後現觀這個金剛心的金剛性、眞實性、如如性、清淨性、涅槃性、能生萬法的自性性、本住性，名爲證眞如；進而現觀三界六道唯是此金剛心所成，人間萬法須藉八識心王和合運作方能現起。如是實證《華嚴經》的「三界唯心、萬法唯識」以後，由此等現觀而發起實相般若智慧，繼續進修第十住位的如幻觀、第十行位的陽焰觀、第十迴向位的如夢觀，再生起增上意樂而勇發十無盡願，方能滿足三賢位的實證，轉入初地；自知成佛之道而無偏倚，從此按部就班、次第進修乃至成佛。第八識自心如來是般若智慧之所依，般若智慧的修證則要從實證金剛心自心如來開始；《金剛經》則是解說自心如來之經典，是一切三賢位菩薩所應進修之實相般若經典。這一套書，是將平實導師宣講的《金剛經宗通》內容，整理成文字而流通之；書中所說義理，迴異古今諸家依文解義之說，指出大乘見道方向與理路，有益於禪宗學人求開悟見道，及轉入內門廣修六度萬行。講述完畢後結集出版，總共9輯，每輯約三百餘頁，售價各250元。

真假外道：本書具體舉證佛門中的常見外道知見實例，並加以教證及理證上的辨正，幫助讀者輕鬆而快速的了知常見外道的錯誤知見，進而遠離佛門內外的常見外道知見，因此即能改正修學方向而快速實證佛法。游正光老師著。成本價200元。

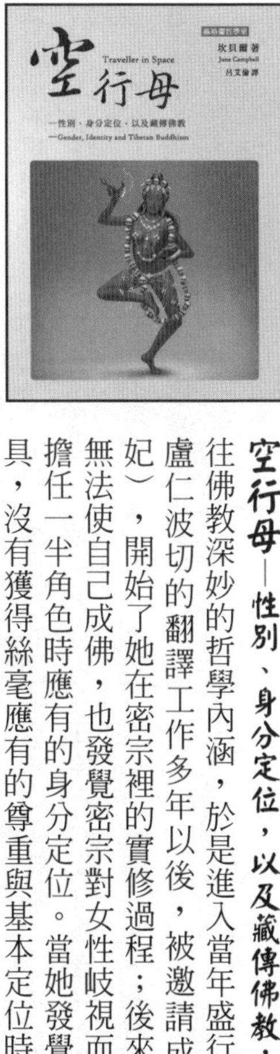

空行母——性別、身分定位，以及藏傳佛教：本書作者爲蘇格蘭哲學家，因爲嚮往佛教深妙的哲學內涵，於是進入當年盛行於歐美的假藏傳佛教密宗，擔任卡盧仁波切的翻譯工作多年以後，被邀請成爲卡盧的空行母（又名佛母、明妃），開始了她在密宗裡的實修過程；後來發覺在密宗雙身法中的修行，其實無法使自己成佛，也發覺密宗對女性岐視而處處貶抑，並剝奪女性在雙身法中擔任一半角色時應有的身分定位。當她發覺自己只是雙身法中被喇嘛利用的工具，沒有獲得絲毫應有的尊重與基本定位時，發現了密宗的父權社會控制女性的本質；於是作者傷心地離開了卡盧仁波切與密宗，但是卻被恐嚇不許講出她在密宗裡的經歷，也不許她說出自己對密宗的教義與教制下對女性剝削的本質，否則將被咒殺死亡。後來她去加拿大定居，十餘年後方才擺脫這個恐嚇陰影，下定決心將親身經歷的實情及觀察到的事實寫下來並且出版，公諸於世。出版之後，她被流亡的達賴集團人士大力攻訐，誣指她爲精神狀態失常、說謊……等。但有智之士並未被達賴集團的政治操作及各國政府政治運作吹捧達賴的表相所欺，使她的書銷售無阻而又再版。正智出版社鑑於作者此書是親身經歷的事實，所說具有針對「藏傳佛教」而作學術研究的價值，也有使人認清假藏傳佛教剝削佛母、明妃的男性本位實質，因此洽請作者同意中譯而出版於華人地區。珍妮·坎貝爾女士著，呂艾倫 中譯，每冊250元。

霧峰無霧—給哥哥的信：本書作者藉兄弟之間信件往來論義，略述佛法大義；並以多篇短文辨義，舉出釋印順對佛法的無量誤解證據，並一一給予簡單而清晰的辨正，令人一讀即知。久讀、多讀之後即能認清楚釋印順的六識論見解，與眞實佛法之牴觸是多麼嚴重；於是在久讀、多讀之後，於不知不覺之間提升了對佛法的極深入理解，正知正見就在不知不覺間建立起來了。當三乘佛法的正知見建立起來之後，對於三乘菩提的見道條件便將隨之具足，於是聲聞解脫道的見道也就水到渠成；接著大乘見道的因緣也將次第成熟，未來自然也會有親見大乘菩提之道的因緣，悟入大乘實相般若也將自然成功，自能通達般若系列諸經而成實義菩薩。作者居住於南投縣霧峰鄉，自喻見道之後不復再見霧峰之霧，故鄉原野美景一一明見，於是立此書名爲《霧峰無霧》；讀者若欲撥霧見月，可以此書爲緣。游宗明　老師著　售價250元。

假藏傳佛教的神話—性、謊言、喇嘛教：本書編著者是由一首名叫「阿姊鼓」的歌曲爲緣起，展開了序幕，揭開假藏傳佛教—喇嘛教—的神秘面紗。其重點是蒐集、摘錄網路上質疑「喇嘛教」的帖子，以揭穿「假藏傳佛教的神話」爲主題，串聯成書，並附加彩色插圖以及說明，讓讀者們瞭解西藏密宗及相關人事如何被操作爲「神話」的過程，以及神話背後的眞相。作者：張正玄教授。售價200元。

達賴真面目—**玩盡天下女人**：假使您不想戴綠帽子，請記得詳細閱讀此書；假使您不想讓好朋友戴綠帽子，請您將此書介紹給您的好朋友。假使您想保護家中的女性，也想要保護好朋友的女眷，請記得將此書送給家中的女性和好友的女眷都來閱讀。本書爲印刷精美的大本彩色中英對照精裝本，爲您揭開達賴喇嘛的眞面目，內容精彩不容錯過，爲利益社會大眾，特別以優惠價格嘉惠所有讀者。編著者：白志偉等。大開版雪銅紙彩色精裝本。售價800元。

喇嘛性世界—**揭開假藏傳佛教譚崔瑜伽的面紗**：這個世界中的喇嘛，號稱來自世外桃源的香格里拉，穿著或紅或黃的喇嘛長袍，散布於我們的身邊傳教灌頂，吸引了無數的人嚮往學習；這些喇嘛虔誠地爲大眾祈福，手中拿著寶杵（金剛）與寶鈴（蓮花），口中唸著咒語：「唵．嘛呢．叭咪．吽……」，咒語的意思是說：「我至誠歸命金剛杵上的寶珠伸向蓮花寶穴之中」！「喇嘛性世界」是什麼樣的「世界」呢？本書將爲您呈現喇嘛世界的面貌。當您發現眞相以後，您將會唸：「噢！喇嘛．性．世界，譚崔性交嘛！」作者：張善思、呂艾倫。售價200元。

末代達賴—性交教主的悲歌：簡介從藏傳僞佛教（喇嘛教）的修行核心—性力派男女雙修，探討達賴喇嘛及藏傳僞佛教的修行內涵。書中引用外國知名學者著作、世界各地新聞報導，包含：歷代達賴喇嘛的祕史、達賴六世修雙身法的事蹟，以及《時輪續》中的性交灌頂儀式……等；達賴喇嘛書中開示的雙修法、達賴喇嘛的黑暗政治手段；達賴喇嘛所領導的寺院爆發喇嘛性侵兒童；新聞報導《西藏生死書》作者索甲仁波切性侵女信徒、澳洲喇嘛秋達公開道歉、美國最大假藏傳佛教組織領導人邱陽創巴仁波切的性氾濫，等等事件背後眞相的揭露。作者：張善思、呂艾倫、辛燕。售價250元。

第七意識與第八意識？—穿越時空「超意識」「三界唯心，萬法唯識」是佛教中應該實證的聖教，也是《華嚴經》中明載而可以實證的法界實相。唯心者，三界一切境界、一切諸法唯是一心所成就，即是每一個有情的第八識如來藏，不是意識心。唯識者，即是人類各各都具足的八識心王——眼識、耳鼻舌身意識、意根、阿賴耶識，第八阿賴耶識又名如來藏，人類五陰相應的萬法，莫不由八識心王共同運作而成就，故說萬法唯識。依聖教量及現量、比量，都可以證明意識是二法因緣生，是由第八識藉意根與法塵二法爲因緣而出生，又是夜夜斷滅不存之生滅心，即無可能反過來出生第七識意根、第八識如來藏，當知不可能從生滅性的意識心中，細分出恆審思量的第七識意根，更無可能細分出恆而不審的第八識如來藏。本書是將演講內容整理成文字，細說如是內容，並已在〈正覺電子報〉連載完畢，今彙集成書以廣流通，欲幫助佛門有緣人斷除意識我見，跳脫於識陰之外而取證聲聞初果；嗣後修學禪宗時即得不墮外道神我之中，得以求證第八識金剛心而發起般若實智。平實導師 述，每冊300元。

黯淡的達賴—失去光彩的諾貝爾和平獎：本書舉出很多證據與論述，詳述達賴喇嘛不為世人所知的一面，顯示達賴喇嘛並不是真正的和平使者，而是假借諾貝爾和平獎的光環來欺騙世人；透過本書的說明與舉證，讀者可以更清楚的瞭解，達賴喇嘛是結合暴力、黑暗、淫欲於喇嘛教裡的集團首領，其政治行為與宗教主張，早已讓諾貝爾和平獎的光環染污了。本書由財團法人正覺教育基金會寫作、編輯，由正覺出版社印行，每冊250元。

人間佛教—實證者必定不悖三乘菩提　「大乘非佛說」的講法似乎流傳已久，卻只是日本人企圖擺脫中國正統佛教的影響，而在明治維新時期才開始提出來的說法；台灣佛教、大陸佛教的淺學無智之人，由於未曾實證佛法而迷信日本人錯誤的學術考證，錯認為這些別有用心的日本佛學考證的講法為天竺佛教的真實歷史；甚至還有更激進的反對佛教者提出「釋迦牟尼佛並非真實存在，只是後人捏造的假歷史人物」，竟然也有少數人願意跟著「學術」的假光環而信受不疑，於是開始有一些佛教界人士造作了反對中國佛教而推崇南洋小乘佛教的行為，使佛教的信仰者難以檢擇，導致一般大陸人士開始轉入基督教的盲目迷信中。在這些佛教及外教人士之中，也就有一分人根據此邪說而大聲主張「大乘非佛說」的謬論，這些人以「人間佛教」的名義來抵制中國正統佛教，公然宣稱中國的大乘佛教是由聲聞部派佛教的凡夫僧所創造出來的。這樣的說法流傳於台灣及大陸佛教界凡夫僧之中已久，卻非真正的佛教歷史中曾經發生過的事，只是繼承六識論的聲聞法中凡夫僧依自己的意識境界立場，純憑臆想而編造出來的妄想說法，卻已經影響許多無智之凡夫僧俗信受不移。本書則是從佛教的經藏法義實質及實證的現量內涵本質立論，證明大乘佛法本是佛說，是從《阿含正義》尚未說過的不同面向來討論「人間佛教」的議題，證明「大乘真佛說」。閱讀本書可以斷除六識論邪見，迴入三乘菩提正道發起實證的因緣，也能斷除禪宗學人學禪時普遍存在之錯誤知見，對於建立參禪時的正知見有很深的著墨。平實導師 述，內文488頁，全書528頁，定價400元。

童女迦葉考——論呂凱文〈佛教輪迴思想的論述分析〉之謬　童女迦葉是佛世率領五百大比丘遊行於人間的歷史事實，是以童貞行而依止菩薩戒弘化於人間的大菩薩，不依別解脫戒（聲聞戒）來弘化於人間。這是大乘佛教與聲聞佛教同時存在於佛世的歷史明證，證明大乘佛教不是從聲聞法中分裂出來的部派佛教的產物，卻是聲聞佛教分裂出來的部派佛教聲聞凡夫僧所不樂見的史實；於是古今聲聞法中的凡夫都欲加以扭曲而作詭說，更是末法時代高聲大呼「大乘非佛說」的六識論聲聞凡夫極力想要扭曲的佛教史實之一，於是想方設法扭曲迦葉菩薩爲聲聞僧，以及扭曲迦葉童女爲比丘僧等荒謬不實之論著便陸續出現，古時聲聞僧寫作的《分別功德論》是最具體之事例，現代之代表作則是呂凱文先生的〈佛教輪迴思想的論述分析〉論文。鑑於如是假藉學術考證以籠罩大眾之不實謬論，未來仍將繼續造作及流竄於佛教界，繼續扼殺大乘佛教學人法身慧命，必須舉證辨正之，遂成此書。平實導師　著，每冊180元。

中觀金鑑——詳述應成派中觀的起源與其破法本質　學佛人往往迷於中觀學派之不同學說，被應成派與自續派所迷惑；修學般若中觀二十年後自以爲實證般若中觀了，卻仍不曾入門，甫聞實證般若中觀者之所說，則茫無所知，迷惑不解；隨後信心盡失，不知如何實證佛法；凡此，皆因惑於這二派中觀學說所致。自續派中觀所說同於常見，以意識境界立爲第八識如來藏之境界，應成派所說則同於斷見，但又同立意識爲常住法，故亦具足斷常二見。今者孫正德老師有鑑於此，乃將起源於密宗的應成派中觀學說，追本溯源，詳考其來源之外，亦一一舉證其立論內容，詳加辨正，令密宗雙身法祖師以識陰境界而造之應成派中觀學說本質，詳細呈現於學人眼前，令其維護雙身法之目的無所遁形。若欲遠離密宗此二大派中觀謬說，欲於三乘菩提有所進道者，允宜具足閱讀並細加思惟，反覆讀之以後將可捨棄邪道返歸正道，則於般若之實證即有可能，證後自能現觀如來藏之中道境界而成就中觀。本書分上、中、下三冊，每冊250元，已全部出版完畢。

實相經宗通：學佛之目的在於實證一切法界背後之實相，禪宗稱之爲本來面目或本地風光，佛菩提道中稱之爲實相法界；此實相法界即是金剛藏，又名佛法之祕密藏，即是能生有情五陰、十八界及宇宙萬有（山河大地、諸天、三惡道世間）的第八識如來藏，又名阿賴耶識心，即是禪宗祖師所說的眞如心，此心即是三界萬有背後的實相。證得此第八識心時，自能瞭解般若諸經中隱說的種種密意，即得發起實相般若——實相智慧。每見學佛人修學佛法二十年後仍對實相般若茫然無知，亦不知如何入門，茫無所趣；更因不知三乘菩提的互異互同，是故越是久學者對佛法越覺茫然，都肇因於尚未瞭解佛法的全貌，亦未瞭解佛法的修證內容即是第八識心所致。本書對於修學佛法者所應實證的實相境界提出明確解析，並提示趣入佛菩提道的入手處，有心親證實相般若的佛法實修者，宜詳讀之，於佛菩提道之實證即有下手處。平實導師述著，共八輯，全部出版完畢，每輯成本價250元。

眞心告訴您（一）——達賴喇嘛在幹什麼？ 這是一本報導篇章的選集，更是「破邪顯正」的暮鼓晨鐘。「破邪」是戳破假象，說明達賴喇嘛及其所率領的密宗四大派法王、喇嘛們，弘傳的佛法是仿冒的佛法；他們是假藏傳佛教，是坦特羅（譚崔性交）外道法和藏地崇奉鬼神的苯教混合成的「喇嘛教」，推廣的是以所謂「無上瑜伽」的男女雙身法冒充佛法的假佛教，詐財騙色誤導眾生，常常造成信徒家庭破碎、家中兒少失怙的嚴重後果。「顯正」是揭櫫眞相，指出眞正的藏傳佛教只有一個，就是覺囊巴，傳的是 釋迦牟尼佛演繹的第八識如來藏妙法，稱爲他空見大中觀。正覺教育基金會即以此古今輝映的如來藏正法正知見，在眞心新聞網中逐次報導出來，將箇中原委「眞心告訴您」，如今結集成書，與想要知道密宗眞相的您分享。售價250元。

真心告訴您（二）——達賴喇嘛是佛教僧侶嗎？補祝達賴喇嘛八十大壽：這是一本針對當今達賴喇嘛所領導的喇嘛教，冒用佛教名相、於師徒間或師兄姊間，實修男女邪淫，而從佛法三乘菩提的現量與聖教量，揭發其謊言與邪術，證明達賴及其喇嘛教是仿冒佛教的外道，是「假藏傳佛教」。藏密四大派教義雖有「八識論」與「六識論」的表面差異，然其實修之內容，皆共許「無上瑜伽」四部灌頂爲究竟「成佛」之法門，也就是共以男女雙修之邪淫法爲「即身成佛」之密要，雖美其名曰「欲貪爲道」之「金剛乘」，並誇稱其成就超越於（應身佛）釋迦牟尼佛所傳之顯教般若乘之上；然詳考其理論，則或以意識離念時之粗細心爲第八識如來藏，或以中脈裡的明點爲第八識如來藏，或如宗喀巴與達賴堅決主張第六意識爲常恆不變之眞心者，分別墮於外道之常見與斷見中；全然違背佛說能生五蘊之如來藏的實質。售價300元。

西藏「活佛轉世」制度——附佛、造神、世俗法：歷來關於喇嘛教活佛轉世的研究，多針對歷史及文化兩部分，於其所以成立的理論基礎，較少系統化的探討。尤其是此制度是否依據「佛法」而施設？是否合乎佛法眞實義？現有的文獻大多含糊其詞，或人云亦云，不曾有明確的闡釋與如實的見解。因此本文先從活佛轉世的由來，探索此制度的起源、背景與功能，並進而從活佛的尋訪與認證之過程，發掘活佛轉世的特徵，以確認「活佛轉世」在佛法中應具足何種果德。定價150元。

法華經講義：此書爲平實導師始從2009/7/21演述至2014/1/14之講經錄音整理所成。世尊一代時教，總分五時三教，即是華嚴時、聲聞緣覺教、般若教、種智唯識教、法華時；依此五時三教區分爲藏、通、別、圓四教。本經是最後一時的圓教經典，圓滿收攝一切法教於本經中，是故最後的圓教聖訓中，特地指出無有三乘菩提，其實唯有一佛乘；皆因眾生愚迷故，方便區分爲三乘菩提以助眾生證道。世尊於此經中特地說明如來示現於人間的唯一大事因緣，便是爲有緣眾生「開、示、悟、入」諸佛的所知所見——第八識如來藏妙眞如心，並於諸品中隱說「妙法蓮花」如來藏心的密意。然因此經所說甚深難解，眞義隱晦，古來難得有人能窺堂奧；平實導師以知如是密意故，特爲末法佛門四眾演述《妙法蓮華經》中各品蘊含之密意，使古來未曾被古德註解出來的「此經」密意，如實顯示於當代學人眼前。乃至〈藥王菩薩本事品〉、〈妙音菩薩品〉、〈觀世音菩薩普門品〉、〈普賢菩薩勸發品〉中的微細密意，亦皆一併詳述之，開前人所未曾言之密意，示前人所未見之妙法。最後乃至以〈法華大意〉而總其成，全經妙旨貫通始終，而依佛旨圓攝於一心如來藏妙心，厥爲曠古未有之大說也。平實導師述　已於2015/05/31起開始出版，每二個月出版一輯，共有25輯。每輯300元。

解深密經講記：本經係 世尊晚年第三轉法輪，宣說地上菩薩所應熏修之唯識正義經典，經中所說義理乃是大乘一切種智增上慧學，以阿陀那識—如來藏—阿賴耶識為主體。禪宗之證悟者，若欲修證初地無生法忍乃至八地無生法忍者，必須修學《楞伽經、解深密經》所說之八識心王一切種智；此二經所說正法，方是眞正成佛之道；印順法師否定第八識如來藏之後所說萬法緣起性空之法，是以誤會後之二乘解脫道取代大乘眞正成佛之道，尚且不符二乘解脫道正理，亦已墮於斷滅見中，不可謂為成佛之道也。平實導師曾於本會郭故理事長往生時，於喪宅中從首七開始宣講，於每一七各宣講三小時，至第十七而快速略講圓滿，作為郭老之往生佛事功德，迴向郭老早證八地、速返娑婆住持正法。茲為今時後世學人故，將擇期重講《解深密經》，以淺顯之語句講畢後，將會整理成文，用供證悟者進道；亦令諸方未悟者，據此經中佛語正義，修正邪見，依之速能入道。平實導師述著，全書輯數未定，每輯三百餘頁，將於未來重講完畢後逐輯出版。

佛法入門：學佛人往往修學二十年後仍不知如何入門，茫無所入漫無方向，不知如何實證佛法；更因不知三乘菩提的互異互同之處，導致越是久學者越覺茫然，都是肇因於尚未瞭解佛法的全貌所致。本書對於佛法的全貌提出明確的輪廓，並說明三乘菩提的異同處，讀後即可輕易瞭解佛法全貌，數日內即可明瞭三乘菩提入門方向與下手處。○○菩薩著 出版日期未定。

阿含經講記—**小乘解脫道之修證**：數百年來，南傳佛法所說證果之不實，所說解脫道之虛妄，所弘解脫道法義之世俗化，皆已少人知之；從南洋傳入台灣與大陸之後，所說法義虛謬之事，亦復少人知之；今時台灣全島印順系統之法師居士，多不知南傳佛法數百年來所說解脫道之義理已然偏斜、已然世俗化、已非眞正之二乘解脫正道，猶極力推崇與弘揚。彼等南傳佛法近代所謂之證果者多非眞實證果者，譬如阿迦曼、葛印卡、帕奧禪師、一行禪師……等人，悉皆未斷我見故。近年更有台灣南部大願法師，高抬南傳佛法之二乘修證行門爲「捷徑究竟解脫之道」者，然而南傳佛法縱使眞修實證，得成阿羅漢，至高唯是二乘菩提解脫之道，絕非究竟解脫，無餘涅槃中之實際尚未得證故，法界之實相尚未了知故，習氣種子待除故，一切種智未實證故，焉得謂爲「究竟解脫」？即使南傳佛法近代眞有實證之阿羅漢，尚且不及三賢位中之七住明心菩薩本來自性清淨涅槃智慧境界，則不能知此賢位菩薩所證之無餘涅槃實際，仍非大乘佛法中之見道者，何況普未實證聲聞果乃至未斷我見之人？謬充證果已屬逾越，更何況是誤會二乘菩提之後，以未斷我見之凡夫知見所說之二乘菩提解脫偏斜法道，焉可高抬爲「究竟解脫」？而且自稱「捷徑之道」？又妄言解脫之道即是成佛之道，完全否定般若實智、否定三乘菩提所依之如來藏心體，此理大大不通也！平實導師爲令修學二乘菩提欲證解脫果者，普得迴入二乘菩提正見、正道中，是故選錄四阿含諸經中，對於二乘解脫道法義有具足圓滿說明之經典，預定未來十年內將會加以詳細講解，令學佛人得以了知二乘解脫道之修證理路與行門，庶免被人誤導之後，未證言證，干犯道禁，成大妄語，欲升反墮。本書首重斷除我見，以助行者斷除我見而實證初果爲著眼之目標，若能根據此書內容，配合平實導師所著《識蘊眞義》《阿含正義》內涵而作實地觀行，實證初果非爲難事，行者可以藉此三書自行確認聲聞初果爲實際可得現觀成就之事。此書中除依二乘經典所說加以宣示外，亦依斷除我見等之證量，及大乘法中道種智之證量，對於意識心之體性加以細述，令諸二乘學人必定得斷我見、常見，免除三縛結之繫縛。次則宣示斷除我執之理，欲令升進而得薄貪瞋痴，乃至斷五下分結…等。平實導師述，共二冊，每冊三百餘頁。每輯300元。

修習止觀坐禪法要講記：修學四禪八定之人，往往錯會禪定之修學知見，欲以無止盡之坐禪而證禪定境界，卻不知修除性障之行門才是修證四禪八定不可或缺之要素，故智者大師云「性障初禪」；性障不除，初禪永不現前，云何修證二禪等？又：行者學定，若唯知數息，而不解六妙門之方便善巧者，欲求一心入定，未到地定極難可得，智者大師名之爲「事障未來」：障礙未到地定之修證。又禪定之修證，不可違背二乘菩提及第一義法，否則縱使具足四禪八定，亦不能實證涅槃而出三界。此諸知見，智者大師於《修習止觀坐禪法要》中皆有闡釋。作者平實導師以其第一義之見地及禪定之實證證量，曾加以詳細解析。將俟正覺寺竣工啓用後重講，不限制聽講者資格；講後將以語體文整理出版。欲修習世間定及增上定之學者，宜細讀之。平實導師述著。

★聲　明★

本社於2015/01/01開始調整本目錄中部分書籍之售價，以因應各項成本的持續增加。

喇嘛教修外道雙身法，墮識陰境界，非佛教

弘揚如來藏他空見的覺囊派才是真正藏傳佛教

總經銷： 飛鴻 國際行銷股份有限公司

231 新北市新店區中正路 501 之 9 號 2 樓

Tel.02－82186688（五線代表號） Fax.02-82186458、82186459

零售：1.**全台連鎖經銷書局：**

三民書局、誠品書局、何嘉仁書店

敦煌書店、紀伊國屋、金石堂書局、建宏書局

2.**台北市：**佛化人生 羅斯福路 3 段 325 號 6 樓之 4 台電大樓對面

3.**新北市：**春大地書店 **蘆洲**中正路 117 號 明達書局 三重五華街 129 號

4.**桃園市縣：**誠品書局 **桃園市**中正路 20 號遠東百貨地下室一樓

金石堂 **桃園市**大同路 24 號 金石堂 **桃園**八德市介壽路 1 段 987 號

諾貝爾圖書城 **桃園市**中正路 56 號地下室 御書堂 **龍潭**中正路 123 號

墊腳石文化書店 **中壢市**中正路 89 號

5.**新竹市縣：**大學書局 **新竹**建功路 10 號 誠品書局 **新竹**東區信義街 68 號

誠品書局 **新竹**東區中央路 229 號 5 樓 誠品書局 **新竹**東區力行二路 3 號

墊腳石文化書店 **新竹**中正路 38 號 金典文化 **竹北**中正西路 47 號

6.**苗栗市縣：**萬花筒書局 **苗栗市**府東路 73 號

7.**台中市：** **瑞成**書局、各大連鎖書店。

詠春書局 **台中市**永春東路 884 號 文春書局 **霧峰**中正路 1087 號

8.**彰化市縣：**心泉佛教流通處 **彰化市**南瑤路 286 號

員林鎮：墊腳石圖書文化廣場 中山路 2 段 49 號（04-8338485）

9.**台南市：**博大書局 **新營**三民路 128 號

藝美書局 **善化**中山路 436 號 宏欣書局 **佳里**光復路 214 號

10.**高雄市：**各大連鎖書店、**瑞成**書局

政大書城 **三民區**明仁路 161 號 政大書城 **苓雅區**光華路 148-83 號

明儀書局 **三民區**明福街 2 號 明儀書局 三多四路 63 號

青年書局 青年一路 141 號

11.**宜蘭縣市：**金隆書局 宜蘭市中山路 3 段 43 號

宋太太梅鋪 羅東鎮中正北路 101 號（039-534909）

12.**台東市：**東普佛教文物流通處 台東市博愛路 282 號

13.**其餘鄉鎮市經銷書局：**請電詢總經銷**飛鴻**公司。

14.**大陸地區請洽：**

香港：樂文書店

旺角店 :香港九龍旺角西洋菜街 62 號 3 樓

電話 : (852) 2390 3723 email: luckwinbooks@gmail.com

銅鑼灣店 :香港銅鑼灣駱克道 506 號 2 樓

電話 : (852) 2881 1150 email: luckwinbs@gmail.com

廈門：廈門外圖臺灣書店有限公司

地址：廈門市思明區湖濱南路809號 廈門外圖書城3樓 郵編：361004

電話：0592-5061658（臺灣地區請撥打 86-592-5061658）

E-mail：JKB118@188.COM

15.**美國：世界日報圖書部**：紐約圖書部 電話 7187468889#6262

洛杉磯圖書部 電話 3232616972#202

16.**國內外地區網路購書**：

正智出版社 書香園地 http://books.enlighten.org.tw/

（書籍簡介、直接聯結下列網路書局購書）

三民 網路書局 http://www.Sanmin.com.tw

誠品 網路書局 http://www.eslitebooks.com

博客來 網路書局 http://www.books.com.tw

金石堂 網路書局 http://www.kingstone.com.tw

飛鴻 網路書局 http://fh6688.com.tw

附註：**1**.請儘量向各經銷書局購買：郵政劃撥需要十天才能寄到（本公司在您劃撥後第四天才能接到劃撥單，次日寄出後第四天您才能收到書籍，此八天中一定會遇到週休二日，是故共需十天才能收到書籍）若想要早日收到書籍者，請劃撥完畢後，將劃撥收據貼在紙上，旁邊寫上您的姓名、住址、郵區、電話、買書詳細內容，直接傳眞到本公司 02-28344822，並來電 02-28316727、28327495 確認是否已收到您的傳眞，即可提前收到書籍。 **2**.因台灣每月皆有五十餘種宗教類書籍上架，書局書架空間有限，故唯有新書方有機會上架，通常每次只能有一本新書上架；本公司出版新書，大多上架不久便已售出，若書局未再叫貨補充者，書架上即無新書陳列，則請直接向書局櫃台訂購。 **3**.若書局不便代購時，可於晚上共修時間向正覺同修會各共修處請購（共修時間及地點，詳閱**共修現況表**。每年例行年假期間請勿前往請書，年假期間請見共修現況表）。 **4**.郵購：郵政劃撥帳號 19068241。 **5**.正覺同修會會員購書都以八折計價（戶籍台北市者爲一般會員，外縣市爲護持會員）都可獲得優待，欲一次購買全部書籍者，可以考慮入會，節省書費。入會費一千元（第一年初加入時才需要繳），年費二千元。 **6.尚未出版之書籍，請勿預先郵寄書款與本公司，謝謝您！** **7**.若欲一次購齊本公司書籍，或同時取得正覺同修會贈閱之全部書籍者，請於正覺同修會共修時間，親到各共修處請購及索取；**台北市讀者**請洽：103 台北市承德路三段 267 號 10 樓（捷運淡水線 圓山站旁）請書時間：週一至週五爲 18.00~21.00，第一、三、五週週六爲 10.00~21.00，雙週之週六爲 10.00~18.00 請購處專線電話：25957295-分機 14（於請書時間方有人接聽）。

敬告大陸讀者：

大陸讀者購書、索書捷徑（尚未在大陸出版的書籍，以下二個途徑都可以購得，電子書另包括結緣書籍）：

1.**廈門外國圖書公司**：廈門市思明區湖濱南路 809 號 廈門外圖書城 3F
郵編：361004 電話：0592-5061658 網址：JKB118＠188.COM

2.**電子書**：正智出版社有限公司及正覺同修會在台灣印行的各種局版書、結緣書，已有『**正覺電子書**』陸續上線中，提供讀者於手機、平板電腦上購書、下載、閱讀正智出版社、正覺同修會及正覺教育基金會所出版之電子書，詳細訊息敬請參閱『正覺電子書』專頁：
http://books.enlighten.org.tw/ebook

關於平實導師的書訊，請上網查閱：
成佛之道 http://www.a202.idv.tw
正智出版社 書香園地 http://books.enlighten.org.tw/

中國網採訪佛教正覺同修會、正覺教育基金會訊息：

http://big5.china.com.cn/gate/big5/fangtan.china.com.cn/2014-06/19/content_32714638.htm

http://pinpai.china.com.cn/

★ 正智出版社有限公司售書之稅後盈餘，全部捐助財團法人正覺寺籌備處、佛教正覺同修會、正覺教育基金會，供作弘法及購建道場之用；懇請諸方大德支持，功德無量。

★ 聲 明 ★

本社於 2015/01/01 開始調整本目錄中部分書籍之售價，以因應各項成本的持續增加。

＊ 喇嘛教修外道雙身法、墮識陰境界，非佛教 ＊

＊ 弘揚如來藏他空見的覺囊派才是真正藏傳佛教 ＊

售後服務—換書啓事(免附回郵)　2012/09/24

《楞嚴經講記》第 14 輯初版首刷本免費調換新書啓事：本講記第 14 輯出版前因 平實導師諸事繁忙，未將之重新閱讀而只改正校對時發現的錯別字，故未能發覺十年前所說法義有部分錯誤，於第 15 輯付印前重閱時才發覺第 14 輯中有部分錯誤尚未改正。今已重新審閱修改並已重印完成，煩請所有讀者將以前所購第 14 輯初版首刷本，寄回本社免費換新(初版二刷本無錯誤)，本社將於寄回新書時同時附上您寄書回來換新時所付的郵資，並在此向所有讀者致上最誠懇的歉意。

《心經密意》初版書免費調換二版新書啓事：本書係演講錄音整理成書，講時因時間所限，省略部分段落未講。後於再版時補寫增加 13 頁，維持原價流通之。茲爲顧及初版讀者權益，自 2003/9/30 開始免費調換新書，原有初版一刷、二刷書籍，皆可寄來本來公司換書。

《宗門法眼》已經增寫改版爲 464 頁新書，2008 年 6 月中旬出版。讀者原有初版之第一刷、第二刷書本，都可以寄回本社免費調換改版新書。改版後之公案及錯悟事例維持不變，但將內容加以增說，較改版前更具有廣度與深度，將更能助益讀者參究實相。

換書者**免附回郵**，亦無截止期限；舊書請寄：111 台北郵政 73-151 號信箱 或 103 台北市承德路三段 267 號 10 樓 正智出版社有限公司。舊書若有塗鴨、殘缺、破損者，仍可換取新書；但缺頁之舊書至少應仍有五分之三頁數，方可換書。所有讀者不必顧念本公司是否有盈餘之問題，都請踴躍寄來換書；本公司成立之目的不是營利，只要能眞實利益學人，即已達到成立及運作之目的。若以郵寄方式換書者，免附回郵；並於寄回新書時，由本社附上您寄來書籍時耗用的郵資。造成您不便之處，再次致上萬分的歉意。

正智出版社有限公司 啓

國家圖書館出版品預行編目資料

優婆塞戒經講記／平實導師講述.　—初版—
臺北市：正智，2007—　〔民96—　〕
冊；　公分

ISBN 978-986-81358-2-6 （第1輯：平裝）
ISBN 978-986-81358-3-3 （第2輯：平裝）
ISBN 978-986-81358-5-7 （第3輯：平裝）
ISBN 978-986-81358-7-1 （第4輯：平裝）
ISBN 978-986-82992-0-7 （第5輯：平裝）
ISBN 978-986-82992-3-8 （第6輯：平裝）
ISBN 978-986-82992-6-9 （第7輯：平裝）
ISBN 978-986-82992-8-3 （第8輯：平裝）

1.律藏

223.1　　94024925

優婆塞戒經講記
——第七輯

著述者：平實導師
音文轉換：正覺同修會編譯組
校對：章乃鈞 陳介源 白志偉 李嘉因
出版者：正智出版社有限公司
電話：○二 28327495 28316727（白天）
傳眞：○二 28344822
111台北郵政 73-151號信箱
郵政劃撥帳號：一九○六八二四一
正覺講堂：總機○二 25957295（夜間）
總經銷：飛鴻國際行銷股份有限公司
231新北市新店區中正路501-9號2樓
電話：○二 82186688（五線代表號）
傳眞：○二 82186458 82186459
初版首刷：公元二○○七年六月底 二千冊
初版五刷：公元二○一六年八月 二千冊
定價：二五○元

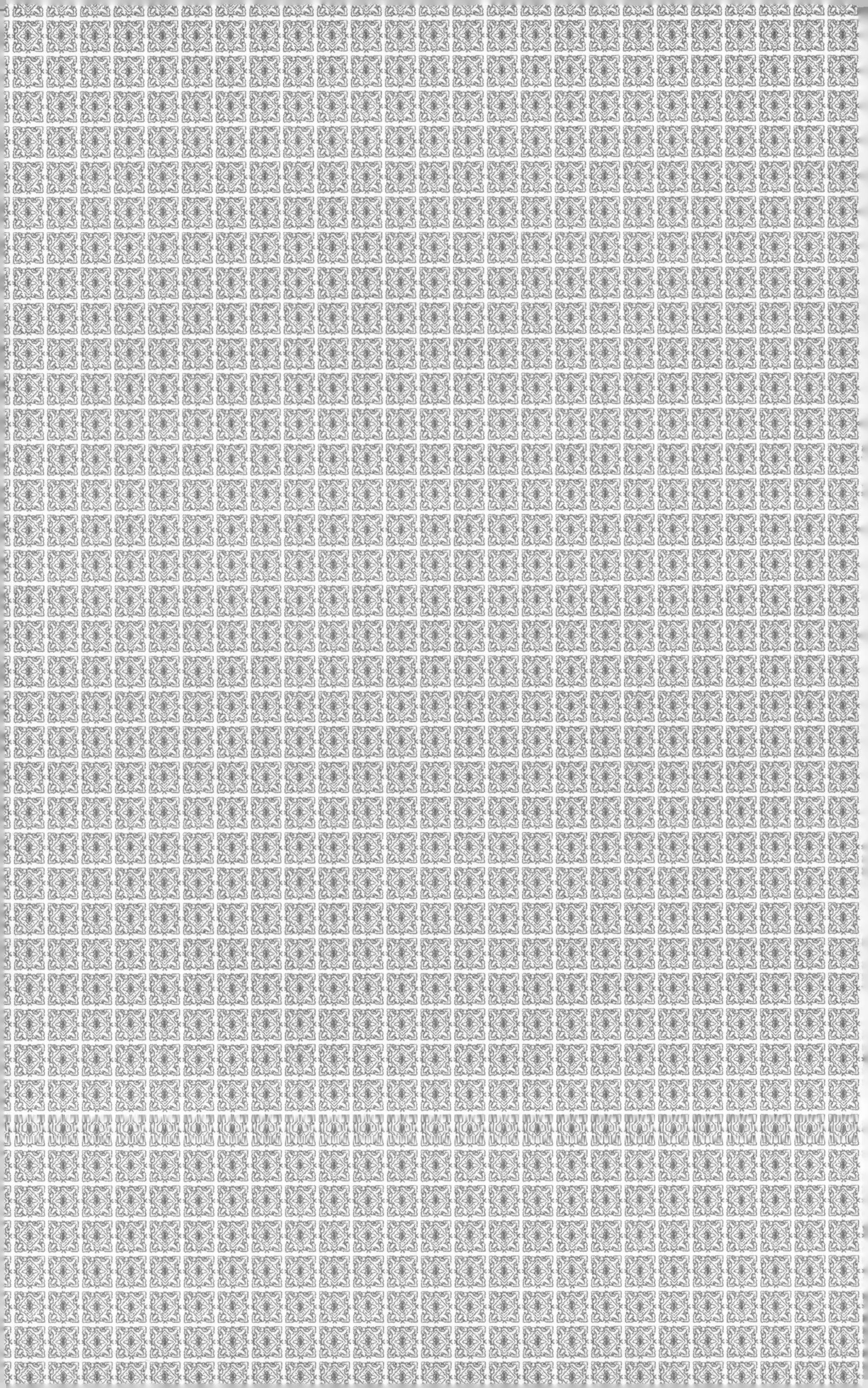

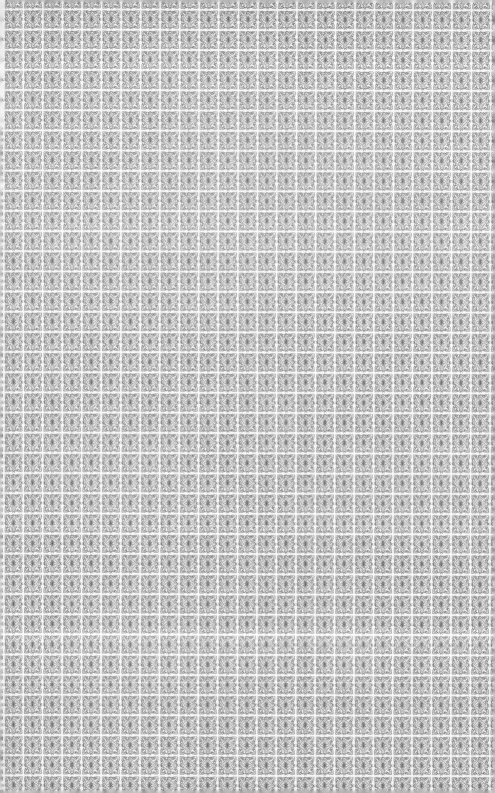